アルゴリズムの基礎とデータ構造

数理とCプログラム

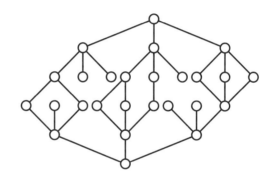

浅野孝夫 [著]

近代科学社

◆ 読者の皆さまへ ◆

平素より，小社の出版物をご愛読くださいまして，まことに有り難うございます．

㈱近代科学社は 1959 年の創立以来，微力ながら出版の立場から科学・工学の発展に寄与すべく尽力してきております．それも，ひとえに皆さまの温かいご支援があってのものと存じ，ここに衷心より御礼申し上げます．

なお，小社では，全出版物に対して HCD（人間中心設計）のコンセプトに基づき，そのユーザビリティを追求しております．本書を通じまして何かお気づきの事柄がございましたら，ぜひ以下の「お問合せ先」までご一報くださいますよう，お願いいたします．

お問合せ先：reader@kindaikagaku.co.jp

なお，本書の制作には，以下が各プロセスに関与いたしました：

・企画：小山　透
・編集：小山　透，高山哲司，安原悦子
・組版 (TeX)・印刷・製本・資材管理：藤原印刷
・カバー・表紙デザイン：藤原印刷
・広報宣伝・営業：冨髙琢磨，山口幸治，西村知也

・本書の複製権・翻訳権・譲渡権は株式会社近代科学社が保有します．
・ JCOPY 〈(社)出版者著作権管理機構 委託出版物〉
本書の無断複写は著作権法上での例外を除き禁じられています．
複写される場合は，そのつど事前に(社)出版者著作権管理機構
（電話 03-3513-6969，FAX 03-3513-6979，e-mail: info@jcopy.or.jp）の
許諾を得てください．

はじめに

　本書は，アルゴリズムとデータ構造の講義の入門用の教科書である．多くのアルゴリズムを取り上げる高度なアルゴリズムの講義への橋渡しの役割を担うもので，必須と思われる基本的なアルゴリズムとデータ構造に限定して解説している．より具体的には，アルゴリズムの基礎概念である漸近計算量の重要性に注目して，アルゴリズムとしてはソーティング，データ構造としては，優先度付きキュー，辞書，集合ユニオン・ファインドデータ構造のみを取り上げている．すなわち，大規模な問題でも効率的に解くアルゴリズムの基盤となる最も基本的なものに限定している．

　高度なアルゴリズムの講義では，通常，これらはいずれも履修者全員が修得済みという前提条件のもとで講義が進められると思われるので，本書では例題と図を多く用いてこれらの基盤となる数理を説明し，読者が直観的にイメージが湧き，思考を自然にめぐらせながらアルゴリズムの動作も手作業で確認できるようにしている．さらに，取り上げたアルゴリズムはほぼすべてC言語によるプログラムを与えて，様々な入力データのもとで走らせて出力結果も確認できるようにしている．また，各章での内容を効果的に復習できるように，章末の演習問題とともにその解答例もほぼすべてで与えている．とくに，前半の五つの章では解答付き演習問題をとおして，演習問題に対する解答のしかたも学べるようにしている．

　一方で，ソーティングの有用性についてはすぐに理解できるがデータ構造の有用性については想像がつかない，という声も多く聞かれたので，これらのデータ構造を実際に用いて解決されている具体例を挙げることも重要であると考えて，そのような例を最後の三つの章で取り上げている．

　本書のより具体的な構成は以下のとおりである．第1章では，アルゴリズムの基礎概念である漸近計算量とその重要性を述べている．第2章では，データ構造の基盤となるグラフの基礎概念とともに，再帰アルゴリズムの利便性と注意点を

与えている．第3章では，高速ソーティングアルゴリズムとソーティングの計算量の下界を取り上げている．

第4章から第9章まではデータ構造を取り上げている．具体的には以下のとおりである．第4章では，抽象的データ構造の辞書と優先度付きキューを紹介し，優先度付きキューを木構造のデータ構造で実現するヒープとヒープソートを議論している．第5章では，辞書を実現するリストとアルゴリズムデザインで重要な役割を果たすリストの"簡単化版"のスタックとキューを議論している．そして，データ構造の中核とも言える根付き木の表現法を与えている．第6章では，辞書を根付き木で実現する二分探索木を取り上げ，辞書における操作がリストよりも高速化できることを述べている．第7章では，辞書の実現である二分探索木をさらに高速化する二色木を取り上げ，議論している．本書のこの章だけは，少し発展的でかつ高度な内容になっている．第8章では，平均的に高速と言われる辞書のハッシングによる実現について述べている．第9章では，集合ユニオン・ファインドの操作をサポートするデータ構造の集合ユニオン・ファインド森を議論している．

最後の三つの章はソーティングとデータ構造を用いて効率的に解ける問題を取り上げていて，具体的には以下のとおりである．第10章では，ソーティングとリストの応用として，平面上の点の集合に対する凸包を求めるアルゴリズムを与えている．第11章では，二色木の応用として，水平線分・垂直線分の交差線分対を列挙するアルゴリズムを与えている．第12章では，集合ユニオン・ファインド森の応用として，ネットワークの最小全点木を求めるアルゴリズムを取り上げている．最後に，演習問題の解答例と参考文献を与えている．

データ構造の実現とそのプログラムにおいては，主として配列を用いている．構造体やポインターを用いるのが自然と思われるが，それらを縦横無尽に使いこなすにはかなりの熟練度が必要と思われるので，本書では，より単純な配列を用いてすべてのデータ構造を実現している．それが本書のもう一つの特色と言える．

さらに，本書に掲載したプログラムはいずれも対応するアルゴリズムの最悪の漸近計算量で動作するように作成しているが，きわめて素朴に書かれているので，実際の利用においてはさらなる工夫が可能である．また，本文でも述べているように，本書に載せたすべてのプログラムの各行で，

//

に続く部分はコメント文であり，プログラムの実行では無視されるので省略可能である．コメント文はプログラムの理解を助けるための補助的なものである．なお，本書のプログラムにおけるこの形式のコメント文は，ほとんどの C コンパイラーで問題なく処理され，実行形式のプログラムが得られることを注意しておく．実際，本書のプログラムは，Borland C++Compiler 5.5 でコンパイルして実行確認済みである．一方，データを読み込む関数 scanf() は，scanf_s() としなければならないこともあることも注意しておく．

アルゴリズムとデータ構造の初級クラスにおける講義では，第 7 章を除いて各章の話題を 1 回 90 分の講義で取り上げ（第 7 章のみは 2 回），演習問題とプログラムの実行は学生の自習課題とすれば，半期 15 回の講義で本書の内容をすべて終えることができる．もちろん，アルゴリズムとデータ構造をすでに学んだ学生や実務に従事する人の復習用として本書を用いることもできる．本書が，アルゴリズムとデータ構造の理解の手助けになることを心から願っている．

本書の完成までに多くの人に大変お世話になった．中央大学理工学部情報工学科今堀慎治教授には，本書の草稿に対して貴重なコメントをいただいた．近代科学社のスタッフ，とくに，小山透氏には本書の執筆に際して励ましの言葉と貴重なご助言をいただいた．また，高山哲司氏と安原悦子氏には校正と編集作業で的確な助言をいただいた．以上の方々に深く感謝する．なお，本書は，科学研究費と中央大学の特定課題研究費からの助成金による研究調査に基づいて執筆されたものである．最後に，日頃から支えてくれる妻（浅野眞知子）に感謝する．

2017 年 2 月

浅野孝夫

目　次

はじめに iii

第1章　アルゴリズムの基礎概念

1.1 アルゴリズムの計算量 1
　　1.1.1　多項式の値の計算 2
　　1.1.2　ソーティング 3
　　1.1.3　最大計算量 5
1.2 漸近計算量と O-, Ω-, Θ-記法 6
　　1.2.1　漸近計算量の妥当性 7
1.3 素朴なアルゴリズムの計算量 8
　　1.3.1　多項式の積 8
　　1.3.2　行列の積 9
1.4 難しい問題 9
　　1.4.1　部分集合和問題とナップサック問題 9
　　1.4.2　巡回セールスマン問題 10
1.5 解答付き演習問題 10
1.6 演習問題 15

第2章　根付き木と再帰法

2.1 グラフと木 16
　　2.1.1　グラフの基礎概念 17
　　2.1.2　根付き木 17

2.2	再帰法	19
	2.2.1 非負整数 a, b の最大公約数 $\mathrm{GCD}(a, b)$ の計算	19
	2.2.2 ユークリッド互除法のプログラム例	22
	2.2.3 フィボナッチ数の計算	22
2.3	根付き木のラベリング	23
2.4	発展：拡張ユークリッド互除法	24
	2.4.1 拡張ユークリッド互除法のプログラム例	27
2.5	演習問題	28

第3章　ソーティング

3.1	ソーティングアルゴリズム	29
3.2	マージソート	30
	3.2.1 マージソートの適用例	30
	3.2.2 マージソートの計算量解析	31
	3.2.3 マージソートのプログラム例	32
3.3	クイックソート	34
	3.3.1 クイックソートの適用例	35
	3.3.2 クイックソートの計算量解析	36
	3.3.3 クイックソートの実際的工夫	37
	3.3.4 クイックソートのプログラム例	39
3.4	基数ソート（ラディックスソート）	41
	3.4.1 基数ソートの正当性と計算量	43
	3.4.2 基数ソートのプログラム例	43
3.5	ソーティングの計算量の下界	45
3.6	解答付き演習問題	47
3.7	演習問題	48

第 4 章　基本データ構造 1：配列とヒープ

- 4.1　辞書と優先度付きキュー 50
- 4.2　優先度付きキューとヒープ 51
- 4.3　ヒープ構成の計算量 55
- 4.4　ヒープソート 56
- 4.5　ヒープソートのプログラム例 57
- 4.6　解答付き演習問題 59
- 4.7　演習問題 62

第 5 章　基本データ構造 2：配列とリスト

- 5.1　辞書 63
- 5.2　二分探索と 2 倍探索 63
  - 5.2.1　二分探索 64
  - 5.2.2　2 倍探索 65
- 5.3　辞書とリスト 66
- 5.4　リストの変種 68
  - 5.4.1　スタックとキュー 70
  - 5.4.2　スタックとキューの配列による実現 70
  - 5.4.3　スタックの応用：逆ポーランド記法の式の計算 72
  - 5.4.4　スタックとキューの応用: 順序木のラベリング 72
- 5.5　リストの配列による実現 75
- 5.6　配列の領域管理を用いたリストの実現 77
  - 5.6.1　実行例 79
- 5.7　リストのプログラム例 80
- 5.8　根付き木表現のデータ構造 84
- 5.9　先行順・後行順・幅優先順ラベリングのプログラム例 86
- 5.10　解答付き演習問題 89
- 5.11　演習問題 92

第6章　基本データ構造3：配列と二分探索木

- 6.1　二分探索木 93
  - 6.1.1　二分探索木と対称順 94
  - 6.1.2　二分探索木の更新例 96
- 6.2　二分探索木の平均的振舞い 98
- 6.3　二分探索木のプログラム例 100
- 6.4　演習問題 107

第7章　高速データ構造：配列と二色木

- 7.1　平衡探索木 108
- 7.2　二色木 109
  - 7.2.1　二色木における挿入 111
  - 7.2.2　二色木における削除 112
  - 7.2.3　二色木の更新例 116
- 7.3　二色木のプログラム例 116
- 7.4　演習問題 126

第8章　基本データ構造4：配列とハッシング

- 8.1　ハッシング 127
- 8.2　チェーン法によるハッシング 128
- 8.3　普遍ハッシング：乱択化技法の応用 130
  - 8.3.1　ハッシュ関数に要求される性質 130
  - 8.3.2　要求される性質を満たすハッシュ関数のクラス $\mathcal{H}$ 131
  - 8.3.3　ハッシュ関数のクラス $\mathcal{H}$ の普遍性の証明 132
  - 8.3.4　クラス $\mathcal{H}$ を用いた普遍ハッシング 133
  - 8.3.5　普遍ハッシングのプログラム例 133
- 8.4　演習問題 137

第 9 章　基本データ構造 5：配列と集合ユニオン・ファインド森

9.1　集合ユニオン・ファインドデータ構造 138
9.2　単純な集合ユニオン・ファインドデータ構造 139
9.3　集合ユニオン・ファインド森 141
9.4　さらなる改善：パス圧縮 144
　　9.4.1　アッカーマン関数とその逆関数 146
　　9.4.2　集合ユニオン・ファインド森のならし計算量 147
9.5　集合ユニオン・ファインド森のプログラム例 147
9.6　演習問題 148

第 10 章　データ構造の応用 1：凸包

10.1　凸包の定義 149
10.2　点の x 座標のソートに基づく凸包アルゴリズム 150
10.3　1 点の回りでの偏角順に基づく凸包アルゴリズム 154
10.4　Graham の凸包アルゴリズムのプログラム例 156
10.5　演習問題 161

第 11 章　データ構造の応用 2：交差線分対列挙

11.1　平面走査法 162
11.2　一直線上の線分の交差線分対列挙 163
11.3　水平線分・垂直線分の交差線分対列挙 164
11.4　水平線分・垂直線分の交差線分対列挙のプログラム例 . . . 166
11.5　演習問題 180

第12章　データ構造の応用3：最小全点木

12.1 最小全点木を求めるKruskalのアルゴリズム 181
12.2 Kruskalのアルゴリズムのプログラム例 183
12.3 演習問題 186

演習問題解答　　188

参考文献　　219

索　引　　221

第1章　アルゴリズムの基礎概念

本章の目標は，アルゴリズムの基礎概念と素朴なアルゴリズムの計算量を理解することである．

1.1　アルゴリズムの計算量

問題 P を解く**アルゴリズム** (algorithm) とは，P を解くための計算手順であると考えてよい．より形式的には，問題 P を解くアルゴリズムは，以下の条件 1, 2 を満たすもの（に変換できるもの）であると言える．

1. 計算機等で機械的に実行可能な有限個の命令からなるプログラムである．
2. P に属するいずれの入力に対しても，その入力を記述する有限個のパラメーター（の列）を与えると，そのプログラムは必ず有限の時間で正しい解を求めて停止する．

入力を記述するパラメーターの個数を**入力サイズ** (input size) という．

問題 P に対して，P を解くアルゴリズムは複数あるのが普通である．このようなとき，それらのアルゴリズムをどのように比較評価したらよいだろうか．いくつかの評価基準が考えられるが，本書では，そのアルゴリズムで正しい解が得られて停止するまでの計算時間を評価基準として採用する．そして，計算時間の少ないほうが良いアルゴリズムであると考える．なお，アルゴリズムの**計算量** (time complexity) はこの計算時間を単純抽象化した概念である．

多項式の値の計算とソーティングを例にとって，具体的に眺めてみよう．

1.1.1 多項式の値の計算

最初に，以下のように定義される多項式の値の計算を取り上げる．

多項式 $p(x) = a_n x^n + a_{n-1} x^{n-1} + \cdots + a_1 x + a_0$ の $x = x_0$ での値 $p(x_0)$ の計算
入力：(a) 多項式の次数 n，(b) $n+1$ 個の係数の列 $a_n, a_{n-1}, \ldots, a_1, a_0$，および (c) $x = x_0$．
出力：$p(x_0)$．

多項式の値を計算する以下の二つのアルゴリズムを考える．

アルゴリズム A
$b_n := a_n * x_0 * \cdots * x_0;$
　（右辺は a_n と n 個の x_0 の積であり，その値を左辺の b_n に代入する）
$b_{n-1} := a_{n-1} * x_0 * \cdots * x_0;$
　（右辺は a_{n-1} と $n-1$ 個の x_0 の積）
　$\cdots$
$b_3 := a_3 * x_0 * x_0 * x_0;$
$b_2 := a_2 * x_0 * x_0;$
$b_1 := a_1 * x_0;$
$p(x_0) := b_n + b_{n-1} + \cdots + b_2 + b_1 + a_0$

アルゴリズム B
$c_{n-1} := a_n * x_0 + a_{n-1};$
$c_{n-2} := c_{n-1} * x_0 + a_{n-2};$
　$\cdots$
$c_2 := c_3 * x_0 + a_2;$
$c_1 := c_2 * x_0 + a_1;$
$p(x_0) := c_1 * x_0 + a_0$

なお，本書では（上記のアルゴリズムでも），記法の $x := y$ は右辺の式の y の値を（必要に応じて計算して）左辺の変数 x に代入することを表す．

具体例として，3 次多項式 $p(x) = 4x^3 + 5x^2 + 2x + 6$ の $x_0 = 3$ での値 $p(3)$ の計算を考える．このとき，入力（を記述するパラメーター）は，

$$(n=)\,3,\ (a_3=)\,4,\ (a_2=)\,5,\ (a_1=)\,2,\ (a_0=)\,6,\ (x_0=)\,3$$

の 6 個である．$p(3)$ を計算するアルゴリズム A, B は以下のように動作する．

アルゴリズム A
$b_3 := 4*3*3*3 = 108;$
$b_2 := 5*3*3 = 45;$
$b_1 := 2*3 = 6;$
$p(3) := 108 + 45 + 6 + 6 = 165$

アルゴリズム B
$c_2 := 4*3 + 5 = 17;$
$c_1 := 17*3 + 2 = 53;$
$p(3) := 53*3 + 6 = 165$

いずれも値 $p(3)$ を正しく計算するが，アルゴリズム A では，乗算回数（$*$ の総数）が 6 であり，加算回数（$+$ の総数）が 3 である．一方，アルゴリズム B では，乗算回数および加算回数はともに 3 である[1]．したがって，全体の演算回数は，アルゴリズム A では 9 であり，アルゴリズム B では 6 である．

一般の n 次多項式 $p(x) = a_n x^n + a_{n-1} x^{n-1} + \cdots + a_1 x + a_0$ の $x = x_0$ での値 $p(x_0)$ の計算においては，アルゴリズム A の乗算回数は $\frac{n(n+1)}{2}$ であり，加算回数は n である．一方，アルゴリズム B の乗算回数および加算回数はともに n である．したがって，全体の演算回数は，アルゴリズム A では，

$$\frac{n^2 + 3n}{2}$$

であり，アルゴリズム B では $2n$ である[2]．多項式の計算ではこの演算回数を**アルゴリズムの計算量**と考える．

一般に，計算時間は演算回数にほぼ比例する．たとえば，きわめて人為的であるが，$n = 1000000$（100 万）であり，1 回の演算に要する時間が 10^{-9} 秒のとき，値 $p(x_0)$ の計算時間は，アルゴリズム A ではほぼ 500 秒であり，アルゴリズム B では 0.002 秒である．したがって，計算時間の観点からは，アルゴリズム B のほうがアルゴリズム A よりも格段に優れていると言える．

1.1.2 ソーティング

入力として与えられた n 個の実数（より一般的には，大小関係のある順序集合の要素）の列 $(x_1, x_2, \ldots, x_n)$ を小さい順（あるいは大きい順）に並べた列 $(y_1, y_2, \ldots, y_n)$ を求めることを**ソーティング** (sorting) という．

---

[1] $p(x) = 4x^3 + 5x^2 + 2x + 6$ の $x = x_0$ での値 $p(x_0)$ を $((4*x_0+5)*x_0+2)*x_0+6$ として計算する．
[2] アルゴリズム B は **Horner の方法**と呼ばれ，多項式が本文で記述されているような入力パラメーターで指定される場合には，演算回数が最小のアルゴリズムである．

$(x_1, x_2, \ldots, x_n)$ のソーティング
入力：大小関係のある n 個の要素の列 $(x_1, x_2, \ldots, x_n)$.
出力：$x_1, x_2, \ldots, x_n$ を小さい順に並べた列 $(y_1, y_2, \ldots, y_n)$.

以下のソーティングアルゴリズムを考える．

挿入ソート
1. $y_1 = x_1$ とする．
2. (a) $k = 1$ とする．
   (b) $x_1, x_2, \ldots, x_k$ を小さい順に並べた列 $y_1, y_2, \ldots, y_k$ に対して，列 $y_1, y_2, \ldots, y_k$ の後ろから順次 x_{k+1} と比較していって，初めて $x_{k+1} \geq y_j$ となる y_j を見つけて（そのような j が得られずに $x_{k+1} < y_1$ のときには $j = 0$ とする），x_{k+1} を $y_1, y_2, \ldots, y_k$ の y_j の直後に挿入する．そして $y_1, y_2, \ldots, y_j, x_{k+1}, y_{j+1}, \ldots, y_k$ を改めて $y_1, y_2, \ldots, y_k, y_{k+1}$ とする．
   (c) $k = k + 1$ とする．さらに $k < n$ ならば (b) へ戻る．

このアルゴリズムの 2.（以下，混乱を避けるため，本書のアルゴリズムの 1., 2., ..., i. をそれぞれステップ 1，ステップ 2，...，ステップ i ということもある）は，$k = 1$ から 1 ずつ増やしながら，$x_1, x_2, \ldots, x_k, x_{k+1}$ を小さい順に並べた $y_1, y_2, \ldots, y_k, y_{k+1}$ を (c) で $k = n$ になるまで求めている．このアルゴリズムが**挿入ソート** (insertion sort) と呼ばれている由来は，各 k に対して，x_{k+1} を $y_1, y_2, \ldots, y_k$ の適切な場所に挿入するために，x_{k+1} と y_k，x_{k+1} と y_{k-1}，...，x_{k+1} と y_j と比較していき，$x_{k+1} \geq y_j$ となるまで繰り返すからである．

例題： 入力 8, 9, 5, 7, 6, 4, 2, 3 に対する挿入ソートの動作例
 各 k に対して，$y_1, y_2, \ldots, y_k$ と x_{k+1} は次のようになる．記号 $\wedge$ は x_{k+1} が挿入される $y_1, y_2, \ldots, y_k$ の位置を示している．

$k = 1:$ $\quad y_1 = 8_\wedge \quad x_2 = 9$
$k = 2:$ $\quad y_1, y_2 =_\wedge 8, 9 \quad x_3 = 5$
$k = 3:$ $\quad y_1, y_2, y_3 = 5,_\wedge 8, 9 \quad x_4 = 7$

$k=4:$ $y_1,y_2,y_3,y_4 = 5,{}_\wedge 7,8,9$ $x_5 = 6$

$k=5:$ $y_1,y_2,y_3,y_4,y_5 = {}_\wedge 5,6,7,8,9$ $x_6 = 4$

$k=6:$ $y_1,y_2,y_3,y_4,y_5,y_6 = {}_\wedge 4,5,7,8,9$ $x_7 = 2$

$k=7:$ $y_1,y_2,y_3,y_4,y_5,y_6,y_7 = 2,{}_\wedge 4,5,6,7,8,9$ $x_8 = 3$

$k=8:$ $y_1,y_2,y_3,y_4,y_5,y_6,y_7,y_8 = 2,3,4,5,6,7,8,9$

この例では,各 k で $j=1$ あるいは $j=0$ となり比較回数が k となって,挿入ソートの総比較回数(**挿入ソートの計算量**)は $\sum_{k=1}^{n-1} k = \frac{n(n-1)}{2}$ となる.一方,入力 $x_1, x_2, \ldots, x_8$ が $2,3,4,5,6,7,8,9$ ならば,

$k=1:$ $y_1 = 2_\wedge$ $x_2 = 3$

$k=2:$ $y_1,y_2 = 2,3_\wedge$ $x_3 = 4$

$k=3:$ $y_1,y_2,y_3 = 2,3,4_\wedge$ $x_4 = 5$

$k=4:$ $y_1,y_2,y_3,y_4 = 2,3,4,5_\wedge$ $x_5 = 6$

$k=5:$ $y_1,y_2,y_3,y_4,y_5 = 2,3,4,5,6_\wedge$ $x_6 = 7$

$k=6:$ $y_1,y_2,y_3,y_4,y_5,y_6 = 2,3,4,5,6,7_\wedge$ $x_7 = 8$

$k=7:$ $y_1,y_2,y_3,y_4,y_5,y_6,y_7 = 2,3,4,5,6,7,8_\wedge$ $x_8 = 9$

$k=8:$ $y_1,y_2,y_3,y_4,y_5,y_6,y_7,y_8 = 2,3,4,5,6,7,8,9$

となり,各 k に対して,x_{k+1} を $y_1, y_2, \ldots, y_k$ の適切な場所に挿入するための比較は,x_{k+1} と y_k の比較 1 回だけでよい.したがって,この例での挿入ソートの計算量は $\sum_{k=1}^{n-1} 1 = n-1$ となる.

1.1.3 最大計算量

上の挿入ソートの例のように,基本演算回数(比較回数)は入力サイズ n にのみ依存するとは言えない.そこで,入力サイズ n の入力のうちでアルゴリズムが最も多くの基本演算を必要とする入力を考えて,それに対する基本演算回数を,本書では,サイズ n の入力に対する**アルゴリズムの計算量** (time complexity of an algorithm) と呼ぶ.すなわち,最悪の場合を想定してアルゴリズムの計算量を定めていることになる.このようにして定められたアルゴリズムの計算量 T はもちろん n にのみ依存する関数であるので $T(n)$ と書ける.上の挿入ソートの例では $T(n) = \frac{n(n-1)}{2}$ である.この関数 $T(n)$ は最悪の場合を想定しているので,**最悪計算量** (worst-case time complexity) あるいは**最大計算量**とも呼ばれる.

1.2 漸近計算量と O-, Ω-, Θ-記法

自然数 $n = 1, 2, \ldots$ で定義される二つの正関数 $f(n), g(n)$ に対して, $g(n) = \mathrm{O}(f(n))$, $g(n) = \Omega(f(n))$, $g(n) = \Theta(f(n))$ は以下のように定義される[3].

O-, Ω-, Θ-記法の定義

1. すべての整数 $n \geq N$ において $g(n) \leq cf(n)$ となるような正の定数 c, N が存在するときそしてそのときのみ, $g(n) = \mathrm{O}(f(n))$ と書く.
2. すべての整数 $n \geq N$ において $g(n) \geq cf(n)$ となるような正の定数 c, N が存在するときそしてそのときのみ, $g(n) = \Omega(f(n))$ と書く.
3. $g(n) = \mathrm{O}(f(n))$ かつ $g(n) = \Omega(f(n))$ のときそしてそのときのみ, $g(n) = \Theta(f(n))$ と書く.

計算量 $T(n)$ は, 通常, より単純な n の関数 $f(n)$ を用いて, $T(n) = \mathrm{O}(f(n))$, $T(n) = \Omega(f(n))$, $T(n) = \Theta(f(n))$ という形式で表現される. よく現れる計算量 $T(n)$ は, $T(n) = \mathrm{O}(n)$, $T(n) = \mathrm{O}(n \log_2 n)$, $T(n) = \mathrm{O}(n^2)$, というような形式で表現されるものである[4]. すなわち, 入力サイズ n が十分大きいところで, n が増加したときどのくらいの速さで $T(n)$ が増加するかということ (すなわち, 増加率) にだけ注目するわけである. たとえば, $T(n) = 3n^2 + 4n + 5$ のときには $T(n) = \Theta(n^2)$ と表す. したがって, 上記の挿入ソートの計算量も $T(n) = \Theta(n^2)$ と表される. このように O-, Ω-, Θ-表記された計算量 $T(n)$ を**漸近計算量** (asymptotic time complexity) という.

計算量 $T(n) = \mathrm{O}(f(n))$ のアルゴリズムは**オーダー $f(n)$ のアルゴリズム**あるいは **$f(n)$ オーダーのアルゴリズム**と呼ばれる. 問題 P を解くのにどんなアルゴリズムを用いても, その計算量 $T(n)$ が $T(n) = \Omega(f(n))$ であるとき, $\Omega(f(n))$ は問題 P の計算量の**下界** (lower bound) と呼ばれる. 問題 P の計算量の下界が $\Omega(f(n))$ であるとき, $T(n) = \mathrm{O}(f(n))$ の計算量のアルゴリズムは必然的に $T(n) = \Theta(f(n))$ となるが, これは, 問題 P を解くためのアルゴリズムの中で, 少なくても漸近計算量の観点からは, 最良であることを意味している. このとき, $f(n)$ は問題 P の固

---
[3] $g(n) = \Omega(f(n))$ の定義は簡単化している.
[4] 本書では, 底を明示せずに $\log n$ と書いたら, $\log_2 n$ のことを意味する.

表 1.1　計算量の評価

n	A $1000n$	B $1000n \log n$	C $100n^2$	D $10n^3$	E 2^n	F $n!$
10	0.0001 秒	0.0003 秒	0.0001 秒	0.0001 秒	0.00001 秒	0.036 秒
20	0.0002 秒	0.0009 秒	0.0004 秒	0.0008 秒	0.01 秒	770 年
50	0.0005 秒	0.0028 秒	0.0025 秒	0.0125 秒	130 日	3×10^{41} 年
100	0.001 秒	0.0066 秒	0.01 秒	0.1 秒	4×10^{14} 年	—
1000	0.01 秒	0.1 秒	1 秒	100 秒	—	—
10^4	0.1 秒	1.3 秒	100 秒	28 時間	—	—
10^5	1 秒	16.6 秒	10000 秒	3.2 年	—	—
10^6	10 秒	199 秒	11.6 日	3170 年	—	—

有の計算量であると考えられる．問題 P を解く任意のアルゴリズムの計算量は，その問題の計算量の**上界** (upper bound) であるということができる[5]．

1.2.1　漸近計算量の妥当性

問題 P に対して，P を解く六つのアルゴリズム A, B, C, D, E, F があって，各アルゴリズム X の計算量 $T_{P,X}(n)$ が，

$$T_{P,A}(n) = 1000n, \qquad T_{P,B}(n) = 1000n \log n, \qquad T_{P,C}(n) = 100n^2,$$
$$T_{P,D}(n) = 10n^3, \qquad T_{P,E}(n) = 2^n, \qquad T_{P,F}(n) = n!$$

と表されているとする．したがって，$T_{P,A}(n) = \Theta(n)$，$T_{P,B}(n) = \Theta(n \log n)$，$T_{P,C}(n) = \Theta(n^2)$，$T_{P,D}(n) = \Theta(n^3)$，$T_{P,E}(n) = \Theta(2^n)$，$T_{P,F}(n) = \Theta(n!)$ である．

表 1.1 は，基本演算が 10^{-8} 秒で実行できるとしたとき，各アルゴリズム X の計算量 $T_{P,X}(n)$ が入力サイズ n の増加とともにどのように増加していくかを示したものである．これらの例から，n が十分大きいときは，

$$T_{P,A}(n) \ll T_{P,B}(n) \ll T_{P,C}(n) \ll T_{P,D}(n) \ll T_{P,E}(n) \ll T_{P,F}(n)$$

が成立すること，すなわち，$T_{P,A}(n)$ は $T_{P,B}(n)$ と比較して無視できるほど小さく（これを $T_{P,A}(n) \ll T_{P,B}(n)$ と表記している），$T_{P,B}(n)$ は $T_{P,C}(n)$ と比較し

---

[5] 本書が対象とするアルゴリズム理論は，より良い下界と上界を求めることを主な研究課題としている．すなわち，問題 P に対して P の計算量 $T_P(n)$ をできるだけ大きな下界 $L(n)$ で下から抑え，できるだけ小さい上界 $U(n)$ で上から抑えようとし，最終的には $T_P(n) = \Theta(L(n)) = \Theta(U(n))$ という形の式を得ることを目的としている．なお，できるだけ小さい上界 $U(n)$ を与えることは，具体的には，$U(n)$ の計算量のアルゴリズムを与えることで達成できる．

表 1.2 指定された時間で解ける問題のサイズ

	A $1000n$	B $1000n \log n$	C $100n^2$	D $10n^3$	E 2^n	F $n!$
1 秒	10^5	7741	1000	215	26	11
1 分	6×10^6	3.275×10^5	7740	843	32	13
1 時間	3.6×10^8	1.51×10^7	6×10^4	3302	38	14
1 日	8.64×10^9	3.06×10^8	2.94×10^5	9524	43	15
1 年	3.15×10^{12}	8.68×10^{10}	5.62×10^6	68066	51	17

て無視できるほど小さい（以下同様の）ことがわかる．

表 1.2 は，各アルゴリズムで指定された時間内に解ける問題の最大サイズを示している（1 秒間に実行できる基本演算は 10^8 個であるものとしている）．この表は，コンピューターのハード面の技術革新に伴い基本演算が 3600 倍高速化されたとしても，計算量 $T_{P,E}(n) = 2^n$，$T_{P,F}(n) = n!$ のようなアルゴリズムでは，1 秒間に処理できる問題のサイズがそれぞれ，たかだか 26 から 38 に，あるいは 11 から 14 にしか増加しないことを示している．これらの例から，問題をコンピューターで効率的に処理するためには，ハード面に劣らず，ソフト面（とくにアルゴリズム）の開発が重要であることがわかるであろう．本書では，計算量と言えばこの漸近計算量を意味する．

1.3 素朴なアルゴリズムの計算量

多項式の積と行列の積を例にとって，素朴なアルゴリズムとその計算量について考えてみる．

1.3.1 多項式の積

二つの n 次多項式 $a(x) = \sum_{i=0}^{n} a_i x^i = a_n x^n + \cdots + a_1 x + a_0$，$b(x) = \sum_{i=0}^{n} b_i x^i = b_n x^n + \cdots + b_1 x + b_0$ の積 $c(x) = a(x)b(x)$ は，

$$c_k = \sum_{h=0}^{k} a_{k-h} b_h = a_k b_0 + a_{k-1} b_1 + \cdots + a_1 b_{k-1} + a_0 b_k$$

（$k > n$ のときには，$a_k = b_k = 0$ であるものとする）とおけば，$c(x) = \sum_{i=0}^{2n} c_i x^i = c_{2n} x^{2n} + \cdots + c_1 x + c_0$ である．したがって，c_k は $k+1$ 回の乗算と k 回の加算

で計算でき，$c(x) = a(x)b(x)$（$2n+1$ 個の c_k）を上式のとおりに計算するアルゴリズムの計算量 $T(n)$ は $T(n) = \Theta(n^2)$ である．

1.3.2 行列の積

二つの $n \times n$ 行列 $A = (a_{ij}), B = (b_{ij})$ の積 AB は，
$$c_{ij} = \sum_{k=1}^{n} a_{ik}b_{kj} = a_{i1}b_{1j} + a_{i2}b_{2j} + \cdots + a_{in}b_{nj}$$
とおけば，行列積の定義により，$C = (c_{ij}) = AB$ である．したがって，c_{ij} は n 回の乗算と $n-1$ 回の加算で計算でき，AB（n^2 個の c_{ij}）を定義式どおりに計算するアルゴリズムの計算量 $T(n)$ は $T(n) = \Theta(n^3)$ である[6]．

1.4 難しい問題

行列の積やソーティングの問題のように，計算量 $T(n)$ が n の多項式オーダーの関数で抑えられるような問題，すなわち，ある正整数 k を用いて $T(n) = O(n^k)$ と表すことのできるような問題は，**やさしい問題**（多項式オーダーの問題）と呼ばれる．$T(n) = O(n \log n)$ であれば当然 $T(n) = O(n^2)$ であるので，計算量が $O(n \log n)$ の問題などもやさしい問題と言える．

これに対して，計算量 $T(n)$ が n の多項式オーダーの関数となるようなアルゴリズムの存在しない問題は**難しい問題**と呼ばれる．以下は難しいと考えられている問題の例である．

1.4.1 部分集合和問題とナップサック問題

n 個の正整数 $a_1, a_2, \ldots, a_n$ および正整数 b が与えられたとき，$a_1, a_2, \ldots, a_n$ の中から適切に選んでその和が b になるようにできるかどうかを判定し，できるときには $a_{i_1} + a_{i_2} + \cdots + a_{i_k} = b$ となるような $a_{i_1}, a_{i_2}, \ldots, a_{i_k}$ を実際に求める問題が**部分集合和問題** (subset sum problem) である．さらに，2 組の n 個の正整数 $a_1, a_2, \ldots, a_n, c_1, c_2, \ldots, c_n$ と正整数 b が与えられたとき，$a_{i_1} + a_{i_2} + \cdots + a_{i_k} \leq b$ を満たす $i_1, i_2, \ldots, i_k$ のなかで，$c_{i_1} + c_{i_2} + \cdots + c_{i_k}$ が最大となるようなものを

---

[6] 入力サイズ N は正確には $N = 2n^2$ であるので，実際には $T(N) = \Theta(N^{3/2})$ であるが，通常上記のように入力サイズを n と見なして $T(n) = \Theta(n^3)$ と表すことが多い．本書ではこれ以降も，通常用いられている記法で表現する．

求める問題が**ナップサック問題** (knapsack problem) である．

ともに 2^n 個のすべての部分集合を考えれば解けるが，その計算量は $\Omega(2^n)$ であり n の多項式ではない．部分集合和問題とナップサック問題に対する多項式オーダーのアルゴリズムは現在知られていない．難しい問題と考えられている．

1.4.2 巡回セールスマン問題

n 個の都市のどの 2 都市間にも直行便の飛行機が運航されていて，それを利用したときの運賃（費用）が与えられている．このとき，すべての都市をちょうど一度訪問して出発点に戻ってくる経路のうちで，総費用最小の経路を求める問題が**巡回セールスマン問題** (traveling salesman problem) である．

巡回セールスマン問題は，n 個の都市のすべての円順列 $(n-1)!$ に対して最小費用のものを選べばよいので，$O(n!)$ の計算量のアルゴリズムが存在することは明らかである．巡回セールスマン問題に対する多項式オーダーのアルゴリズムは現在知られていない．難しい問題と考えられている．

1.5 解答付き演習問題

問 1.1 多項式の値を計算する Horner のアルゴリズム（1.1.1 項のアルゴリズム B）のプログラムを作成して様々なデータで走らせてみよ．

略解 たとえば次数が 20 以下の整数係数の多項式 $p(x)$ の整数 $x = x_0$ での値 $p(x_0)$ の計算に対しては，以下のようなプログラムが書ける．なお，本書に載せたすべてのプログラムの各行で

```
//
```

に続く部分は**コメント文**であり，プログラムの実行では無視されるので省略可能である．コメント文はプログラムの理解を助けるための補助的なものである．さらに，本書のプログラムにおけるこの形式のコメント文は，ほとんどの C コンパイラーで問題なく処理され，実行形式のプログラムが得られることを注意しておく．また，データを読み込む関数 scanf() は，scanf_s() としなければならないことがあることも注意しておく．

```
// Horner のアルゴリズムのプログラム例
#include <stdio.h>
#define degreemax    20    // 多項式の次数 n の上限で n<=degreemax が必要
```

```
void print_polynomial(int n, int *a){// 次数 n の多項式 a(x) を出力する
    int i;
    printf("%2dx^^%d ",a[n],n);
    for (i=n-1; i>=2; i--) {
        if (a[i] > 0) printf("+%2dx^^%d ", a[i],i);
        else if (a[i] < 0) printf("-%2dx^^%d ", -a[i],i);
    }
    if (a[1] > 0) printf("+%2dx ", a[1]);
    else if (a[1] < 0) printf("-%2dx ", -a[1]);
    if (a[0] > 0) printf("+%2d\n", a[0]);
    else if (a[0] < 0) printf("-%2d\n", -a[0]);
}
void main(void){
    int a[degreemax+1];
    int n, i, x, p;
    printf("次数 n と n+1 個の係数と x_0 を入力してください\n");
    printf("入力したデータは");
    scanf("%d", &n); printf("%3d", n);
    for (i=n; i>=0; i--) {
        scanf("%d", &a[i]); printf("%3d", a[i]);
    }
    scanf("%d", &x); printf("%3d  です\n", x);
    p=a[n];
    for (i=n-1; i>=0; i--) p=p*x+a[i];
    printf("入力の多項式 p(x)= ");
    print_polynomial(n, a);
    printf("x=x_0=%d での p(x) の値 p(%d) の計算\n", x,x);
    printf("p(%d)=%5d \n",x,p);
}
```

以下は，5 -3 6 4 3 -2 1 3 を入力したときのプログラムの実行例である．

```
次数 n と n+1 個の係数と x_0 を入力してください
入力したデータは  5 -3  6  4  3 -2  1  3 です
入力の多項式 p(x)= -3x^^5 + 6x^^4 + 4x^^3 + 3x^^2 - 2x + 1
x=x_0=3 での p(x) の値 p(3) の計算
p(3)= -113
```

問 1.2 挿入ソートのプログラムを作成して様々なデータで走らせてみよ．

略解 1000 個以下の整数のデータをソーティングする挿入ソートのプログラムは以下のように書ける．なお，data_input(int *x) は，データを読み込んで配列 x に格納する関数である．sorted_data_output(int n, int *y) は，配列 y

の番地1からnまでのソート済みのデータを出力する関数である．

```c
// 挿入ソートのプログラム
#include <stdio.h>
#define nmax         1000    // データ数nの上限
int data_input(int *x){// データを読み込んで配列xに格納する関数
   int i,n;
   printf("データ数nを入力してください\n");
   scanf("%d", &n);
   printf("n=%d個のデータを入力してください\n", n);
   for (i = 1; i <= n; i++) scanf("%d", &x[i]);
   printf("入力データは以下のとおりです");
   printf("\n   ");
   for (i = 1; i <= n; i++) printf("%5d", i);
   printf("\n x ");
   for (i = 1; i <= n; i++) printf("%5d", x[i]);
   printf("\n");
   return n;
}
void sorted_data_output(int n, int *y){// ソート済みのデータを出力する関数
   int i;
   printf("\n ソーティング後のデータ");
   printf("\n   ");
   for (i = 1; i <= n; i++) printf("%5d", i);
   printf("\n y ");
   for (i = 1; i <= n; i++) printf("%5d", y[i]);
   printf("\n");
}
void main(void){
   int x[nmax+1], y[nmax+1];
   int j,k,n;
   n=data_input(x);
   y[1]=x[1];
   for (k = 1; k <= n-1; k++) {
      y[0]=x[k+1];   // y[0]は番兵の働きをする
      j=k;
      while (y[j]>x[k+1]){// このときにはy[j]をy[j+1]に移動する
         y[j+1]=y[j]; j--;
      } // y[0]==x[k+1]より0<=j<=kが成立する
      y[j+1]=x[k+1];   // y[j]の次にx[k+1]を挿入する
   }
   sorted_data_output(n,y);
}
```

以下は，入力として左の箱に書いてあるデータを上記の挿入ソートのプログラ

ムに与えたときの実行例（出力）を右の箱に示したものである．

8
430
768
598
940
547
831
466
352
	データ数 n を入力してください
	n=8 個のデータを入力してください
	入力データは以下のとおりです
	    1 2 3 4 5 6 7 8
	x 430 768 598 940 547 831 466 352
	ソーティング後のデータ
	    1 2 3 4 5 6 7 8
	y 352 430 466 547 598 768 831 940

上記の挿入ソートのプログラムでは，入力データを記憶する配列 x を配列 y として用いることもできる（この場合，最終的にはソート済みのデータしか残らないことになる）．

データを入力する関数 data_input() とソート済みのデータを出力する関数 sorted_data_output() は第 3 章の高速ソーティングアルゴリズムのプログラムでも用いるので，

```
// ソートのライブラリプログラム
int data_input(int *x){// データを読み込んで配列 x に格納する関数
    int i,n;
    printf("データ数 n を入力してください\n");
    scanf("%d", &n);
    printf("n=%d 個のデータを入力してください\n", n);
    for (i = 1; i <= n; i++) scanf("%d", &x[i]);
    printf("入力データは以下のとおりです");
    printf("\n   ");
    for (i = 1; i <= n; i++) printf("%5d", i);
    printf("\n x ");
    for (i = 1; i <= n; i++) printf("%5d", x[i]);
    printf("\n");
    return n;
}
void sorted_data_output(int n, int *y){// ソート済みのデータを出力する関数
    int i;
    printf("\n ソーティング後のデータ");
    printf("\n   ");
    for (i = 1; i <= n; i++) printf("%5d", i);
    printf("\n y ");
    for (i = 1; i <= n; i++) printf("%5d", y[i]);
    printf("\n");
```

}

として，ソートのライブラリプログラム（たとえばファイル名 sortlibrary.h）に保存しておくと，プログラムを簡潔に書ける．たとえば，上記の挿入ソートのプログラムは，このライブラリプログラム sortlibrary.h を用いて，

```
// 挿入ソートのプログラム（ライブラリ利用版）
#include <stdio.h>
#include "sortlibrary.h"  //上記のソートの入出力ライブラリプログラムの読み込み
#define nmax         1000    // データ数nの上限
void main(void){
   int x[nmax+1], y[nmax+1];
   int j,k,n;
   n=data_input(x);
   y[1]=x[1];
   for (k = 1; k <= n-1; k++) {
      y[0]=x[k+1];  // y[0] は番兵の働きをする
      j=k;
      while (y[j]>x[k+1]){// このときには y[j] を y[j+1] に移動する
         y[j+1]=y[j]; j--;
      } // y[0]==x[k+1] より 0<=j<=k が成立する
      y[j+1]=x[k+1]; // y[j] の次に x[k+1] を挿入する
   }
   sorted_data_output(n,y);
}
```

とも書ける．もちろん，このライブラリ利用版の挿入ソートのプログラムを走らせても，上記の（ライブラリを用いない）挿入ソートのプログラムの実行結果と同一の結果が得られる．

問 1.3 $f(n) = 2^n, g(n) = 3^n$ のとき，$f(n) = \mathrm{O}(g(n))$ であるが $f(n) \neq \Theta(g(n))$ であることを示せ．

略解 O-, Ω-, Θ-記法の定義より，以下が成立する．

1. $\displaystyle\lim_{n\to\infty} \frac{g(n)}{f(n)} \leq c$ となる正定数 c が存在すれば $g(n) = \mathrm{O}(f(n))$ であり，$\displaystyle\lim_{n\to\infty} \frac{g(n)}{f(n)} = \infty$ ならば $g(n) \neq \mathrm{O}(f(n))$ である．

2. $\displaystyle\lim_{n\to\infty} \frac{g(n)}{f(n)} \geq c$ となる正定数 c が存在すれば $g(n) = \Omega(f(n))$ であり，

3. $c_1 \leq \lim_{n \to \infty} \frac{g(n)}{f(n)} \leq c_2$ となる正定数 c_1, c_2 が存在すれば $g(n) = \Theta(f(n))$ である.

$\lim_{n \to \infty} \frac{g(n)}{f(n)} = 0$ ならば $g(n) \neq \Omega(f(n))$ である.

これを用いて示す. $\lim_{n \to \infty} \frac{2^n}{3^n} = \lim_{n \to \infty} \left(\frac{2}{3}\right)^n = 0$ より, $2^n = O(3^n)$ かつ $2^n \neq \Omega(3^n)$ であるので, $2^n \neq \Theta(3^n)$ である.

1.6 演習問題

1.1 1.3.1 項で述べた二つの多項式 $a(x) = a_n x^n + \cdots + a_1 x + a_0$ と $b(x) = b_n x^n + \cdots + b_1 x + b_0$ の積 $c(x) = a(x)b(x) = c_{2n} x^{2n} + \cdots + c_1 x + c_0$ の係数 $c_k = \sum_{h=0}^{k} a_{k-h} b_h = a_k b_0 + a_{k-1} b_1 + \cdots + a_1 b_{k-1} + a_0 b_k$ ($k > n$ のときは $a_k = b_k = 0$ と考える) を計算する素朴なアルゴリズムのプログラムを作成して様々なデータで走らせてみよ. さらに, $a(x)$ と $b(x)$ の次数が異なる場合, $a(x)$ と $b(x)$ の積の多項式 $c(x)$ の各項の係数はどのように書けるかを考えて, 一般化したこの多項式の積にもプログラムが対応できるようにせよ.

1.2 1.3.2 項で述べた行列積を計算する素朴なアルゴリズムのプログラムを作成して様々なデータで走らせてみよ.

1.3 $f(n) = o(g(n))$ であるとは, 十分に小さい任意の正数 ε に対して, ある正定数 N (ε には依存する) が存在して, すべての $n \geq N$ に対して $f(n) \leq \varepsilon g(n)$ が成立することである. また, $f(n) = \omega(g(n))$ であるとは, 十分に大きい任意の正数 K に対して, ある正定数 N (K には依存する) が存在して, すべての $n \geq N$ に対して $f(n) \geq K g(n)$ が成立することである. 以下の (a)–(d) が成立することを示せ.

(a) $2^n = o(3^n)$.

(b) 任意の正数 ε に対して, $\log_2 n = o(n^\varepsilon)$.

(c) $3^{\log_2 n} = o(n^2)$.

(d) $5^{\frac{1}{2}\log_2 n} = \omega(n(\log n)^2)$.

第2章 根付き木と再帰法

本章の目標は，データ構造で用いられるグラフと根付き木の概念，および，再帰アルゴリズムの良さと注意点を理解することである．

2.1 グラフと木

グラフ (graph) G は，有限個の点 (vertex) の集合 $V = V(G)$ と辺 (edge) と呼ばれる2点を結ぶ線分の集合 $E = E(G)$ からなり，$G = (V, E)$ と書くこともある．G の各辺が点の順序対 (u, v) で与えられる（すなわち，辺に向きがある）ときは G を**有向グラフ** (directed graph) といい，G の各辺が点の非順序対で与えられる（すなわち，辺に向きのない）ときは G を**無向グラフ** (undirected graph) という．以下は無向グラフと有向グラフの例である．

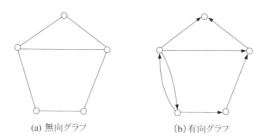

(a) 無向グラフ　　(b) 有向グラフ

辺 $e = (u, v)$ に対して，点 u, v は e の**端点**と呼ばれ，u と v は**隣接** (adjacent) し，辺 e は点 u（および点 v）に**接続** (incident) しているという．さらに，有向辺 $e = (u, v)$ に対しては，u を e の**始点** (tail)，v を e の**終点** (head) ともいう．

2.1.1 グラフの基礎概念

二つのグラフ G_1, G_2 に対して，$V(G_1) \subseteq V(G_2)$ かつ $E(G_1) \subseteq E(G_2)$ のとき，G_1 を G_2 の**部分グラフ** (subgraph) という．さらに，$V(G_1) \subset V(G_2)$ あるいは $E(G_1) \subset E(G_2)$ のときには，G_1 を G_2 の**真部分グラフ**という．グラフ G の点列 $P = (v_1, v_2, \ldots, v_k)$ は，すべての点 $v_1, \ldots, v_k$ が異なり，かつすべての (v_i, v_{i+1}) $(i = 1, 2, \ldots, k-1)$ が G の辺であるとき，G の点 v_1 から点 v_k への**パス** (path) と呼ばれる．このとき，P に含まれる辺の本数 $k-1$ をパス P の**長さ** (length) という．同様に，グラフ G の点列 $C = (v_1, v_2, \ldots, v_k)$ は，すべての点 $v_1, \ldots, v_{k-1}$ が異なり，$v_k = v_1$ であり，かつすべての (v_i, v_{i+1}) $(i = 1, 2, \ldots, k-1)$ が G の辺であるとき，G の**閉路** (circuit) と呼ばれる．閉路 C に含まれる辺の本数 $k-1$ を閉路 C の**長さ**という．有向グラフでは，**有向パス**，**有向閉路**と "有向" と付けて区別することもある．

無向グラフ G のどの 2 点 u, v に対しても u と v を結ぶパスがあるとき，G は**連結** (connected) であると呼ばれる．G の連結な部分グラフで極大なもの（すなわち，G のほかの連結な部分グラフの真部分グラフとならない連結な部分グラフ）を G の**連結成分** (connected component) という．

以下の図では，グラフ G は三つの連結成分 G_1, G_2, G_3 からなる．

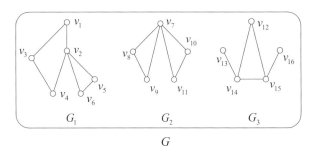

2.1.2 根付き木

閉路のない連結な無向グラフを**木** (tree) という．n 個の点をもつ木は $n-1$ 本の辺をもつ．**根** (root) と呼ばれる 1 個の特別視された点をもつ木を**根付き木** (rooted tree) という（図 2.1）．根付き木においては，点は通常**ノード** (node) と呼ばれる．根から各ノード v へのパスは唯一に定まるが，そのパスに沿って v の直前のノード

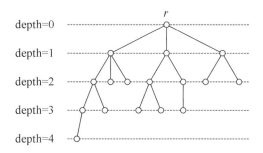

図 2.1　根付き木（根 r）T における各ノードの depth（深さ）

w を v の**親** (parent) といい，$w = p(v)$ と表す．v を w の**子** (child) ともいう（親は一意に定まるが，子は一般に複数個ある）．根 r の親はないので $p(r) = $ NULL（空であることを意味する）と定める．ノード v から根へのパス上にあるノード（v 自身も含めて）を v の**祖先** (ancestor) という．同じ親をもつ子同士を**兄弟**という．ノード v から子を次々とたどって到達できるノードを（v 自身も含めて）ノード v の**子孫** (descendant) という．すなわち，ノード v を祖先とするようなノード w が v の子孫である．子をもたないノードを**葉** (leaf) あるいは**外点**という．

根付き木におけるノード v の**深さ** depth(v) は，v の親 $p(v)$ を用いて，

$$\mathrm{depth}(v) = \begin{cases} 0 & (v \text{ が根のとき}) \\ \mathrm{depth}(p(v)) + 1 & (\text{それ以外のとき}) \end{cases}$$

として定義される（図 2.1）．**根付き木の深さ**は木に含まれるノードの最大の深さであると定義する．

根付き木において，子に順序があるときには，その根付き木は**順序木** (ordered tree) と呼ばれ，本書では，早い子ほど左に書いて表す．順序木は単に根付き木と呼ばれることも多いので，本書でもあまり厳密には区別しないことにする．

二分木 (binary tree) とは各ノードが高々二つの子をもつような根付き木である．とくに，各ノード v において，子は**左の子** lchild(v) あるいは**右の子** rchild(v) と順序付けられていることも多い．n 個のノードからなる**完全二分木** (complete binary tree) とは，根から深さの小さい順に，また同じ深さのところでは左から右へ順番にノードをできるだけつめて得られる二分木である．k **分木**，**完全 k 分木**なども同様に定義される（図 2.2）．

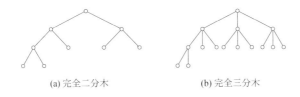

(a) 完全二分木 (b) 完全三分木

図 **2.2** 完全二分木と完全三分木

2.2 再帰法

自然数 n に対して，n の階乗 $n! = n \cdot (n-1) \cdots 2 \cdot 1$ は，

$$n! = \begin{cases} 1 & (n=1) \\ n \cdot (n-1)! & (n \geq 2) \end{cases}$$

と書ける．したがって，自然数 n が与えられたときに，$n!$ を計算して返す関数 $F(n)$ は，$n=1$ ならば 1 を返し，$n \geq 2$ ならば $nF(n-1)$ を返すというように書ける．このようにパラメーター（上の例では n）を変えて自分自身（上の例では $F(n)$）と同じ手法（上の例では $F(n-1)$）を呼び出すことを**再帰呼び出し** (recursive call) という．再帰呼び出しを用いる手法を**再帰法**という．本節では，二つの整数の最大公約数とフィボナッチ数の計算を通して再帰法を眺める．

2.2.1 非負整数 a, b の最大公約数 $\mathrm{GCD}(a, b)$ の計算

二つの非負整数 a, b の最大公約数を $\mathrm{GCD}(a, b)$ と表記する．二つの非負整数 a, b は最大公約数が 1 のとき，すなわち，$\mathrm{GCD}(a,b) = 1$ のとき，**互いに素**であると呼ばれる．また，非負整数 a に対して，a を正整数 b で割ったときの余りを $a \bmod b$ と書くことにする ($0 \leq a \bmod b < b$)．たとえば，$68 \bmod 3 = 2$, $68 \bmod 5 = 3$, $68 \bmod 7 = 5$ であり，$a = 1925$, $b = 1386$ ならば，最大公約数は $\mathrm{GCD}(1925, 1386) = 77$ と書ける．

二つの非負整数 a, b の最大公約数 $\mathrm{GCD}(a, b)$ は，a と b の素因数分解を求めて，共通の因数をすべて拾い出してかけることで得られる．たとえば，

$$1925 = 5 \times 5 \times 7 \times 11, \quad 1386 = 2 \times 3 \times 3 \times 7 \times 11$$

と素因数分解して共通因数 $7 \times 11 = 77$ を拾ってきて求めることができる．しか

し，素因数分解は効率の良い方法ではないと言われている．実際，与えられた整数 n の素因数を求めるために，n を小さいほうから順々にすべての素数で割り切れるかどうか確かめていく方法は最悪の場合 $\Omega(\sqrt{n})$ の手間がかかる．一方，n を二進法でビット表現すれば $\lfloor \log_2 n \rfloor + 1$ ビットで表現可能であり[1]，これが入力サイズとなるので，$\sqrt{n}$ は入力サイズの指数関数である．したがって，上記の素因数分解に基づいて二つの正整数 a, b の最大公約数を求める方法は，計算量が入力サイズ $\max\{\log_2 a, \log_2 b\}$ の多項式オーダーではない．

これに対して二つの非負整数 $a, b\ (a \geq b)$ の最大公約数を求める**ユークリッド互除法** (Euclidean algorithm) は効率的な方法であり，以下のように書ける．

ユークリッド互除法 GCD(a, b)

    if $b = 0$ **then return** a
    else return GCD($b, a \bmod b$)

たとえば，1925 と 1386 にユークリッド互除法を適用すると，

$$
\begin{aligned}
1925 &= 1386 \times 1 \quad \ldots \quad \text{余り} \quad 539 \\
1386 &= 539 \times 2 \quad \ldots \quad \text{余り} \quad 308 \\
539 &= 308 \times 1 \quad \ldots \quad \text{余り} \quad 231 \\
308 &= 231 \times 1 \quad \ldots \quad \text{余り} \quad 77 \\
231 &= 77 \times 3 \quad \ldots \quad \text{余り} \quad 0
\end{aligned}
$$

となり，1925 と 1386 の最大公約数が 77 として得られる．

このように，ユークリッド互除法は，$a \geq b > 0$ のとき GCD(a, b) = GCD($b, a \bmod b$) であることに基づいているので，これをきちんと証明しておこう．もちろん，一方が 0 になればそのとき他方の値が最大公約数である．

定理 2.1 （最大公約数の性質）

a, b を $a \geq b$ を満たす正整数とする．すると，a と b の最大公約数 GCD(a, b) は b と $a \bmod b$ の最大公約数 GCD($b, a \bmod b$) に等しい．

証明：a を b で割ったときの商を q とし，余りを r とする．すなわち，$q = \lfloor \frac{a}{b} \rfloor$，$r = a \bmod b$ とする．すると，$a = bq + r$ と書ける $(0 \leq r < b)$．

---
[1] $\lfloor x \rfloor$ は x 以下の最大の整数を表す．

$d = \mathrm{GCD}(b, r)$ とする．すると，d は b と r の最大公約数であるので，bq と r はともに d で割り切れる．したがって，$a = bq + r$ も d で割り切れる．すなわち，d は a の約数となる．したがって，d は b と a の公約数である．

さらに，d が a と b の最大公約数 $\mathrm{GCD}(a, b)$ に等しいことを示そう．そこで，a と b の公約数 d' で $d' > d$ となるものが存在したと仮定してみる．すると，a と b が d' で割り切れるので，$r = a - bq$ も d' で割り切れ，d' は r の約数になってしまう．すなわち，$d' > d$ は b と r の公約数になり，d が b と r の最大公約数であることに反してしまう．したがって，そのような d' は存在しないことになり，d が a と b の最大公約数であることが示せたことになる． □

ユークリッド互除法の正当性を具体的に説明しよう．77 と 0 の最大公約数 $\mathrm{GCD}(77, 0)$ は明らかに $d = 77$ である．このように，$\mathrm{GCD}(a, b)$ の a, b の一方が 0 のときが数学的帰納法の基本ステップに対応する．そこで，$a \geq b > 0$ として，b と $a \bmod b$ の最大公約数 $\mathrm{GCD}(b, a \bmod b)$ が得られたと仮定する．すると，定理 2.1 より，a, b の最大公約数 $\mathrm{GCD}(a, b)$ は，$\mathrm{GCD}(b, a \bmod b)$ に等しいので，得られたことになる．したがって，正当性が数学的帰納法で示された．

以上により，繰り返し余りを計算していって，余りが 0 になったときのもう一方の数が，最初に与えられた非負整数 a, b の最大公約数になる．上の $a = 1925$, $b = 1386$ の例では，

$$\begin{aligned}\mathrm{GCD}(1925, 1386) &= \mathrm{GCD}(1386, 539) = \mathrm{GCD}(539, 308) \\ &= \mathrm{GCD}(308, 231) = \mathrm{GCD}(231, 77) \\ &= \mathrm{GCD}(77, 0) = 77\end{aligned}$$

のように最大公約数 77 が得られる．

この例からもわかるように，このアルゴリズムでは，関数 GCD を 2 回呼び出す (mod 演算を 2 回繰り返す) ごとに $\mathrm{GCD}(\alpha, \beta)$ の α, β は半分以下になっていくことが容易にわかる．したがって，$n = \max\{a, b\}$ とおけば，a, b の最大公約数を求めるユークリッド互除法で関数 GCD の呼び出される回数は，高々 $2 \log_2 n$ となる．すなわち，ユークリッド互除法は，高々 $2 \log_2 n$ 回のステップとなり，効率的なアルゴリズムである．

上記の最大公約数を求める関数 $\mathrm{GCD}(\alpha, \beta)$ は，パラメーター α, β を α', β' に変えながら自分自身 $\mathrm{GCD}(\alpha', \beta')$ を再帰呼び出ししている．関数 $\mathrm{GCD}(\alpha, \beta)$ はアルゴリズムと見なせるが，このように再帰法に基づくアルゴリズムを**再帰アルゴリズム** (recursive algorithm) という．

2.2.2 ユークリッド互除法のプログラム例

```c
// 非負整数a,bの最大公約数GCD(a,b)を求めるユークリッド互除法
#include <stdio.h>
int euclid_gcd(int i, int j){// iとjの最大公約数を計算する再帰呼び出し関数
   if (i==0) return j;
   else if (j==0) return i;
      else if (i<j) return euclid_gcd(j,i);
         else { // 0<j<=i
            return euclid_gcd(j,i%j);
         }
}
void main(void){
int a,b;
int d;
   printf("二つの非負整数a,bを入力してください\n");
   printf("入力したデータは   ");
   scanf("%4d  %4d", &a,&b);
   printf("a=%4d  b=%4d   です\n", a,b);
   d=euclid_gcd(a,b);
   printf("%dと%dの最大公約数は   GCD(%d,%d)=%d   です\n", a,b,a,b,d);
}
```

以下はこのプログラムに $a = 1925, b = 1386$ を入力したときの実行例である.

```
二つの非負整数a,bを入力してください
入力したデータは   a=1925  b=1386   です
1925と1386の最大公約数は   GCD(1925,1386)=77   です
```

2.2.3 フィボナッチ数の計算

非負整数 n に対してフィボナッチ数 F_n は,

$$F_n = \begin{cases} 0 & (n = 0) \\ 1 & (n = 1) \\ F_{n-1} + F_{n-2} & (n \geq 2) \end{cases}$$

として漸化式で定義できる.

この漸化式に基づいて再帰呼び出しを用いれば, 与えられた n におけるフィボナッチ数 F_n は原理的には容易に計算できる. $n = 0$ ならば $F_0 = 0$, $n = 1$ ならば $F_1 = 1$ とすればよいし, $n \geq 2$ ならば F_{n-1} と F_{n-2} を再帰的に計算しそれら

の答えの和を F_n とすればよいからである.

　最大公約数の計算とフィボナッチ数の計算の例からもわかるように，再帰呼び出しを用いるとアルゴリズムは記述しやすくなるし，慣れると理解しやすくもなる．その意味でも，再帰法はアルゴリズムのどの分野でも広く用いられていて極めて重要な役割を果たしている．

　しかしながら，再帰法には重大な問題点が潜んでいるので，細心の注意をしなければならない．実際，F_n を本文のように再帰呼び出しをして計算すると，再帰呼び出しの回数 $T(n)$ は，$T(0) = T(1) = 0$, $T(n) = T(n-1) + T(n-2) + 2$ $(n \geq 2)$ となり，これを解くと，

$$T(n) = \frac{2}{\sqrt{5}} \left(\left(\frac{\sqrt{5}+1}{2} \right)^{n+1} - \left(\frac{1-\sqrt{5}}{2} \right)^{n+1} \right) - 2 \quad (2.1)$$

が得られる．すなわち，呼び出し回数は n の指数関数となる．したがって，漸化式で定義される対象に対しては，通常，定義どおりに再帰呼び出しをして計算することはしない．一度計算した結果は表に記憶しておき，次回にそれが必要になったときは，表引きをしてその結果を用いることが多い．

2.3　根付き木のラベリング

　本節では，各ノードの子に順序のある根付き木（すなわち，順序木）において，各ノードにラベルを付ける以下の問題を取り上げる．

各ノードの子に順序のある根付き木（順序木）のラベリング
入力：n 個の各ノードの子に順序のある根 r の根付き木（順序木）T．
出力：T のすべてのノードへの 1 から n のラベルの割当て．

　根付き木 T の系統的なラベリングとして，**先行順** (preorder)，**後行順** (postorder)，**幅優先順** (breadth-first order) が有名である（先行順は**前順**，後行順は**後順**とも呼ばれる）．T における根 r のすべての子を $v_1, v_2, \ldots, v_k$（v_i は r の i 番目の子）とする．各 v_i のすべての子孫の集合は T の部分グラフであり，**部分木** (subtree) と呼べる．このような入力の根付き木 T に対して，先行順，後行順，幅優先順のラベルは以下のアルゴリズムで与えられる．

先行順

1. 根 r に 1 のラベルを付ける.
2. $i=1$ とする.
3. (a) $i>k$ ならば終了する.
   $i \leq k$ ならば v_i を根とする T の部分木 T_i を（再帰的に）先行順にラベルを付ける.
   (b) $i=i+1$ として (a) に戻る.

後行順

1. $i=1$ とする.
2. (a) $i>k$ ならば 3. へ行く.
   $i \leq k$ ならば v_i を根とする T の部分木 T_i を（再帰的に）後行順にラベルを付ける.
   (b) $i=i+1$ として (a) に戻る.
3. 根 r に n のラベルを付ける.

幅優先順

1. 根から出発して，深さの小さい順にノードにラベルを付ける．同じ深さのノードは，左から順にラベルを付ける．

これらの実装（プログラム）については，根付き木（順序木）を表現するデータ構造の第 5 章（5.8 節，5.10 節，5.9 節）で議論する．図 2.3 は，(a) の根付き木（順序木）に対する先行順，後行順，幅優先順のラベリングを示している．

2.4　発展：拡張ユークリッド互除法

最大公約数 $d = \mathrm{GCD}(a,b)$ は，互いに素な整数 x,y を用いて，$d = xa + yb$ と書ける[2]．たとえば，$a = 1925$, $b = 1386$ の最大公約数 $77 = \mathrm{GCD}(a,b)$ は，

---

[2] 最大公約数と互いに素であることの概念は負の数にまで拡張できる．すなわち，二つの整数 a,b に対して，a,b の最大公約数は $|a|, |b|$ の最大公約数として定義され，最大公約数が 1 のとき a,b は互いに素であると定義される．

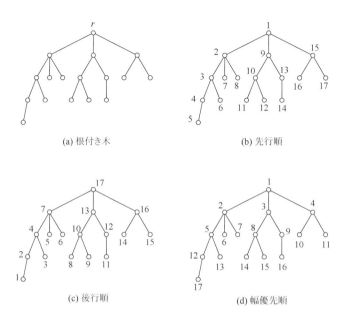

図 **2.3** 根付き木のラベリング

$$77 = -5a + 7b = -5 \times 1925 + 7 \times 1386$$

と書ける．実際，$a \geq b \geq 0$ と仮定すると数学的帰納法で以下のことが言える．

定理 2.2 （a, b の最大公約数の a, b を用いた表現）

非負整数 a, b の最大公約数 $\mathrm{GCD}(a, b)$ は互いに素な整数 x, y を用いて，

$$\mathrm{GCD}(a, b) = ax + by \tag{2.2}$$

と表すことができる．

証明：$a \geq b \geq 0$ とする．$b = 0$ ならば，$x = 1, y = 0$ を用いて，

$$a = \mathrm{GCD}(a, 0) = a \times 1 + 0 \times 0$$

となり，$x = 1$ と $y = 0$ は互いに素である．これが，数学的帰納法の基本ステップに対応する．そこで，$b \neq 0$ とし，

$$q = \left\lfloor \frac{a}{b} \right\rfloor, \quad r = a \bmod b$$

とする．すると，$a = bq + r\ (0 \leq r < b)$ と書ける．さらに，定理 2.1 より，$\mathrm{GCD}(a, b) =$

表 2.1 $a = 1925$ と $b = 1386$ の最大公約数 $77 = ax + by = 1925 \times (-5) + 1386 \times 7$ を求める拡張ユークリッド互除法 Extended-Euclid(a, b) の実行例

a	b	$q = \lfloor a/b \rfloor$	$r = a \bmod b$	x	y	$d = ax + by$
1925	1386	1	539	-5	7	$1925 \times (-5) + 1386 \times 7$
1386	539	2	308	2	-5	$1386 \times 2 + 539 \times (-5)$
539	308	1	231	-1	2	$539 \times (-1) + 308 \times 2$
308	231	1	77	1	-1	$308 \times 1 + 231 \times (-1)$
231	77	3	0	0	1	$231 \times 0 + 77 \times 1$
77	0	-	-	1	0	$77 \times 1 + 0 \times 0$

$\mathrm{GCD}(b, r)$ である．そこで，$\mathrm{GCD}(b, r)$ が互いに素な整数 x', y' を用いて，

$$\mathrm{GCD}(b, r) = bx' + ry'$$

と書けると仮定する．これが数学的帰納法の帰納的ステップの仮定に対応する．すると，これに $r = a - bq$ を代入して，

$$\mathrm{GCD}(a, b) = \mathrm{GCD}(b, r) = bx' + (a - bq)y' = ay' + b(x' - qy')$$

が得られる．そこで，

$$x = y', \quad y = x' - qy'$$

とする．すると，x' と y' が互いに素であることから x と y も互いに素になり，$\mathrm{GCD}(a, b) = ax + by$ が得られる．これで帰納的ステップが完成する．

したがって，非負整数 a, b の最大公約数 $\mathrm{GCD}(a, b)$ を互いに素な整数 x, y を用いて，$\mathrm{GCD}(a, b) = ax + by$ と表せることが得られた． □

上記の証明から，非負整数 a, b の最大公約数 $\mathrm{GCD}(a, b)$ をある整数 x, y を用いて $\mathrm{GCD}(a, b) = ax + by$ の形式で求める（($\mathrm{GCD}(a, b), x, y$) を返す）拡張ユークリッド互除法 Extended-Euclid(a, b) は以下のように書ける．

拡張ユークリッド互除法 Extended-Euclid(a, b)

    if $b = 0$ **then return** $(a, 1, 0)$

    else $(d, x', y') :=$ Extended-Euclid$(b, a \bmod b)$;

        return $(d, x, y) := (d, y', x' - \lfloor \frac{a}{b} \rfloor y')$

表 2.1 は 1925 と 1386 の最大公約数 $77 = ax + by = 1925 \times (-5) + 1386 \times 7$ を求める拡張ユークリッド互除法 Extended-Euclid(a, b) の実行例である．これからわかるように，x と y は互いに素であることおよび x, y の一方が負になることもあることに注意しよう．拡張ユークリッド互除法も効率的なアルゴリズムである．

2.4.1 拡張ユークリッド互除法のプログラム例

```c
// 整数 a,b の最大公約数 GCD(a,b) を ax+by の形式で求める拡張ユークリッド互除法
#include <stdio.h>
#define ncmax      50              // 呼び出し回数 nc の上限
int a[ncmax+1],b[ncmax+1];
int q[ncmax+1],r[ncmax+1],x[ncmax+1],y[ncmax+1],d[ncmax+1];
int nc;        // 呼び出し回数
void ex_euclid_gcd(int k){// k 回目の反復
   // a[k] と b[k] の最大公約数 d[k]=a[k]*x[k]+b[k]*y[k] の計算
   if (b[k]==0) {
      x[k]=1; y[k]=0; q[k]=0; r[k]=0; d[k]=a[k];
      }
   else {// 0<b[k]<=a[k]
      q[k]=a[k]/b[k]; r[k]=a[k]%b[k];
      k++; nc=k;
      a[k]=b[k-1]; b[k]=r[k-1];
      ex_euclid_gcd(k);
      x[k-1]=y[k]; y[k-1]=x[k]-q[k-1]*y[k]; d[k-1]=d[k];
   }
}
void iterations_output(void){// 各反復での計算結果の出力
   int k;
   printf("\n");
   printf("k 回目の呼び出しにおける a[k],b[k],q[k],r[k],x[k],y[k],d[k] の値\n");
   printf("          a      b   q=a/b  r=a%b    x      y     d=GCD(a,b)=ax+by \n");
   for (k = 1; k <= nc; k++) {
      printf("k=%2d ",k); printf("%5d ",a[k]); printf("%5d ",b[k]);
      printf("%4d ",q[k]); printf("%7d ",r[k]); printf("%4d ",x[k]);
      printf("%4d ",y[k]);
      printf("%5d=%5d*(%3d)+%5d*(%3d)\n",d[k],a[k],x[k],b[k],y[k]);
   }
}
void main(void){
int temp;
   nc=1;
   printf("二つの非負整数 a,b を入力してください\n");
   scanf("%4d  %4d", &a[nc],&b[nc]);
   printf("入力したデータは   ");
   printf("a=%4d  b=%4d  です\n", a[nc],b[nc]);
   if (a[nc]<b[nc]) {
      temp=a[nc]; a[nc]=b[nc]; b[nc]=temp;
   }
   ex_euclid_gcd(nc);
   iterations_output();
}
```

以下は,プログラムに $a = 1925, b = 1386$ を入力したときの実行例である.

```
二つの非負整数 a,b を入力してください
入力したデータは   a=1925   b=1386   です

k 回目の呼び出しにおける a[k],b[k],q[k],r[k],x[k],y[k],d[k] の値
         a       b    q=a/b   r=a%b    x      y      d=GCD(a,b)=ax+by
k= 1   1925   1386     1      539     -5      7      77= 1925*(  -5)+ 1386*(   7)
k= 2   1386    539     2      308      2     -5      77= 1386*(   2)+  539*(  -5)
k= 3    539    308     1      231     -1      2      77=  539*(  -1)+  308*(   2)
k= 4    308    231     1       77      1     -1      77=  308*(   1)+  231*(  -1)
k= 5    231     77     3        0      0      1      77=  231*(   0)+   77*(   1)
k= 6     77      0     0        0      1      0      77=   77*(   1)+    0*(   0)
```

2.5 演習問題

2.1 4514 と 1517 の最大公約数 $\mathrm{GCD}(4514, 1517)$ を $4514x + 1517y$ という形で求めよ．

2.2 以下の根付き木（順序木）の各ノードに先行順，後行順，幅優先順のラベルを付けよ．

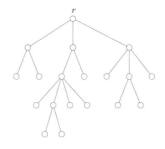

2.3 再帰呼び出し $\mathrm{GCD}(a, b) = \mathrm{GCD}(b, a \bmod b)$ に基づいて最大公約数を求めるユークリッド互除法では，$F_n \geq a \geq b$ ならば，再帰呼び出し回数は高々 n であることを示せ（F_n は 2.2.3 項のフィボナッチ数である）．

2.4 再帰法に基づいてフィボナッチ数 F_n を計算するプログラムを作成して実行せよ（n は 20 以下程度にすること）．また，二つの非負整数の最大公約数を求めるプログラムと比べて計算時間の違いを確認せよ．

第3章　ソーティング

> 本章の目標は，様々な高速ソーティングアルゴリズムと比較によるソーティングアルゴリズムの計算量の下界を理解することである．さらに，下界を示すために用いる決定木についても習熟することである．

3.1　ソーティングアルゴリズム

1.1.2 項で述べたように，大小関係のある与えられた入力の n 個の要素の列 $(x_1, x_2, \ldots, x_n)$ を，要素の小さい順（あるいは大きい順）に並べた列 $(y_1, y_2, \ldots, y_n)$ にすることを**ソーティング** (sorting) という．すなわち，以下の問題に対するアルゴリズムを本章では取り上げる．

$(x_1, x_2, \ldots, x_n)$ のソーティング
入力：大小関係のある n 個の要素の列 $(x_1, x_2, \ldots, x_n)$．
出力：$x_1, x_2, \ldots, x_n$ を小さい順に並べた列 $(y_1, y_2, \ldots, y_n)$．

データをソーティングしておくとその後の様々な処理が極めて高速に実行できるなどの理由から，ソーティングはアルゴリズムの基礎をなし，各種の方法が提案されてきた．アルゴリズムデザインの代表的手法である分割統治法に基づいたマージソートやクイックソートとともに，ヒープというデータ構造を用いたヒープソートなどは，ソーティングアルゴリズムの代表と言えるだろう．また整数などを桁ごとに走査して並べていく基数ソートなども有名である．本章では，代表的なソーティングアルゴリズムを眺める．さらに，ソーティングの計算量の下界についても述べる．

3.2 マージソート

大小関係のある n 個の要素の列 $X = (x_1, x_2, \ldots, x_n)$ を**分割統治法** (divide and conquer) に基づいて $Y = (y_1, y_2, \ldots, y_n)$ $(y_1 \leq y_2 \leq \cdots \leq y_n)$ と小さい順に並べる以下のアルゴリズムを**マージソート** (merge sort) という（以下では，$n = 2^k \geq 2$ を仮定しているが，この仮定は容易になくすことができる）．

マージソート

1. $n = 2$ ならば x_1 と x_2 を比較して $Y = (y_1, y_2)$ を求める．
2. $n > 2$ ならば X を $X_1 = (x_1, \ldots, x_{\frac{n}{2}})$ と $X_2 = (x_{\frac{n}{2}+1}, \ldots, x_n)$ の二つの $\frac{n}{2}$ 個の要素の列に分割する．
3. (a) X_1 に再帰的にアルゴリズムを適用し，要素を小さい順に並べた列 $Z_1 = (z_1, \ldots, z_{\frac{n}{2}})$ を求める．
   (b) X_2 に再帰的にアルゴリズムを適用し，要素を小さい順に並べた列 $Z_2 = (z'_1, \ldots, z'_{\frac{n}{2}})$ を求める．
4. Z_1 と Z_2 の要素を先頭から順々に比較していきながら併合して，$Y = (y_1, y_2, \ldots, y_n)$ を求める．

3.2.1 マージソートの適用例

上のマージソートのアルゴリズムを具体的な例で眺めてみよう．

$$X = (8, 9, 5, 7, 4, 10, 6, 2) \quad (n = 2^3)$$

とする（図 3.1）．2.（ステップ 2）を実行すると，

$$X_1 = (8, 9, 5, 7), \quad X_2 = (4, 10, 6, 2)$$

が得られる．3.（ステップ 3）を実行しようとすると，アルゴリズムは再帰的に実行されるので，X_1 (X_2) は，

$$X_{11} = (8, 9), \quad X_{12} = (5, 7) \quad (X_{21} = (4, 10), \quad X_{22} = (6, 2))$$

に分割される．すると，すべての列 X_{ij} が 2 個の要素の列になっているので，1.（ステップ 1）が適用される．そして，X_{11}, X_{12} (X_{21}, X_{22}) を小さい順に並べた列

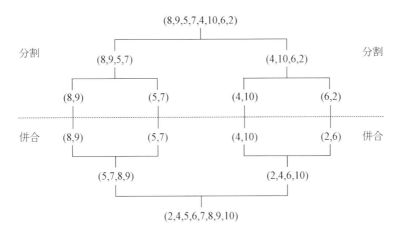

図 **3.1** $(8, 9, 5, 7, 4, 10, 6, 2)$ のマージソートのイメージ図

$$Z_{11} = (8, 9), \quad Z_{12} = (5, 7) \quad (Z_{21} = (4, 10), \quad Z_{22} = (2, 6))$$

が得られる．次に 4．（ステップ 4）を実行する．すなわち，Z_{11} と Z_{12}（Z_{21} と Z_{22}）を先頭から順々に比較していきながら併合すると，

$$Z_1 = (5, 7, 8, 9) \quad (Z_2 = (2, 4, 6, 10))$$

が得られる．さらに，再び，4．（ステップ 4）を実行して Z_1 と Z_2 を併合して Y を求める．すなわち，5 と 2 を比べて，2 が小さいので，次に 5 と 4 を比べて，4 が小さいので，次に 5 と 6 を比べて，5 が小さいので，次に 7 と 6 を比べて，というふうにして，

$$Y = (2, 4, 5, 6, 7, 8, 9, 10)$$

という小さい順に並んだ列が得られる．

3.2.2 マージソートの計算量解析

マージソートの計算量 $T(n)$ を解析しよう．2．（ステップ 2）は集合 X を単に二等分するだけであるので，$O(n)$ の計算量で実行できる．3．（ステップ 3）は，大きさ $\frac{n}{2}$ の二つの問題をマージソートで再帰的に解くのでその計算量は，$2T(\frac{n}{2})$ である．4．（ステップ 4）は先頭から順々に比較していき，小さいほうを次々に選んでいくだけであるので，高々 $n-1$ 回の比較，すなわち，$O(n)$ の計算量で実

行できる．とくに，$n=2$ のときには単に 1 回の比較をするだけで実行できるので $T(2)=1$ である．したがって，全体の計算量（比較回数）$T(n)$ に関しては，

$$T(n) \begin{cases} = 1 & (n=2 \text{ のとき}) \\ \leq 2T(\frac{n}{2})+n-1 & (n=2^k, k \geq 2 \text{ のとき}) \end{cases}$$

という再帰的な関係式（漸化式）が得られる．これから，$T(n) \leq n\log_2 n - \frac{n}{2}$ であることを数学的帰納法で証明できる．実際，（数学的帰納法の基本ステップ）$2\log_2 2 - \frac{2}{2} = 1 = T(2)$ であり，さらに，（数学的帰納法の帰納的ステップ）$T(\frac{n}{2}) \leq \frac{n}{2}\log_2 \frac{n}{2} - \frac{n}{4}$ と仮定すると，

$$T(n) \leq 2T\left(\frac{n}{2}\right) + n - 1 \leq n\log_2 n - n - \frac{n}{2} + n - 1 \leq n\log_2 n - \frac{n}{2}$$

が得られるからである．

2^k 以外の n に対しても一般化できる．$2 \leq 2^{k-1} < n < 2^k$ のときには，

$$x_{n+1} = x_{n+2} = \cdots = x_{2^k} = \infty$$

と仮想的な数を付加してソーティングし，前の n 個の系列を選べばよい．このときの計算量 $T(n)$ は，$k \geq 2$ に注意すれば，

$$T(n) \leq T(2^k) \leq 2^k \log_2 2^k - 2^{k-1} = (2k-1)2^{k-1} \leq 3(k-1)2^{k-1} \leq 3n\log_2 n$$

であるので，任意の n に対して，$T(n) \leq 3n\log_2 n$ が得られる．したがって，マージソートの計算量は $T(n) = \mathrm{O}(n\log n)$ である．これは，1.1.2 項で挙げた素朴なソーティングアルゴリズムの挿入ソートの計算量 $\mathrm{O}(n^2)$ に比較して，より効率化されている．

なお，ソーティング問題を比較に基づいたアルゴリズムで解く場合の計算量の下界は $\Omega(n\log n)$ であることも示せる（後述の 3.5 節）ので，このマージソートは漸近的計算量に関して最良のアルゴリズムであると言える．

3.2.3 マージソートのプログラム例

以下のマージソートのプログラムは，（main の関数を除いて）四つの関数 `data_input()`，`merge()`，`m_sort()`，`sorted_data_output()` からなる．各関数の詳細は以下のとおりである．

`data_input(void)` と `sorted_data_output(int n)` は，1.5 節の挿入ソート

のプログラムで用いたものとほぼ同じであり，データを読み込んで配列 x に格納する関数と配列 y の番地 1 から n までのソート済みのデータを出力する関数である．merge(int left, int right, int middle) は，配列 z の番地 left から middle までのソート済みのデータと middle+1 から right までのソート済みのデータを併合（マージ）してソートしたデータを配列 y の番地 left から right までに格納し，それらを配列 z の番地 left から right までにコピーする関数である．m_sort(int left, int right) は，配列 z の番地 left から right までの（まだソートされていない）データをソートして配列 z および配列 y の番地 left から right までに格納する再帰呼び出し関数である．

```
// マージソートのプログラム
#include <stdio.h>
#define nmax       1000    // データ数の上限
int x[nmax+1], y[nmax+1];
int z[nmax+1];     // z と x は同一化できる
int data_input(void){// データを読み込んで配列 x に格納する関数
   int i,n;
   printf("データ数 n を入力してください\n");
   scanf("%d", &n);
   printf("n=%d 個のデータを入力してください\n", n);
   for (i = 1; i <= n; i++) scanf("%d", &x[i]);
   printf("入力データは以下のとおりです");
   printf("\n   ");
   for (i = 1; i <= n; i++) printf("%5d", i);
   printf("\n x ");
   for (i = 1; i <= n; i++) printf("%5d", x[i]);
   printf("\n");
   return n;
}
void merge(int left, int right, int middle) {// 二つのソート済みの列を併合
   int k1,k2,k3;
   k1= left; k2= middle+1; k3= left;
   while ((k1 <= middle) && (k2 <= right)) {
      if (z[k1] <= z[k2]) { y[k3]= z[k1]; k3= k3+1; k1=k1+1;}
      else { y[k3]= z[k2]; k3= k3+1; k2=k2+1;}
   }
   if (k1 == middle+1) {
      while  (k2<=right) { y[k3]= z[k2]; k3= k3+1; k2= k2+1;}
   }
   if (k2 == right+1) {
      while  (k1<=middle) { y[k3]= z[k1]; k3= k3+1; k1= k1+1;}
   }
   for (k3=left; k3 <= right; k3++) z[k3]=y[k3];
}
```

```
void m_sort(int left, int right){// left から right までのデータをソート
   int middle;
   if (right == left) y[left]=z[left];
   else {  // right > left
      middle= (left+right)/2;
      m_sort(left,middle);
      m_sort(middle+1,right);
      merge(left,right,middle);
   }
}
void sorted_data_output(int n){// ソート済みのデータを出力する関数
   int i;
   printf("\n ソーティング後のデータ");
   printf("\n    ");
   for (i = 1; i <= n; i++) printf("%5d", i);
   printf("\n y ");
   for (i = 1; i <= n; i++) printf("%5d", y[i]);
   printf("\n");
}
void main(void){
   int i,n;
   n=data_input();
   for (i = 1; i <= n; i++) z[i]=x[i];
   m_sort(1,n);
   sorted_data_output(n);
}
```

以下は，上記のマージソートのプログラムに左の箱に書いてあるデータを入力として与えたときの実行例（出力）を右の箱に示したものである．

8 430 768 598 940 547 831 466 352	データ数 n を入力してください n=8 個のデータを入力してください 入力データは以下のとおりです 　　　　1　　2　　3　　4　　5　　6　　7　　8 　x　430　768　598　940　547　831　466　352 ソーティング後のデータ 　　　　1　　2　　3　　4　　5　　6　　7　　8 　y　352　430　466　547　598　768　831　940

3.3 クイックソート

これまでアルゴリズムの評価基準として最悪の意味での計算量を採用してきたが，現実的な応用においては，平均的な意味での計算量（**平均計算量** (average-case time complexity) と呼ばれる）のほうがより重要であることも多い．最悪の意味で評価した場合良くないと言われるアルゴリズムでも，実際に応用される多くの場面で非常に有用となるものも存在する．**クイックソート** (quick sort) はそのようなアルゴリズムの一つである．クイックソートは最悪の意味では計算量が $\Omega(n^2)$ であるが，平均計算量は $O(n \log n)$ であり，最も高速なソーティングアルゴリズムの一つとして知られている．

クイックソート

1. $n = 1$ ならば (x_1) を $Y = (y_1)$ とする．$n = 2$ ならば x_1 と x_2 を比較して $Y = (y_1, y_2)$ を求める．
2. $n > 2$ ならば X から一つ要素 a を選び（a は**ピボット要素** (pivot) と呼ばれる）a より小さい要素の列 $X_1 = (z_1, \ldots, z_{n_1})$ と a より大きい要素の列 $X_2 = (z_{n_1+2}, \ldots, z_n)$ に分割する．
3. X_1 と X_2 のそれぞれに再帰的にアルゴリズムを適用し，要素を小さい順に並べた列 $Y_1 = (y_1, \ldots, y_{n_1})$ と $Y_2 = (y_{n_1+2}, \ldots, y_n)$ とを求める．
4. Y_1, a, Y_2 の順につないで Y を $Y = (Y_1, a, Y_2)$ として求める．

3.3.1 クイックソートの適用例

前に挙げた例に対して上記のクイックソートを適用するとどうなるか具体的に眺めてみよう．

$$X = (8, 9, 5, 7, 4, 10, 6, 2)$$

が入力として与えられたとする（図3.2）．まず，2.（ステップ2）でピボット要素として，最初の要素 $a = 8$ が選ばれると，

$$X_1 = (5, 7, 4, 6, 2), \quad X_2 = (9, 10) \quad (a = 8)$$

が得られる．次に，3.（ステップ3）で X_1 にクイックソートを再帰的に適用する．そこで，ピボット要素として $a = 5$ が選ばれるとする．したがって，

$$X_{11} = (4, 2), \quad X_{12} = (7, 6) \quad (a = 5)$$

が得られる．X_{11} および X_{12} はともに2個以下なので1.（ステップ1）より，

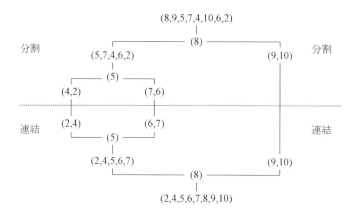

図 3.2 $(8, 9, 5, 7, 4, 10, 6, 2)$ のクイックソートのイメージ図

$$Y_{11} = (2, 4), \quad Y_{12} = (6, 7) \quad (a = 5)$$

が得られ,そして 4.(ステップ 4)より,

$$Y_1 = (2, 4, 5, 6, 7)$$

が得られる.同様に,

$$Y_2 = (9, 10)$$

が得られ,$a = 8$ から最終的に,

$$Y = (Y_1, a, Y_2) = (2, 4, 5, 6, 7, 8, 9, 10)$$

が得られる.

3.3.2 クイックソートの計算量解析

　上記のアルゴリズムでは,便宜上,X の要素はすべて大きさが異なるものとしている.このクイックソートは,与えられた列で要素が小さい順(大きい順)に並んでいたりすると計算量 $T(n)$ が最悪では $\Omega(n^2)$ となるが,a の選択法に工夫を施すと高速化でき,平均的に $T(n) = O(n \log n)$ の計算量となる.それを少し詳しく眺めてみよう.

n 個の要素をソートするクイックソートの平均計算量を $T(n)$ とする．1．(ステップ1) で選ばれた要素 a が集合 X の第 i 番目に小さい要素であるとすると，3．(ステップ3) で再帰的にクイックソートが呼ばれて X_1 および X_2 をソートするときの平均計算量はそれぞれ $T(i-1)$ および $T(n-i)$ となる．その他の部分の計算量はある定数 c を用いて cn で抑えることができる．したがって，i として，1 から n までのどの値も同じ確率 $\frac{1}{n}$ で選ばれるものとするので，平均計算量 $T(n)$ に対する次の関係式が得られる ($T(0) = T(1) = 0$ と見なしている)．

$$T(n) \begin{cases} \leq cn + \dfrac{1}{n}\sum_{i=1}^{n}(T(i-1)+T(n-i)) & (n>2 \text{ のとき}) \\ = 1 & (n=2 \text{ のとき}). \end{cases}$$

この式から $T(n) = O(n \log n)$ が数学的帰納法で得られる（詳細は演習問題とする）．

3.3.3　クイックソートの実際的工夫

具体的にクイックソートをプログラム化して用いるときには，ピボット要素をどのように選ぶかとか，分割して得られる X_1, X_2 をどのように表現するかなどという問題が生じるが，それらについてもうまく工夫することができる．たとえば，$X = (8, 9, 5, 7, 4, 10, 6, 2)$ が配列を用いて，

	1	2	3	4	5	6	7	8
X	8	9	5	7	4	10	6	2

のように記憶されているとき，ピボット要素として前と同様（配列の）最初の要素 $a=8$ を選び，配列の前のほうから（$i=1$ として $X[i]<a$ なら $i=i+1$ としながら）a 以上のものを探しそれを $X[i]$ とし，同様に配列の後ろのほうから（$j=n$ として $X[j]>a$ なら $j=j-1$ としながら）a 以下のものを探しそれを $X[j]$ とする．いまの例では $X[i]=8$ $(i=1)$, $X[j]=2$ $(j=8)$ となる．$X[i]$ と $X[j]$ を交換し，そして，$i=i+1, j=j-1$ として，$j \leq i$ になるまで，上記のことを繰り返す．ここでは $j=5 \leq i=6$ まで進んで，配列は，

	1	2	3	4	5	6	7	8
X	2	6	5	7	4	10	9	8

となり，a 以下の部分 X_1 ($X[1]\sim X[5]$) と a 以上の部分 X_2 ($X[6]\sim X[8]$) が得られる．以下 X_1 および X_2 に対して独立に上記のことを繰り返す．たとえば，X_1 に対しては，

$$X \quad \begin{array}{|c|c|c|c|c|} \hline 2 & 6 & 5 & 7 & 4 \\ \hline \end{array}$$
$\qquad\quad\; 1\; 2\; 3\; 4\; 5$

となり ($a = 2$)，変化しないが，a 以下の部分が $X_{11} = (2)$，a 以上の部分が $X_{12} = (6,5,7,4)$ となる．X_{12} に対してさらに再帰的に行うと，

$$X \quad \begin{array}{|c|c|c|c|} \hline 6 & 5 & 7 & 4 \\ \hline \end{array}$$
$\qquad\quad\; 2\; 3\; 4\; 5$

から，

$$X \quad \begin{array}{|c|c|c|c|} \hline 4 & 5 & 7 & 6 \\ \hline \end{array}$$
$\qquad\quad\; 2\; 3\; 4\; 5$

となり，$a = 6$ 以下の部分 (4,5) と $a = 6$ 以上の部分 (7,6) となり，最終的に X_{12} の部分は，

$$X \quad \begin{array}{|c|c|c|c|} \hline 4 & 5 & 6 & 7 \\ \hline \end{array}$$
$\qquad\quad\; 2\; 3\; 4\; 5$

となる．同様に X_2 に対して独立に行うと，

$$X \quad \begin{array}{|c|c|c|} \hline 10 & 9 & 8 \\ \hline \end{array}$$
$\qquad\quad\; 6\; 7\; 8$

からピボット要素として $a = 10$ が選ばれ，上記のことを行うと最終的に，

$$X \quad \begin{array}{|c|c|c|} \hline 8 & 9 & 10 \\ \hline \end{array}$$
$\qquad\quad\; 6\; 7\; 8$

が得られる．したがって最終的な配列は，

$$X \quad \begin{array}{|c|c|c|c|c|c|c|c|} \hline 2 & 4 & 5 & 6 & 7 & 8 & 9 & 10 \\ \hline \end{array}$$
$\qquad\quad\; 1\; 2\; 3\; 4\; 5\; 6\; 7\; 8$

となりソートされている．このような形のクイックソートは配列 X を一つしか用いないですむ．

上記のような工夫も含めて様々な工夫が施されたクイックソートは，ソーティ

ングアルゴリズムのなかで現在最も高速なものの一つであると言われている．

平均計算量は現実の問題のコンピューターによる計算時間を忠実に反映するので非常に重要であるが，確率分布の定め方や解析法が困難であるため，ソーティングなどの比較的単純な問題に対してのみ，ある程度の結果が得られているというのが現状である．（一方，最近提案されている乱択アルゴリズムは，確率分布をある意味で仮定しないですむので，解析が容易であるとともに実用的でもあると言われている．本書では第 8 章で乱択アルゴリズムを簡単に取り上げる．）これに対して，最悪の意味での計算量に対しては，確率分布を考慮する必要もなく解析も比較的簡単である．最悪の意味での計算量はある程度平均的な計算量とも関係があるものと思われる．本書では，最悪の意味での計算量を主に議論していることに注意しよう．

3.3.4 クイックソートのプログラム例

以下はクイックソートのプログラム例である．（main の関数を除いて）四つの関数 data_input(), q_partition(), q_sort(), sorted_data_output() からなる．データを入力する関数 data_input(void) と配列 y の番地 1 から n までのソート済みのデータを出力する関数 sorted_data_output(int n) は，マージソートのプログラム例で用いたものと同じである．それ以外の各関数の詳細は以下のとおりである．

q_partition(int left, int right, int pindex) は，pivot=y[pindex] として，配列 y の番地 left から right までの要素を，pivot 以下の要素を配列 y の番地 left から j までに，pivot 以上の要素を配列 y の番地 j+1 から right までに並べ替えて j を返す関数である．q_sort(int left, int right) は配列 y の番地 left から right までの（まだソートされていない）データをソートして配列 y の番地 left から right までに格納する関数である．なお，入力データを記憶する配列 x を配列 y として用いることもできる（この場合，最終的にはソート済みのデータしか残らないことになる）．

```
// クイックソートのプログラム
#include <stdio.h>
#define nmax    1000    // データ数の上限
int x[nmax+1], y[nmax+1];
int data_input(void){// データを読み込んで配列 x に格納する関数
```

```c
    int i,n;
    printf("データ数 n を入力してください\n");
    scanf("%d", &n);
    printf("n=%d 個のデータを入力してください\n", n);
    for (i = 1; i <= n; i++) scanf("%d", &x[i]);
    printf("入力データは以下のとおりです");
    printf("\n    ");
    for (i = 1; i <= n; i++) printf("%5d", i);
    printf("\n x ");
    for (i = 1; i <= n; i++) printf("%5d", x[i]);
    printf("\n");
    return n;
}
int q_partition(int left, int right, int pindex){
    // left<=pindex<=right かつ left<right が成立するものとする
    // pivot=y[pindex] として配列 y の番地 left から right までの要素を
    // pivot 以下の要素を前にその後に pivot 以上の要素に並べ替える
    int i,j;
    int pivot,temp;
    pivot=y[pindex];
    i=left; j=right;
    while (i<j) {
        while (y[i]<pivot) i++;
        while (y[j]>pivot) j--;
        if (i<j) {
           temp=y[i]; y[i]=y[j]; y[j]=temp;
           i=i++; j=j--;
           if (i==j && y[j]>pivot) j=j-1;
        }
    }
    return j;
}
void q_sort(int left, int right){
    // 配列 y の番地 left から right までのデータを小さい順に並べてその場所に格納する
    int j;
    j=q_partition(left,right,left);
    if (left < j) q_sort(left,j);
    if (j+1< right) q_sort(j+1,right);
}
void sorted_data_output(int n){// ソート済みのデータを出力する関数
    int i;
    printf("\n ソーティング後のデータ");
    printf("\n    ");
    for (i = 1; i <= n; i++) printf("%5d", i);
    printf("\n y ");
    for (i = 1; i <= n; i++) printf("%5d", y[i]);
    printf("\n");
}
void main(void){
```

```
    int i,n;
    n=data_input();
    for (i = 1; i <= n; i++) y[i]=x[i];
    q_sort(1,n);
    sorted_data_output(n);
}
```

以下は，上記のクイックソートのプログラムに左の箱に書いてあるデータを入力として与えたときの実行例（出力）を右の箱に示したものである．マージソートのときのものと完全に同じであることに注意しよう．

8	データ数 n を入力してください
430	n=8 個のデータを入力してください
768	入力データは以下のとおりです
598	1 2 3 4 5 6 7 8
940	x 430 768 598 940 547 831 466 352
547	
831	ソーティング後のデータ
466	1 2 3 4 5 6 7 8
352	y 352 430 466 547 598 768 831 940

3.4 基数ソート（ラディックスソート）

基数ソート (radix sort) は正整数のデータを比較によらずに小さい順に並べる方法である．具体的には，n 個の d 桁の非負整数の列 $X = (x_1, x_2, \ldots, x_n)$ に対して，前から順番に見ていきながら，まず最初 1 の位だけに注目し小さい順に並べ，次に 10 の位に注目して小さい順に並べ，以下これを繰り返して最後に最高位に注目して小さい順に並べて，$X = (x_1, x_2, \ldots, x_n)$ の要素を小さい順に並べた列 $Y = (y_1, y_2, \ldots, y_n)$ を求める．

---

d 桁の非負整数列 $X = (x_1, x_2, \ldots, x_n)$ の基数ソート

1. $Y = (y_1, y_2, \ldots, y_n) = (x_1, x_2, \ldots, x_n)$ とする．$k = 0$ とする．
2. $k = k + 1$ とする．$k > d$ ならば終了する．
3. $k \leq d$ ならば，Y の各整数の k 桁目に注目して $y_1, y_2, \ldots, y_n$ の順に見ていきながら対応する数字（0 から 9）のバケットに入れる．
4. 各バケット内の整数を入れられた順番に従って 0 のバケットから 9 のバ

図 3.3 の基数ソート

	[0]	[1]	[2]	[3]	[4]	[5]	[6]	[7]	[8]	[9]
(430,768,598,940,547,831,466,352)	430	831	352				466	547	768	
[1 の位による分類]	940								598	

	[0]	[1]	[2]	[3]	[4]	[5]	[6]	[7]	[8]	[9]
(430,940,831,352,466,547,768,598)				430	940	352	466			598
[10 の位による分類]				831	547		768			

	[0]	[1]	[2]	[3]	[4]	[5]	[6]	[7]	[8]	[9]
(430,831,940,547,352,466,768,598)				352	430	547		768	831	940
[100 の位による分類]					466	598				

(352,430,466,547,598,768,831,940)　　　[ソート列]

図 3.3 $(430, 768, 598, 940, 547, 831, 466, 352)$ に対する基数ソートのイメージ図

ケットまで順につないで得られるものを改めて $Y = (y_1, y_2, \ldots, y_n)$ とする．そして 2. へ戻る．

基数ソートは n 個の d 桁の正整数データを $O(dn)$ の計算量でソートできる．たとえば，入力データが，

$$(430, 768, 598, 940, 547, 831, 466, 352)$$

であるとする．このとき，図 3.3 に示しているように，0 から 9 までの各数字 j に対応する 10 個のバケット $[j]$ を用意し，最初 1 の位に注目して前から順に見ていきながら各データを対応するバケットに入れる．そしてそれを 0 から 9 まで順につないで，

$$(430, 940, 831, 352, 466, 547, 768, 598)$$

が得られる．0 の数字のバケット [0] には 430 と 940 が入るが，430 が 940 より先にバケットに入るので得られた列では前にきている．8 の数字のバケット [8] につ

いても同様で，先に入った 768 が 598 より前にきている．このように，各バケットは先に入ったものが先に出力されて得られた新しい列では前にきているが，このような働きをするデータ構造は**キュー** (queue) と呼ばれる（5.4.1 項参照）．すなわち，各バケットはキューで管理されている．上で得られた系列は 1 の位だけに限って（残りの位の数字を無視して）見ると確かに小さい順に並んでいる．次に 10 の位に注目し，同様にして，

$$(430, 831, 940, 547, 352, 466, 768, 598)$$

が得られる．10 の位までに限って（下位 2 桁の整数として）見ると確かに小さい順に並んでいることに注意しよう．最後に 100 の位に注目し，同様にして，

$$(352, 430, 466, 547, 598, 768, 831, 940)$$

が得られソーティングが終了する．

3.4.1 基数ソートの正当性と計算量

（10^k の位に注目して並べる）$k+1$ 番目の反復に注目すると，それ以前の段階で下位 k 桁の数字と見なしたときのソーティングが終了しており，$k+1$ 番目の反復を行うことで，それが終了すると下位 $k+1$ 桁の数字と見なしたときのソーティングが正しく行われていることが証明できる．この観察に基づいて基数ソートの正当性が示せる．各反復は $O(n)$ の計算量で実行できるので，d 桁の n 個の要素の基数ソートの全体の計算量は $O(dn)$ となる．d が定数のときには，基数ソートの計算量は $O(n)$ となる．

文字列の集合に対する辞書式順のソーティングも同様にできることに注意しよう．

3.4.2 基数ソートのプログラム例

以下の基数ソートのプログラム例では，kdigits 桁の n 個の正整数を入力として受け取る．`data_input(void)` と `sorted_data_output(int n)` は，マージソート，クイックソートのプログラム例で用いたものと同じである．`r_sort(void)` は，各 k ($k=1,2,\ldots$,kdigits) に対して，n 個のデータを，下位 $k-1$ 桁の数字

として見たときの小さい順に並んだデータ列を受け取って，本文で説明したようにバケット [0]〜[9] を用いて，下位 k 桁の数字として見たときの小さい順に並んだデータ列にする関数である．

```c
//基数ソートのプログラム
#include <stdio.h>
#define nmax          1000    // データ数の上限
#define kdigits       4
int x[nmax+1], y[nmax+1];
int bucket[10];  //0 から 9 までのバケット
int before[nmax+1], order[nmax+1];
int data_input(void){// データを読み込んで配列 x に格納する関数
   int i,n;
   printf("データ数 n を入力してください\n");
   scanf("%d", &n);
   printf("n=%d 個のデータを入力してください\n", n);
   for (i = 1; i <= n; i++) scanf("%d", &x[i]);
   printf("入力データは以下のとおりです");
   printf("\n    ");
   for (i = 1; i <= n; i++) printf("%5d", i);
   printf("\n x ");
   for (i = 1; i <= n; i++) printf("%5d", x[i]);
   printf("\n");
   return n;
}
void r_sort(int n){
   int i,ibefore;
   int j;
   int k;
   for (k = 1; k <= kdigits; k++) {// 下位 k 桁の数字として見たときのソーティング
      for (j = 0; j <= 9; j++) bucket[j]=0;
      // bucket[j] はバケット j に記憶されるデータを
      // キュー j で管理するためのキュー j の末尾を指すポインター
      // bucket[j]==0 はキュー j が空であることを意味する
      // ibefore は各キューにおける現在のノードが前のノードを指すポインター
      for (i = 1; i <= n; i++) {//下位 k-1 桁の数字として見たときの i 番目に小さい
         j=y[order[i]]%10;           // 要素を 10 で割ったときの余り（第 k 桁目の値）
         y[order[i]]=y[order[i]]/10; // 10 で割ったときの商（下位 k-1 桁の無視）
         ibefore=bucket[j];           // キュー j の末尾にこの要素を挿入する効果
         before[order[i]]=ibefore;
         bucket[j]=order[i];
      }
      i=n; //これがないと i==n+1 である
      for (j = 9; j >= 0; j--) {// 下位 k 桁の数字として見て
         // 大きい順に取り出し小さいものが前に来るように並べる
         ibefore=bucket[j];
         while (ibefore != 0) {
            order[i]=ibefore;
```

```
            i--;
            ibefore=before[ibefore];
        }
     }
   }
}
void sorted_data_output(int n){// ソート済みのデータを出力する関数
   int i;
   printf("\n ソーティング後のデータ");
   printf("\n    ");
   for (i = 1; i <= n; i++) printf("%5d", i);
   printf("\n y ");
   for (i = 1; i <= n; i++) printf("%5d", y[i]);
   printf("\n");
}
void main(void){
   int i,j,n;
   n=data_input();
   for (i = 1; i <= n; i++) y[i]=x[i];
   for (i = 1; i <= n; i++) order[i]=i;
   r_sort(n);
   for (i = 1; i <= n; i++) y[i]=x[order[i]];
   sorted_data_output(n);
}
```

以下は，上記の基数ソートのプログラムに左の箱に書いてあるデータを入力として与えたときの実行例（出力）を右の箱に示したものである．

8 430 768 598 940 547 831 466 352	データ数 n を入力してください n=8 個のデータを入力してください 入力データは以下のとおりです 　　　　1　　2　　3　　4　　5　　6　　7　　8 　x　430　768　598　940　547　831　466　352 ソーティング後のデータ 　　　　1　　2　　3　　4　　5　　6　　7　　8 　y　352　430　466　547　598　768　831　940

3.5 ソーティングの計算量の下界

これまで，$O(n \log n)$ のマージソート，クイックソートおよび $O(n)$ の基数ソートを述べたが，マージソートとクイックソートは二つの数の大小比較に基づいているのに対して，基数ソートは二つの数の大小比較を直接的には用いていない．

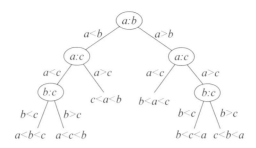

図 3.4 三つのデータの列 (a, b, c) のソーティングに対する二分決定木

以下では比較に基づくソーティングアルゴリズムの計算量の下界を示す．一般に，自明でない $\Omega(n)$ と異なる下界を示すことは困難であるが，ソーティングに対しては**決定木モデル** (decision tree) を用いてうまく解析されている．

二分決定木 (binary decision tree) はアルゴリズムの主たる動作を記述するための二分木である（図 3.4）．以下では，与えられるデータの列はデータがすべて異なるものとする．二分決定木では，各ノードに二つの要素 a, b の比較（$a : b$ と表示）が対応し，$a < b$ ならば左の子に，$a > b$ ならば右の子に降りて，葉に至るまでこれを繰り返すとソートされた列が得られる．こうして，木の根に入力が対応し，木の葉に出力が対応する．たとえば，図 3.4 の二分決定木は三つのデータの列 (a, b, c) をソートすると考えることができる．

このように，比較（if ～ then ～ else ～）に基づくソーティングアルゴリズムは二分決定木で必ず表現できる．すると，二分決定木の木の深さが対応するソーティングの比較回数（計算量）に対応する．異なる n 個の要素のソーティングの異なる解の個数は $n!$（$n = 3$ の前述の例では $n! = 6$ 種類の解）であり，したがって，n 個の要素をソートする二分決定木では葉が少なくとも $n!$ 個存在する．この決定木は二分木であるので，深さ d のノード数は高々 2^d となり，深さ d までのノード数は高々 2^{d+1} となる．さらに，深さ d までの葉の個数は高々 2^d となる（演習問題 3.4）．したがって，木の深さを h とおけば，深さ h までの葉の個数（すなわち，葉の総数）は高々 2^h となるので，$2^h \geq n! \geq \left(\frac{n}{2}\right)^{\frac{n}{2}}$ が成立し，これより $h \geq \log_2 n! \geq \frac{1}{2} n \log_2 n - \frac{1}{2} n$ となり，木の深さ h の下界が $\Omega(n \log n)$ となることが得られる．

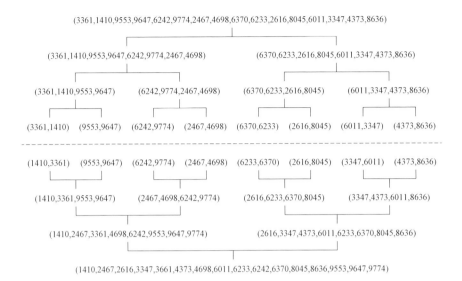

図 3.5 マージソートの分割と併合の様子

3.6 解答付き演習問題

問 3.1 以下の 16 個のデータ

3661,1410,9553,9647,6242,9774,2467,4698,6370,6233,2616,8045,
6011,3347,4373,8636

に対して，マージソート，クイックソート，基数ソートを行え．

略解 マージソートでは，図 3.5 のように，分割（上側）と併合（下側）が行われる．

3.3.4 項のクイックソートのプログラムでは，ピボット要素をソートしようとしている列の最初の要素（すなわち y[left]）としているので，配列 y の内容および分割は図 3.6 のように行われる．なお，図では矢印で指している二つの要素が交換されることを示している．

図 3.7 は基数ソートの動作の様子を示している．

48　第3章　ソーティング

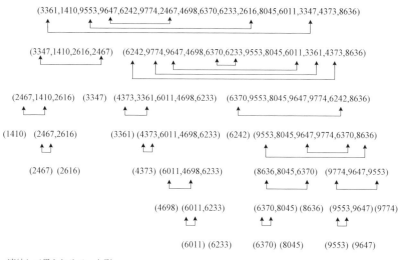

連結して得られるソート列

(1410,2467,2616,3347,3661,4373,4698,6011,6233,6242,6370,8045,8636,9553,9647,9774)

図 3.6　3.3.4項のクイックソートのプログラムでの分割の様子

3.7　演習問題

3.1 以下の16個のデータ

3347, 4373, 8636, 9647, 3661, 4698, 6371, 6233, 2616, 8045, 6011, 1410, 9553, 9774, 2467, 6242

に対して，マージソート，クイックソート，基数ソートを行え．

3.2 クイックソートの平均計算量の解析を行え．

3.3 基数ソートの正当性を示せ．

3.4 二分木において，深さ d までの葉の総数は 2^d 以下であることを示せ．

3.5 1.5節の解答付き演習問題（問1.2）で取り上げたソートのライブラリプログラム sortlibrary.h を利用して，本章のマージソート，クイックソート，基数ソートのプログラムを作成し，様々なデータで走らせてみよ．

(3361,1410,9553,9647,6242,9774,2467,4698,6370,6233,2616,8045,6011,3347,4373,8636)

[0]	[1]	[2]	[3]	[4]	[5]	[6]	[7]	[8]	[9]
1410	3361	6242	9553	9774	8045	2616	9647	4698	
6370	6011		6233			8636	2467		
			4373				3347		

(1410,6370,3361,6011,6242,9553,6233,4373,9774,8045,2616,8636,9647,2467,3347,4698)

[0]	[1]	[2]	[3]	[4]	[5]	[6]	[7]	[8]	[9]
	1410		6233	6242	9553	3361	6370		4698
	6011		8636	8045		2467	4373		
	2616			9647			9774		
				3347					

(1410,6011,2616,6233,8636,6242,8045,9647,3347,9553,3361,2467,6370,4373,9774,4698)

[0]	[1]	[2]	[3]	[4]	[5]	[6]	[7]	[8]	[9]
6011		6233	3347	1410	9553	2616	9774		
8045		6242	3361	2467		8636			
			6370			9647			
			4373			4698			

(6011,8045,6233,6242,3347,3361,6370,4373,1410,2467,9553,2616,8636,9647,4698,9774)

[0]	[1]	[2]	[3]	[4]	[5]	[6]	[7]	[8]	[9]
	1410	2467	3347	4373		6011		8045	9553
		2616	3361	4698		6233		8636	9647
						6242			9774
						6370			

(1410,2467,2616,3347,3361,4373,4698,6011,6233,6242,6370,8045,8636,9553,9647,9774)

図 3.7 基数ソートのソーティングの様子

3.6 最大整数 maxint とデータ数 n を入力して，1 から maxint までの整数をランダムに n 個発生するプログラムを作成し，そのデータのもとで，マージソート，クイックソート，基数ソートのプログラムを走らせてみよ．

第4章 基本データ構造1：配列とヒープ

本章の目標は，基本的なデータ構造の優先度付きキューを木構造で表現するヒープが，最も単純なデータ構造の配列で実現できることと，ヒープを用いたソーティングであるヒープソートを理解することである．

4.1 辞書と優先度付きキュー

集合に関する複数の基本操作がしばしばアルゴリズムで要求される．サポートする基本操作に応じてデータ構造は，抽象的データ構造として，固有の呼び名で親しまれている．なかでも辞書と優先度付きキューはしばしば用いられる．より具体的には，集合 X に関して，以下の三つの操作 member, insert, delete をサポートするデータ構造を X を表現する**辞書** (dictionary) という．

1. （要素の存在判定）member(x, X): x が X に含まれているかどうかを判定する．
2. （要素の挿入）insert(x, X): $x \notin X$ を X に加える．
3. （要素の削除）delete(x, X): $x \in X$ を X から取り除く．

また，大小関係のある要素の集合（順序集合）から選ばれた要素の集合 X 上で次の findmin, insert, deletemin, decreasekey の四つの操作をサポートするデータ構造を，X を表現する**優先度付きキュー** (priority queue) という．

1. （最小要素の発見）findmin(X): X の要素のうち値が最小のものを返す．
2. （要素の挿入）insert(x, X): $x \notin X$ を X に加える．
3. （最小要素の削除）deletemin(X): 値が最小の要素を X から取り除く．

4. （要素の値の減少）decreasekey(x, X, Δ): 要素 $x \in X$ の値を Δ だけ小さくする（$\Delta \geq 0$ を仮定している）．

本章では優先度付きキューを木構造で表現するヒープが実際には配列で実現できることを議論する．辞書については次章で議論する．

4.2 優先度付きキューとヒープ

順序集合 X 上で findmin, insert, deletemin, decreasekey の四つの操作をサポートするデータ構造である優先度付きキューを根付き木で実現したものは**ヒープ** (heap) と呼ばれる．ヒープは，記憶されている要素数を n とすると，findmin を $O(1)$ の計算時間で，insert, deletemin, decreasekey を $O(\log n)$ の計算時間で実行できる．ここでは，最も単純なヒープである **2 ヒープ**について述べる．以下，2 ヒープを単にヒープということにする．

ヒープとは，完全二分木であり，すべての親子の対 $p(v), v$ に対して以下の，

ヒープ条件： 根以外の各ノード v に対して，key$[p(v)] \leq$ key$[v]$ である

を満たすように木の各ノード v に順序集合 X の要素が値 key$[v]$ として割り当てられたものである（$p(v)$ は v の親を表す）．ヒープは（2.1.2 項で定義の）完全二分木の（2.3 節で定義の）幅優先順ラベリングを用いれば，1 本の配列で表すことができる．図 4.1(b) は図 4.1(a) のヒープを配列で実現した例である[1]．

ヒープの深さ d は，ヒープに含まれる要素数を n とすれば，深さ $i \leq d-1$ のノードは 2^i 個かつ深さ d のノードは 1 個以上 2^d 個以下であるので，

$$2^d = 2^0 + 2^1 + \cdots + 2^{d-1} + 1 \leq n \leq 2^0 + 2^1 + \cdots + 2^d = 2^{d+1} - 1$$

となり，$d = \lfloor \log_2 n \rfloor$ ($= O(\log n)$) が得られる（$\lfloor x \rfloor$ は x 以下の最大の整数を表す）．ヒープの定義から，根での値が必ず X の要素の最小値である．したがって，findmin(X) は $O(1)$ の計算時間で実行できる．対象としている X は暗黙のうちにわかると思われるので，単純化のため省略して，これ以降，findmin(X) を findmin と表記する．残りの三つの操作も同様に表記する．

---
[1] 完全二分木のノードを幅優先順のラベルで表すことにし，ノード v を配列の v 番地にしている．したがって，（存在するときには）ノード v の左の子は $2v$, 右の子は $2v + 1$, 親は $\lfloor \frac{v}{2} \rfloor$ となる．

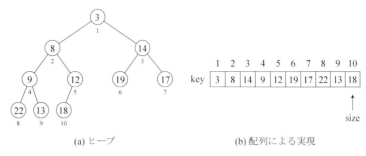

(a) ヒープ (b) 配列による実現

図 4.1 $X = \{3, 8, 9, 12, 13, 14, 17, 18, 19, 22\}$ を表現するヒープの例

n 個のノードからなるヒープに対する insert(x) は，完全二分木の幅優先順で $n+1$ 番目のノード v を作り，その v に x を値 key[v] として対応させた後，以下の**上移動** (sift up)（ふるい上げとも呼ばれる）の操作を行う．

---
v からの上移動 （$p(v)$ は v の親）

1. v が根であるかあるいは key[$p(v)$] $\leq$ key[v] であるならば停止する．
2. そうでない（key[$p(v)$] $>$ key[v]）ならば，$p(v)$ の要素と v の要素を交換して，$v = p(v)$ としてこの上移動の操作を繰り返す．

上移動の操作を用いて insert(x) は以下のように書ける．

ヒープにおける挿入 insert(x)

1. 幅優先順でヒープの最後のノードの次のノード v を新たに作り，v に要素 x を記憶する．
2. v からの上移動の操作を行う．

こうして得られた木は，新たに x を含む正しいヒープになっている．
図 4.2 に図 4.1 のヒープに対する insert(5) の実行過程を示している．
insert(x) でかかる計算時間は，木の深さに比例し $O(\log n)$ である．
decreasekey も上移動の操作を用いて以下のように書ける（要素 x を含むノード v は既知であるものと仮定している）．同様に，計算時間は $O(\log n)$ である．

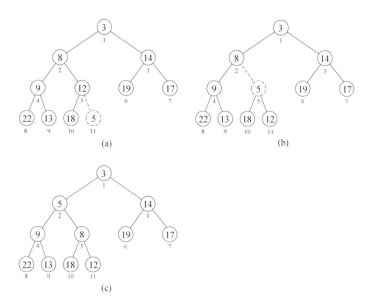

図 **4.2** ヒープ (insert(5) での上移動の過程)

ヒープにおける要素の値の減少 decreasekey(x, Δ)

1. 要素 x を含むノード v の値 key$(v) = x$ を $\Delta \geq 0$ だけ減じる.
2. v からの上移動の操作を行う.

---

deletemin は,以下の**下移動** (sift down)(ふるい下げとも呼ばれる)の操作に基づいて行われる.

---

v からの下移動

1. v が葉であるか,あるいは(葉でなくてかつ)v での値 key$[v]$ が v のすべての子 w での値 key$[w]$ 以下であるときには停止する.
2. そうでないとき(いずれかの子での値が小さいとき)には,より小さいほうの子 w の要素とノード v の要素を交換し,$v = w$ として,この下移動の操作を繰り返す.

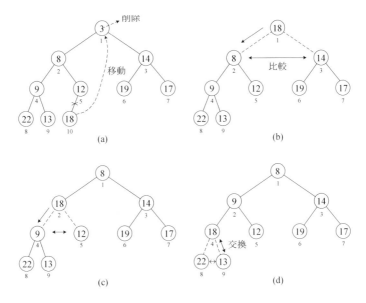

図 4.3 deletemin での下移動の過程

下移動の操作を用いて deletemin は以下のように書ける．最初に，幅優先順での最後のノードの要素を根に移動し，そのノード（幅優先順での最後のノード）を除く．そして，ノード変数 v を根に設定し v から下移動の操作を行う．

ヒープにおける最小要素削除 deletemin

1. 幅優先順での最後のノードの要素を根に移動し，そのノード（幅優先順での最後のノード）を除く．
2. 根 r からの下移動の操作を行う．

図 4.3 は，図 4.1 のヒープにおける deletemin の実行過程をに示している．

deletemin の計算時間も木の深さに比例し，したがって $O(\log n)$ である．

このようにヒープは，findmin を $O(1)$ の計算時間で，insert, deletemin, decreasekey を $O(\log n)$ の計算時間で実行するデータ構造である．

4.3 ヒープ構成の計算量

集合 X に対するヒープを構成することは,空のヒープから出発して X の要素を一つずつ insert していけばできるので $O(n \log n)$ の計算時間で行えることはすぐわかる.しかし,実は $O(n)$ の計算時間で作ることができるのである.まず,集合 X の要素を任意順に完全二分木の各ノードに割り振る.そして幅優先順の逆順に,子をもつ各ノードに対応して下移動の操作を行う.すなわち,以下のようにする ($v > \lfloor \frac{n}{2} \rfloor$ のノード v は子をもたないことに注意).

集合 X ($n = |X|$) に対するヒープの構成
1. 集合 X の要素を任意順に完全二分木の各ノードに割り振る.
2. **for** $v := \lfloor \frac{n}{2} \rfloor$ **downto** 1 **do** v からの下移動の操作を行う.

上記の 2. (ステップ 2) は C 言語ふうに書くと,

for (v=n/2; v>=1; v--) {v からの下移動の操作を行う}

となる.depth(v) の大きい順にノード v に対する下移動を行っているので,正しくヒープを構成できる.計算時間に関しては以下のことが言える.d を木の深さ ($= \lfloor \log_2 n \rfloor$) とすると,ノード v からの下移動の計算時間は $O(d - \mathrm{depth}(v))$ である.したがって,全体では $O(\sum_{v=1}^{\lfloor \frac{n}{2} \rfloor}(d - \mathrm{depth}(v)))$ の計算時間となる.なお,深さ $i \leq d-1$ のノードは 2^i 個かつ深さ d のノードは 1 個以上 2^d 個以下であることから $2^d = \sum_{i=0}^{d-1} 2^i + 1 \leq n \leq \sum_{i=0}^{d} 2^i = 2^{d+1} - 1$ であり,さらに $\sum_{i=0}^{d} i 2^i = 2(d 2^d - 2^d + 1)$ であるので,

$$\sum_{v=1}^{\lfloor \frac{n}{2} \rfloor}(d - \mathrm{depth}(v)) \leq \sum_{i=0}^{d}(d-i)|\{v \mid \mathrm{depth}(v) = i\}|$$
$$= \sum_{i=0}^{d}(d-i)2^i$$
$$= d(2^{d+1} - 1) - 2(d 2^d - 2^d + 1)$$
$$= 2^{d+1} - d - 2 \ \leq 2n$$

となる.したがって,上記のアルゴリズムでヒープを構成すれば,計算時間は $O(n)$ となる.

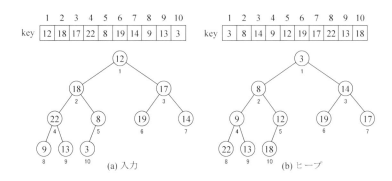

図 4.4 ヒープソートの実例

4.4 ヒープソート

ヒープを用いると最悪の場合でも $O(n \log n)$ の計算時間で n 個の要素をソートするアルゴリズム (**ヒープソート** (heapsort)) が得られる. すなわち, まず上の手法により $O(n)$ の計算時間でヒープを構成し, その後, $n-1$ 回 findmin, deletemin の操作を繰り返すことにより $O(n \log n)$ の計算時間でソートできる. ここで, ヒープを図 4.4 のように配列で実現しているときには, 第 i 回目で findmin, deletemin で配列の第 $n-i+1$ 番地が空になるので, この回の findmin で得られた要素を $n-i+1$ 番地に記憶することができ, 配列 1 本で n 個の要素を $O(n \log n)$ の計算時間でソートできる (配列の前から順に見ていくと大きい順に並ぶ). それを以下にまとめておく.

集合 X ($n = |X|$) に対するヒープソートのアルゴリズム

1. 集合 X の要素を任意順に完全二分木の各ノードに割り振りヒープを構成する.
2. $n-1$ 回 deletemin を繰り返す.

4.5 ヒープソートのプログラム例

以下のプログラム（main の関数）は，まず入力データを読み込んで配列 x に記憶し，次に配列 x を（本文の配列 key に対応する）配列 y にコピーする．その後，void heapsort(int n) を呼び出し，その中でまず，配列 y がヒープをなすように，番地 k=n/2 から k の値を 1 ずつ減らしながら k=1 になるまでノード k （本文ではノード v と表記）からの下移動を行うために下移動を行う関数 void heapify(int i, int j) を i=k; j=n; とおいて呼び出している．そして最後に deletemin を $n-1$ 回呼び出している．なお，第 i 回目の deletemin で配列の第 $n-i+1$ 番地が空になるので，この回の deletemin で削除された要素を $n-i+1$ 番地に記憶している．さらに，クイックソートのプログラムのときと同様に，入力データを記憶する配列 x を配列 y として用いることもできる（この場合，最終的にはソート済みのデータしか残らないことになる）．

```
// ヒープソートのプログラム
#include <stdio.h>
#define nmax       1000
int x[nmax+1], y[nmax+1];
int n;
void heapify(int i, int j) {// i からの下移動（j は対象とするヒープの最大番地）
    int k,temp;
    while (2*i <= j) {// i の左の子が存在する限り
        k=2*i; //k は i の左の子
        if (k+1 <= j){// 右の子も存在するならば
            if (y[k+1] < y[k]) k=k+1; // k は付随する要素が小さいほうのノード
        }
        if (y[i] > y[k]) {// 親のほうが子よりも大きい要素が付随している
                 temp=y[i]; y[i]=y[k]; y[k]=temp; // 付随する要素の交換
                 i=k; // i を k として繰り返す
        }
        else break;
    }
}
void heapsort(int n) {// ヒープ構成とその出力およびヒープソートをする関数
    int k, temp;
    for (k = n/2; k >= 1; k--) heapify(k,n);
    printf("\n"); printf("\n");
    printf("ヒープが完成しました");
    printf("\n   ");
    for (k = 1; k <= n; k++) printf("%5d", k);
    printf("\n y ");
    for (k = 1; k <= n; k++) printf("%5d", y[k]);
```

```
       for (k = n; k >= 2;k--) {// deletemin を n-1 回繰り返す
           temp=y[1]; y[1]= y[k]; y[k]=temp;
           heapify(1,k-1);
       }
}
void main(void){
   int i;
   printf("データ数 n を入力してください\n");
   scanf("%d", &n);
   printf("n=%d 個のデータを入力してください\n", n);
   for (i = 1; i <= n; i++) scanf("%d", &x[i]);
   printf("入力データは以下のとおりです");
   printf("\n     ");
   for (i = 1; i <= n; i++) printf("%5d", i);
   printf("\n x ");
   for (i = 1; i <= n; i++) printf("%5d", x[i]);
   for (i = 1; i <= n; i++) y[i]=x[i]; // 配列 y は本文の配列 key に対応する
   heapsort(n);
   printf("\n"); printf("\n");
   printf("大きい順にソートされました");
   printf("\n     ");
   for (i = 1; i <= n; i++) printf("%5d", i);
   printf("\n y ");
   for (i = 1; i <= n; i++) printf("%5d", y[i]);
}
```

以下は，上記のヒープソートのプログラムに左の箱に書いてあるデータを入力として与えたときの実行例（出力）を右の箱に示したものである．

8
430
768
598
940
547
831
466
352

```
データ数 n を入力してください
n=8 個のデータを入力してください
入力データは以下のとおりです
         1    2    3    4    5    6    7    8
   x   430  768  598  940  547  831  466  352

ヒープが完成しました
         1    2    3    4    5    6    7    8
   y   352  430  466  768  547  831  598  940

大きい順にソートされました
         1    2    3    4    5    6    7    8
   y   940  831  768  598  547  466  430  352
```

4.6 解答付き演習問題

問 4.1 サイズ 12 の配列 heap に 100 点満点の試験の得点が,

	1	2	3	4	5	6	7	8	9	10	11	12
heap	81	71	70	79	77	68	80	56	87	94	89	53

という形式で入力されている.この例ではデータ数 n は $n = 12$ である.ヒープ条件（親のデータが子のデータより小さい）をすべてのノードで満たすようにするため,下移動の操作を行う.初め $\lfloor \frac{n}{2} \rfloor = 6$ のノードで行い,以下 5 のノード,4 のノード,3 のノード,2 のノード,1 のノードと順に下移動を行う.

(a) こうして得られるヒープを途中の経過も含めて図示せよ.ただし,大小比較の行われるノード間を ↔ で明示すること.

(b) 一般に n 個のデータがこのような形式で入力されたとき,このやり方でヒープを構成するための計算時間について述べよ.

(c) このヒープで deletemin（最小要素削除）の操作を繰り返し行って,得点を大きい順に並べること（ヒープソート）ができることを説明せよ.さらに,ヒープソートの計算時間をヒープ構成の計算時間も含めて述べよ.

(a) の略解：入力された配列 heap の内容は次の左の図のとおりである.その右の図は,$\lfloor \frac{n}{2} \rfloor = 6$ のノード,5 のノード,4 のノードからの下移動を行った結果を示している.なお,図における size はヒープのサイズを表している.

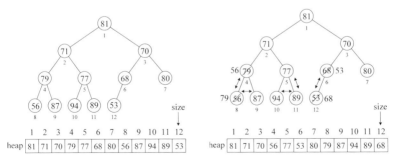

次の左の図は,3 のノード,2 のノードからの下移動を行った結果を示している.右の図は,1 のノードからの下移動を行った結果を示している.

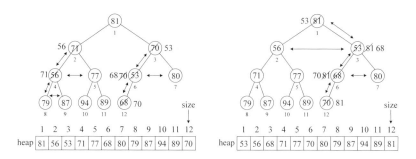

次の左の図は，完成したヒープを示している．

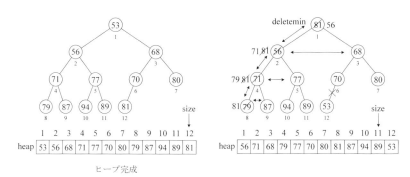

ヒープ完成

その右の図は，deletemin を行い 1 のノードからの下移動を行った結果を示している．deletemin により，ヒープのサイズは 1 小さくなるので，配列 heap の最後の番地の所はヒープに含まれない．そこで，deletemin で削除された要素をそこに記憶している．それ以降の図も，deletemin を行い，1 のノードからの下移動を行う操作を繰り返し適用した結果を示している．

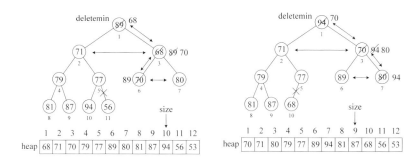

4.6 解答付き演習問題

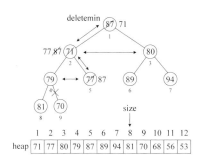

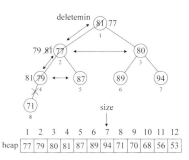

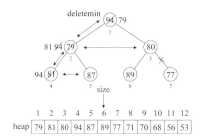

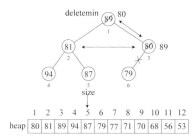

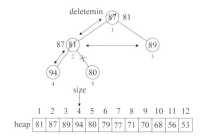

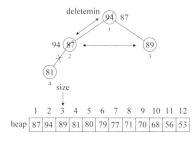

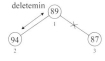

deletemin を $n-1$ 回行った後の配列 heap の内容が，上の右の図である．したがって，この時点で，配列 heap には，入力された n 個のデータ（得点）が大きい順に記憶されている．すなわち，ソーティングが完了である．

(b) の略解：$\Theta(n)$．詳細は 4.3 節参照．

(c) の略解：deletemin の各反復で deletemin された順番で配列 heap の後ろから書き込まれているので，前から見ると大きい順になる．ヒープの構成は $\Theta(n)$ 時間であり，（各 deletemin の操作が $O(\log n)$ 時間であるので）$n-1$ 回の deletemin は $\Theta(n \log n)$ 時間である．ヒープソートの全体の計算時間は $\Theta(n \log n)$ である．

4.7 演習問題

4.1 大小関係を反転して，ヒープ条件を根以外の各ノード v に対して，$\text{key}[p(v)] \geq \text{key}[v]$ と定義し，すべての親子の対 $p(v), v$ に対して上記のヒープ条件を満たすように木の各ノード v に順序集合 X の要素を値 $\text{key}[v]$ として割り当てたものをヒープということもできる．すると，findmin, deletemin, decreasekey の操作に対応して，findmax, deletemax, increasekey の操作を考えることができる．

	1	2	3	4	5	6	7	8	9	10
key	12	18	17	22	8	19	14	9	13	3

が入力として与えられたとき，上記のヒープ条件でヒープを下移動の操作に基づいて構成せよ．さらに，deletemax を $n-1 = 9$ 回繰り返して，小さい順にソートせよ．

4.2 2 ヒープは完全二分木の構造をしているが，完全 d 分木の構造をしているヒープを **d ヒープ**という．d ヒープにおいて，insert, decreasekey は $O(\log_d n)$ の計算時間で実行でき，deletemin は $O(d \log_d n)$ の計算時間で実行できることを示せ．

4.3 4.6 節の解答付き演習問題のように，n 個のデータを配列 heap に入力して，それからヒープの構成と deletemin を $n-1$ 回繰り返してソートする更新の様子を可視化する（画面に表示する）プログラムを Java 言語で作成して実行せよ（アルゴリズムアニメーション (algorithm annimation) と呼ばれる）．

第5章 基本データ構造2：配列とリスト

本章の目標は，最も単純なデータ構造である配列での二分探索と2倍探索を理解し，さらに，辞書を実現する基本的なデータ構造のリストを理解することである．また，リストの特殊版であるスタックとキューも理解するとともに，リストの配列による実現法と配列の領域管理に習熟することも目標である．

5.1 辞書

前章でも述べたように，集合 X に関して，以下の三つの操作 member, insert, delete をサポートするデータ構造を X を表現する**辞書** (dictionary) という．

1. （要素の存在判定）member(x, X): x が X に含まれているかどうかを判定する．
2. （要素の挿入）insert(x, X): $x \notin X$ を X に加える．
3. （要素の削除）delete(x, X): $x \in X$ を X から取り除く．

本章では，辞書のリストによる実現を議論する．最初に，辞書に更新 (insert, delete) の操作がないと仮定できるときの，辞書の配列によるデータ構造について議論する．

5.2 二分探索と2倍探索

辞書に更新 (insert, delete) の操作がないときは，存在判定 (member) の操作は高速に実行できる．データ構造としては，最も単純な配列で十分であり，以下の二分探索あるいは2倍探索が存在判定を高速に実行する代表例である．

	1	2	3	4	5	6	7	8	9	10	11
A	3	6	10	15	16	18	22	30	35	40	52

図 5.1 $X = \{3, 6, 10, 15, 16, 18, 22, 30, 35, 40, 52\}$ をソートして記憶した配列 A

5.2.1 二分探索

順序集合 X の n 個の要素を小さい順にソートして，配列 A に記憶しておく．したがって，

$$A[1] \leq A[2] \leq \cdots \leq A[n] \tag{5.1}$$

が成立していると仮定できる．すると，member(x, X) は以下のような**二分探索** (binary search) で高速に実行できる．

二分探索の member(x, X)

1. $i = 1, j = n$ とする．
2. $i > j$ ならば $x \notin X$ と答えて停止する．
3. $k = \lfloor (i+j)/2 \rfloor$ とする（$\lfloor x \rfloor$ は x 以下の最大の整数を表す）．
   $A[k] = x$ ならば $x \in X$ と答えて停止する．
   $A[k] < x$ ならば $i = k + 1$ として 2. へ戻る．
   $A[k] > x$ ならば $j = k - 1$ として 2. へ戻る．

たとえば，図 5.1 の配列 A で上記の member$(15, X)$ が行われるとする．すると，まず初めに，$i = 1, j = 11, k = 6$ となり，$A[6] = 18 > 15$ であるので，次に，$j = k - 1 = 5, k = 3$ となり，$A[3] = 10 < 15$ であるので，さらに $i = k + 1 = 4, k = 4$ となり，$A[4] = 15$ となり，$15 \in X$ が得られる．これに対して，member$(13, X)$ では，$i = k + 1 = 4, k = 4$ までは member$(15, X)$ と同じであるが，$A[4] = 15 > 13$ であるので，$j = k - 1 = 3 < i = 4$ となり $13 \notin X$ が得られる．

二分探索の member(x, X) の正当性と計算量を議論しよう．

式 (5.1) より $A[1] \leq A[2] \leq \cdots \leq A[n]$ であるので，$1 \leq i \leq k \leq j \leq n$ となる

k に対して $A[k] < x$（$A[k] > x$）ならば，$A[i]$ から $A[k]$（$A[k]$ から $A[j]$）の間には x がないことになり，member(x, X) の正当性が得られる．このように，現在考慮中の探索区間の半分を考慮しなくて済むことになり，3.（ステップ 3）を 1 回繰り返すごとに探索すべき区間を半分にすることができる．したがって，二分探索では高々 $\lfloor \log_2 n \rfloor + 1$ 回の比較しか行われない．すなわち，二分探索は，ソート済みの集合 X に対して O$(\log n)$ の計算時間で member を実行することができる．

二分探索における注意

二分探索が適用できるためには，集合 X は大小関係が定義されていること（すなわち，X が順序集合であること）かつソート済みであることが必要である．したがって，このままの配列表現では insert, delete を効率よく実行することはできない．たとえば，$A[i] < x < A[i+1]$ となる x を挿入するには，$A[i+1]$ から $A[n]$ までの各要素を（O(n) 時間かけて）1 番地ずつ番地の大きいほうにずらしてからでないと $A[i+1]$ に x を記憶することができない．

5.2.2　2 倍探索

二分探索の逆の操作に対応する 2 倍探索も member の操作を高速に行う手法である．とくに，集合 X の要素数 $n = |X|$ が未知のときや非常に大きいときには有効である．二分探索の場合と同様に，X の n 個の要素がソートされて小さい順に配列 A で $A[1]$ から $A[n]$ に記憶されているとする．したがって，式 (5.1) が成立していると仮定できる．さらに便宜上，仮想的に配列の $n+1$ 番地以降には十分に大きい要素が記憶されているものと考える．すると，member(x, X) は以下のような 2 倍探索で高速に実行できる．

---

2 倍探索の member(x, X)

1. $k = 1$ とする．
2. $A[k] = x$ ならば $x \in X$ と答えて停止する．
   $A[k] < x$ ならば $k = 2k$ として 2. へ戻る．
   $A[k] > x$ ならば $A[\lfloor k/2 \rfloor + 1]$ から $A[k-1]$ の間で二分探索を行う．

たとえば，図 5.1 の配列 A で上記の member$(18, X)$ が行われるとする．する

と,$A[1] = 3 < 18, A[2] = 6 < 18, A[4] = 15 < 18, A[8] = 30 > 18$ となり,$A[5]$ から $A[7]$ の間で($i=5, j=7$ として)二分探索を行う.したがって,$k=6$ となり $A[6] = 18$ から $18 \in X$ が得られる.

アルゴリズムについての注意

　このアルゴリズムの正当性も明らかであろう.特徴は,二分探索に入る前の k を用いると計算時間が $\mathrm{O}(\log k)$ となり,k が n に比べて十分小さいときには有利である.実際,計算幾何などの分野ではよく用いられている.

　このように固定されて更新されることのない順序集合 X に関しては探索 (member) の操作は,簡単に高速化できる.しかし,更新が行われるときには,上記のデータ構造では不十分であり,さらに実際のアルゴリズムでは更新のないことなど皆無とも言える状況であるので,これ以降,実際に更新の行われる辞書を効率的に実現するデータ構造について眺めていく.

5.3　辞書とリスト

　(必ずしも順序集合とは限らない)集合 $X = \{x_1, x_2, \ldots, x_n\}$ を表現する辞書を実現するために,X の要素を並べた列 $(x_1, x_2, \ldots, x_n)$ を考える.このようにして集合を列で表現したものを**リスト** (list) という.x_1 をリストの**先頭** (front),x_n をリストの**末尾** (rear) という(以下では,リストには同一の要素が重複して現れることはないこととする).したがって,リストとは,対象とする要素(データ)をポインターで結んで一列に並べ,検索などの操作を高速に実行するためのデータ構造であるとも言える.たとえば,集合 $X = \{x_1, x_2, x_3, x_4\}$ の要素を一列に (x_1, x_2, x_3, x_4) と並べたリストは視覚的には図 5.2 のように表現される.□□→ の部分がノード (node) と呼ばれ,要素は □→ の前の部分に記憶され,後の部分の → がポインターでリストの次のノードを指す(最後のノードは後続のノードがないのでポインターは特別なノード NULL を指す).リストの先頭のノードを指すポインター(first と表示)も用いる.

　集合に対する member の操作の強化とも言えるリストにおける要素 x の**探索** ($\mathrm{search}(x)$) とは,x がリストに含まれるかどうかを判定し,含まれるときは x を含むノード(を指すポインター)を求めることである.これはリストの先頭から

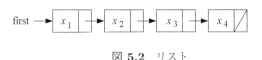

図 **5.2** リスト

ポインターに沿ってノードをたどりながら実行できる．どのノードも要素 x を含まないときには，リストは x を含まないことになり NULL が返される．すなわち，以下のように書ける．

リストにおける探索 search(x)

1. ポインター first で指されているノードを p とおく．
2. $p =$ NULL ならば NULL を返して終了する．
3. ($p \neq$ NULL のとき) ノード p に記憶されている要素が x と等しいならば p を返して終了する．
4. ($p \neq$ NULL かつノード p に記憶されている要素が x でないとき) p のポインターが指しているノードを改めて p として 2. へ戻る．

したがって，ノード数 n のリストでの探索の計算時間は $O(n)$ である．

新しい要素のリストへの**挿入** (insert) およびリストに含まれる要素の**削除** (delete) によってリストは更新される．新しい要素 x のリストへの挿入は，新しいノード a を用意しそれに x を記憶し，挿入すべき直前のノード b を用いて，b の直後のノード c へのポインターを a を指すように変更し，a のポインターを c を指すようにすればよい（図 5.3）．すなわち，以下のように書ける．

リストにおける挿入 insert(x, b) （ノード b の後に x を含むノードの挿入）

1. 新しいノード a を用意しそれに x を記憶する．
2. b のポインターで指されているノードを c とおき，b のポインターを a を指すように変更し，a のポインターを c を指すようにする．

したがって，挿入 insert(x, b) の計算時間は，b が既知のときは $O(1)$ であり，未知のときは（ノード b をノード数 n のリストの先頭から探すことになるので）$O(n)$ となる．

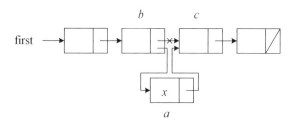

図 5.3 リストへの x の挿入 insert(x, b)

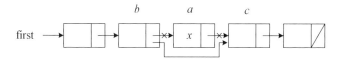

図 5.4 リストからの x の削除 delete(x)

要素 x の削除は，x を含むノード a および a の直前のノード b において，b のポインターを a の直後のノード c を指すようにすればよい（図 5.4）．すなわち，以下のように書ける．

リストにおける削除 delete(x) （x を含むノードのリストからの削除）

1. x を含むノード a および a の直前のノード b を求める．
2. b のポインターを a の直後のノード c を指すようにする．

したがって，削除の計算時間は，ノード b が既知のときは $O(1)$ であり，未知のときは（ノード b をリストの先頭から探すことになるので）$O(n)$ となる．

5.4 リストの変種

これまで述べたリストは**線形リスト** (linearly-linked list) あるいは**一方向リスト**とも呼ばれる．さらにリストの末尾のノードのポインターが先頭のノードを指すようにしたものは**環状リスト** (circular list) と呼ばれる．なお，（線形）環状のリストでは通常リストの末尾を先頭のように扱う．また直後のノードへのポインター以外に，直前のノードへのポインターももつものを**両方向リスト** (doubly-linked

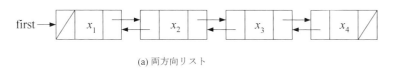
(a) 両方向リスト

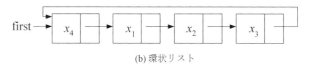
(b) 環状リスト

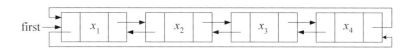
(c) 両方向環状リスト

図 5.5　(x_1, x_2, x_3, x_4) を表現するリストの変種

list) という．両方そなえた**両方向環状リスト**もしばしば用いられる（図 5.5）．両方向リスト，両方向環状リストでは挿入と削除の計算時間は O(1) である．

表 5.1 は，リスト，環状リスト，両方向リスト，両方向環状リストの性能をまとめたものである．実際にリストを使うときには，この表から必要な操作が高速に行えるもので最も簡単なものを選べばよい．

表 5.1　各種リスト表現法の性能

	一方向		両方向	
		環状		環状
先頭での挿入, 削除	O(1)	O(1)	O(1)	O(1)
末尾での挿入, 削除	O(n)	O(1)	O(n)	O(1)
直後での挿入, 削除	O(1)	O(1)	O(1)	O(1)
直前での挿入, 削除	O(n)	O(n)	O(1)	O(1)

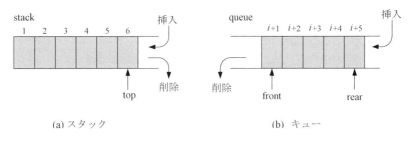

図 5.6　スタックとキュー

5.4.1　スタックとキュー

リストの先頭でのみ挿入と削除が行われるものは**スタック** (stack) と呼ばれる．スタックは，後から挿入されたものほど先に削除されるので，**LIFO**(last-in first-out) リストとも呼ばれ，再帰呼び出しの管理等に用いられる（図 5.6(a)）．通常，スタックでは挿入はプッシュ，削除はポップと呼ばれる．また，リストの先頭で削除が行われ，末尾で挿入が行われるものは**キュー** (queue) と呼ばれる（図 5.6(b)）．キューは，先に挿入されたものほど先に削除されるので，**FIFO**(first-in first-out) リストとも呼ばれ，列の末尾に並んで列にはいり，列の先頭でサービスを受けて列から去る待ち行列である．スタックとキューでは，挿入も削除も $O(1)$ の計算時間で実行できる．

5.4.2　スタックとキューの配列による実現

リストの先頭でのみ挿入と削除が行われるスタック（LIFO リスト）と，挿入はリストの末尾で削除はリストの先頭で行われるキュー（FIFO リスト）は，通常のリストよりもさらに簡単に 1 本の配列を用いて実現できる．

たとえば，スタックは，配列 stack とスタックの先頭を指すポインタ変数 top を用いて以下のように実現できる（空のスタックを top $= 0$ で表す）．まず top $= 0$ と初期化し，要素 x の（スタックの先頭への）挿入は，

$$\text{top} := \text{top} + 1; \quad \text{stack}[\text{top}] := x;$$

とし，（スタックの先頭からの）削除は，

$$\text{top} := \text{top} - 1;$$

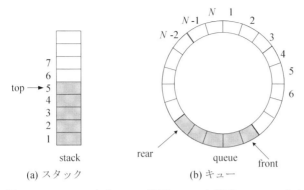

図 5.7　スタックとキューの配列 stack と配列 queue による実現

とすればよい（図 5.7(a)）．

キューは，配列 queue とキューの先頭と末尾を指すポインター変数 front と rear を用いて，以下のように実現できる．

$$\text{front} := 1; \quad \text{rear} := 0;$$

と初期化し，要素 x の（キューの末尾への）挿入は，

$$\text{rear} := \text{rear} + 1; \quad \text{queue}[\text{rear}] := x;$$

とし，（キューの先頭からの）削除は，

$$\text{front} := \text{front} + 1;$$

とすればよい．rear < front の状態はキューが空であることを示す．

しかし，このままでは，配列 queue のサイズ N は挿入の回数よりも大でなければならず，実際にキューに含まれる要素数よりもかなり大きくなってしまう．これを解決するには，要素 x の挿入において，

$$\text{rear} := \text{rear} + 1; \quad \text{queue}[\text{rear} \ (\text{mod}\ N)] := x;$$

と変更するだけでよい．なお，$k\ (\text{mod}\ N)$ は k を N で割った余りで，余り 0 は N と見なす．キューの先頭の要素は queue[front (mod N)] に記憶されている．このことは，配列の最初と最後がくっついて，環状の配列になっていると見なすことを意味する（図 5.7(b)）．この方法でキューが正しく実現されるためには，N が

実際にキューに含まれる要素の最大数よりも大きいことが必要である．

以上の説明から明らかなように，スタックおよびキューにおいて，挿入と削除はともに O(1) の計算時間で実行できる．

5.4.3 スタックの応用：逆ポーランド記法の式の計算

四則演算の算術式 $(a-b)/(c*d+e)$ を（括弧を用いずに）**逆ポーランド記法** (reverse polish notation)（**後置記法** (postfix notation) とも呼ばれる）で記すと $ab-cd*e+/$ と書ける．逆ポーランド記法で記された算術式はスタックを用いると計算が容易にできる．$a, b, c, \ldots$ が非演算子であり，$+, -, *, /$ が四則演算の演算子である逆ポーランド記法で記された算術式の計算は，以下のようにしてできる．

逆ポーランド記法で記された算術式の計算

1. 最初スタックを空にする．
2. 算術式の文字を前から順に読んでいき以下を繰り返す．
   - (a) 読み込んだ文字が非演算子（数値）ならばスタックに挿入する．
   - (b) 読み込んだ文字が演算子 $\diamond$ ($\diamond = +, -, *, /$) ならば，スタックで先頭の数値 x とその一つ前に挿入された数値 y をスタックから削除し，$y \diamond x$ を計算してその値をスタックに挿入する．

算術式が正しい逆ポーランド記法の算術式ならば，計算の正しい結果が（そしてそれのみが）スタックに残る．算術式が正しい逆ポーランド記法の算術式でないときには，途中でスタックが空になったり，あるいは最後にスタックに 2 個以上の数値が残る．したがって，与えられた算術式が正しい逆ポーランド記法の算術式かどうかも判定できる．たとえば，逆ポーランド記法で記された算術式 $ab-cd*e+/$ に適用するとスタックの内容は図 5.8 のように更新されていく．したがって，正しく $(a-b)/(c*d+e)$ の計算が行われる．

5.4.4 スタックとキューの応用：順序木のラベリング

2.3 節で述べた順序木（以下，単に根付き木という）のラベリングはスタックやキューを用いて実行できる．実際，先行順と後行順はスタックを用いて，幅優先順

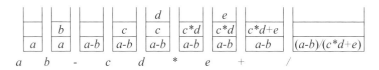

図 5.8 逆ポーランド記法で記された $ab - cd * e + /$ の計算

はキューを用いて以下のように実行できる．根付き木は，各ノード v の子が早い（左にある）ものほど先にくるようにリスト $L(v)$ で表現されているものとする．

まず，先行順と後行順について述べる．

---

1. 根付き木の根 r を空のスタックに挿入する．
2. スタックが空でない限り以下の (a), (b) を繰り返す．
   (a) スタックの先頭のノードを v とし，v の子のリスト $L(v)$ でまだスタックに挿入していない最初のノードを v' とする．
   (b) ノード v' が NULL でなければ v' をスタックに挿入する．
   ノード v' が NULL ならば v をスタックから削除する．

このとき，スタックに挿入された順番にノードにラベルを付けると先行順のラベリングになる（図 5.9(b)）．一方，スタックから削除される順にラベルを付けたものが後行順のラベリングである（図 5.9(c)）．したがって，上記の説明をより正確に書くと以下のようになる．

先行順

1. 根付き木の根 r を空のスタックに挿入し，r に 1 のラベルを付ける．$i = 1$ とする．
2. スタックが空でない限り以下の (a), (b) を繰り返す．
   (a) スタックの先頭のノードを v とし，v の子のリスト $L(v)$ のまだスタックに挿入していない最初のノードを v' とする．
   (b) ノード v' が NULL でなければ v' をスタックに挿入し，v' に次のラベルを付ける（$i = i+1$ として v' に i のラベルを付ける）．
   ノード v' が NULL ならば v をスタックから削除する．

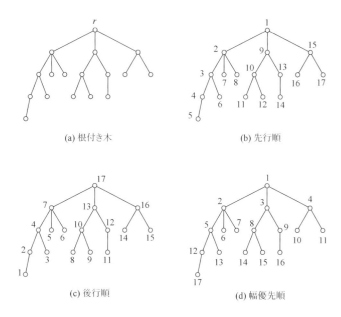

図 5.9 　順序木のラベリング

後行順

1. 根付き木の根 r を空のスタックに挿入する．$i = 0$ とする．
2. スタックが空でない限り以下の (a), (b) を繰り返す．
   (a) スタックの先頭のノードを v とし，v の子のリスト $L(v)$ のまだスタックに挿入していない最初のノードを v' とする．
   (b) ノード v' が NULL でなければ v' をスタックに挿入する．
   ノード v' が NULL ならば v をスタックから削除し，v に次のラベルを付ける（$i = i+1$ として v に i のラベルを付ける）．

　スタックの先頭のノード v に付随する再帰的な形式の手続きがある場合もそれを実行するように容易に一般化できる．そうすると v がスタックに挿入されてから削除されるまでの部分が v に関係した再帰的な部分になり，再帰法を用いたプログラム（アルゴリズム）は，このようにスタックを用いれば再帰を展開した形

で書くことができる.

幅優先順ではキューを用いる.

---
1. 根付き木の根 r を空のキューに挿入する.
2. キューが空でない限り以下の (a), (b) を繰り返す.
   (a) キューの先頭のノード v をキューから削除する.
   (b) リスト $L(v)$ の先頭から順にたどりながらノードをすべてキューの末尾に挿入する.

このとき,キューに挿入された順番にノードにラベルを付けると幅優先順のラベリングになる(図 5.9(d)).より正確には以下のように書ける.

幅優先順
1. 根付き木の根 r を空のキューに挿入する.r に 1 のラベルを付ける.$i=1$ とする.
2. キューが空でない限り以下の (a), (b) を繰り返す.
   (a) キューの先頭のノード v をキューから削除する.
   (b) リスト $L(v)$ のノードを先頭から順にたどりながら以下の i., ii. を繰り返す.
      i. たどられたノードを v' とする.
      ii. v' が NULL でなければ v' をキューの末尾に挿入し,$i=i+1$ として,v' にラベル i を付ける.

5.5 リストの配列による実現

実際の計算機処理においては,リストは二つの配列を用いて実現できる[1].もちろん,ポインター型変数を扱える言語ではそれを用いることにより配列を用いずにリストを実現できるが,ここではどのような言語でもプログラミングできるよ

---

[1] この方法は,A.V. Aho, J.E. Hopcroft and J.D. Ullman: *The Design and Analysis of Computer Algorithms*, Addison-Wesley, 1974(日本語訳:野崎 昭弘,野下 浩平,他『アルゴリズムの設計と解析 I, II』,サイエンス社,1977)からの引用である.

	1	2	3	4	5	6	7	8	9	10	11
name	x_1	x_2	x_3	x_4	x_5	–	–	–	–	–	–
next	0	1	2	3	4	–	–	–	–	–	–

↑
first = 5

図 5.10 リスト $(x_5, x_4, x_3, x_2, x_1)$ の二つの配列 name, next による実現

うに配列で表現することにする.たとえば,name と next という二つの配列を考え,図 5.10 のようにリストの先頭を指すポインター用変数 first を first = 5 とすれば,この配列の内容はリスト $(x_5, x_4, x_3, x_2, x_1)$ の実現になっている.name[I],next[I] (の番地 I) がリストのノードに対応する.実際 first = 5 により,リストの先頭のノードは 5 番地であり,また name[5] = x_5 により先頭の要素は x_5 であることがわかる.次に next[5] = 4 により,リストの次のノードは 4 番地であることがわかる.name[4] = x_4 より,x_5 の次の要素は x_4 であるとわかる.以下 name と next の内容を見ながら,x_4 の次は x_3 で,その次は x_2 で,さらにその次は x_1 であることがわかる.next[1] = 0 より x_1 がリストの最後の要素とわかる(配列は 1 番地からであり 0 番地は考えていないので,0 は特別な値 NULL と見なせる).ここでは,リストの終わりを示すのに 0 を用いている.

二つの配列 name, next によるリストの実現法の説明が終わったので,search, insert, delete の三つの基本操作の配列での実行について述べよう.

search(x, X) は,X を表現するリストの先頭から順番にノードをたどりながら,x を含むノードにたどりついたら yes とともにそのノードを返し,リストの最後まで行っても x を含むようなノードが存在しないときには no を返すので,二つの配列 name, next 上でも同様にできる.

insert(x, X) は,要素 x を含む新しいノードを考え,X を表現するリストの先頭に挿入する.(前述のように,ノード b の直後への挿入 insert(x, b) も考えられるが,本書では,これ以降,先頭への挿入に限定して議論する.もちろん,この制約は容易に除去できる.)

上の例で insert(x, X) を行うと,リストは $(x, x_5, x_4, x_3, x_2, x_1)$ と更新されるが,これは空き領域から 1 ノード分(いまの場合は name[6] と next[6])を確保し,

$$\text{name}[6] := x; \quad \text{next}[6] := \text{first}; \quad \text{first} := 6$$

とすればよい．したがって，

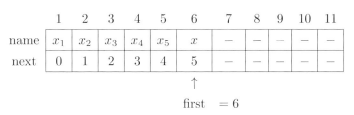

となる．

　delete は insert よりやや難しい．$X = (x, x_5, x_4, x_3, x_2, x_1)$ を表す上のリストに対して，delete(x_3, X) を行うには，x_3 を含むノード v の一つ前のノード u を見つけ，u の次のノードへのポインターを v の次のノードへのポインターで置き換える．この配列表現では $v = 3$, $u = 4$ であるので，next$[4] := $ next$[3] (= 2)$ となる．したがって，

	1	2	3	4	5	6	7	8	9	10	11
name	x_1	x_2	x_3	x_4	x_5	x	−	−	−	−	−
next	0	1	2	2	4	5	−	−	−	−	−

$$\uparrow$$
$$\text{first} = 6$$

となり，対応するリストは，first $= 6$ であるので，$X = (x, x_5, x_4, x_2, x_1)$ となる（要素 x_3 を含むノード 3 のポインターが要素 x_2 を含むノード 2 を指しているが，x_3 を含むノード 3 はリストの先頭から到達できないので，リストには含まれない不要なノードであることに注意しよう）．

5.6　配列の領域管理を用いたリストの実現

　リストに対する三つの基本操作の実現法について述べたが，このままでは不都合な点も多い．挿入，削除にともない不要なノードがいたるところにできてしまい，領域のむだ使いになってしまうからである．これを解決するには，不要となったノードを再利用することである．そのためには，再利用可能なノードをリストで表現して，このリストの先頭をポインター変数 avail で管理すればよい．したがっ

て，余分な配列の領域は不要である．ここでは，新しく利用したノード数を管理するために変数 maxnode も考え，最初の空のリストのとき，first, avail, maxnode をいずれも 0 に初期化しておく．

リストの先頭への挿入 insert(x, X) は，再利用可能なノードが存在する（すなわち，avail $\neq 0$）ならば，そのリストの先頭のノード avail を用いて，

$$\text{temp} := \text{next}[\text{avail}]; \quad \text{name}[\text{avail}] := x;$$
$$\text{next}[\text{avail}] := \text{first}; \quad \text{first} := \text{avail}; \quad \text{avail} := \text{temp};$$

とすればよい．次の図で破線の部分が変更されたポインターの部分である．

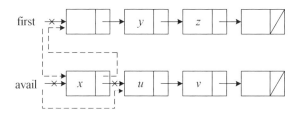

一方，再利用可能なノードが存在しない（すなわち，avail $= 0$）ならば，

$$\text{maxnode} := \text{maxnode} + 1; \quad \text{name}[\text{maxnode}] := x;$$
$$\text{next}[\text{maxnode}] := \text{first}; \quad \text{first} := \text{maxnode};$$

とすればよい（maxnode := maxnode + 1; により新しいノード maxnode が確保されて利用される）．

リストからの削除 delete(x, X) は，x を含むノードおよびその一つ前のノードが，それぞれリストを表現する配列で p 番地，q 番地であるとすると，

$$\text{next}[q] := \text{next}[p]; \quad \text{next}[p] := \text{avail}; \quad \text{avail} := p;$$

とすればよい（ノード p が再利用可能なノードのリストの先頭に挿入される）．下の図で破線の部分が変更されたポインターの部分である．

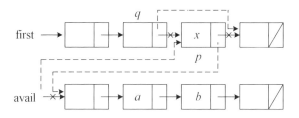

5.6.1 実行例

　文字列 computation を例にとり，空のリストから始めて，各アルファベットが最初に出現したときはリストの先頭へ insert，2 度目に出現したときはリストから delete，以下これを繰り返して，奇数回目の出現のときはリストの先頭への insert，偶数回目の出現のときはリストからの delete を行っていったときのリストの更新を考える．すなわち，空のリストから始めて，

　insert(c), insert(o), insert(m), insert(p), insert(u), insert(t), insert(a),
　delete(t), insert(i), delete(o), insert(n),

を行う．以下の図は，これらを実行したときのリストの更新および配列によるリストの実現での更新の様子を示したものである．

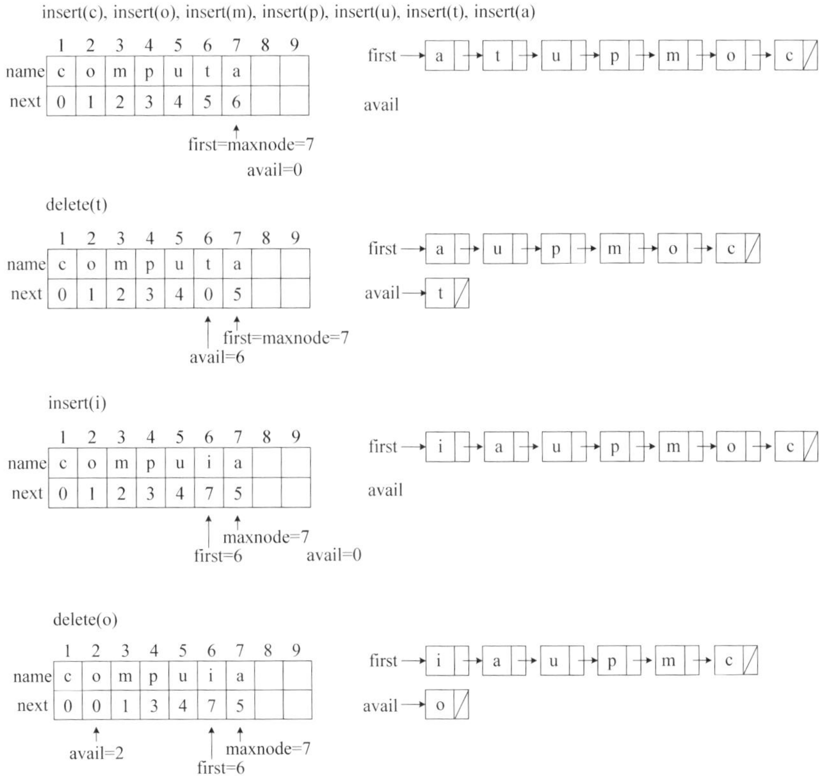

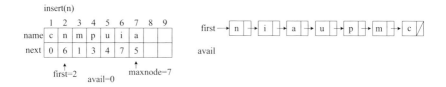

5.7 リストのプログラム例

　以下のリストの基本関数のライブラリプログラム（ファイル名listlibrary.h）を用いて，リストの更新のプログラムの例を与える．このライブラリプログラムは，8個の関数 empty_list_construct()（空のリストを構成する関数），search(data)（dataを探索する関数），get_node()（新しいノードを獲得する関数），free_node(d)（ノード d を解放する関数），insert(data,pred,u)（data をノード u に格納し u をノード pred の次に挿入する関数），delete(pred)（ノード pred の次のノードを削除する関数），traverse(from)（ノード from からのノードを出力する関数），outputarray(maxnode)（1 番地から maxnode 番地まで配列の内容を出力する関数）からなる．

```
// リストの基本関数のライブラリプログラム（アルファベット版）
#define maxsize        20     // リストのサイズの上限
#define sentinel        0     // 番兵
#define false           0
#define true            1
char name[maxsize+1];
int next[maxsize+1];
      // この二つの配列でリストのノードを表現
      // リストの先頭を指すポインター first は next[0] で実現
      // next[0]==0 はリストが空であることを表す
      // リストの最後のノードは実際にはないダミーの空のノード 0
int avail;
      // 再利用可能なノードのリストの先頭を指すポインター
      // avail==0 は再利用可能なノードのリストが空であることを表す
int maxnode; // リストを実現する二つの配列 name と next の番地の最大値
char data;   // データはアルファベット
int found;
void empty_list_construct(void){// 空のリストを構成する
   avail=0; maxnode=0; next[0]=0; // first=0 と設定
}
int search(char data){
```

```
// data を記憶しているノードが存在するときには found は true となり，
// 存在しないときには found は false となる
// data を記憶しているノードが存在するとき直前のノードを指すポインター pred を返す
   int pred;
   found=false;   // data を記憶しているノードが見つかったときに ture とする
   name[0]=data;  // リストの最後のダミーノード 0 に data を記憶し番兵の働きをする
   pred=0;        // next[pred] は最初リストの先頭を指す
   while (name[next[pred]]!=data) pred=next[pred];
       // data が記憶されているノードの直前のノードを pred が指すようにする
   if (next[pred]==sentinel) {
       // data が記憶されているノードはダミーノード 0 (data はリストにない)
       // found==false
       return 0;
   }
   else {// data が記憶されているノードが実際に存在し，その直前のノードは pred
       found=true;
       return pred;   // pred==0 のときにはリストの先頭のノードが data を記憶している
   }
}
int get_node(void){// 新しいノード u を確保する
   int u;
   if (avail!=0) {// 再利用可能ノードのリストは空でない
       u=avail; avail=next[avail]; next[u]=0;
   }
   else {// 再利用可能ノードのリストは空である
       maxnode=maxnode+1; u=maxnode;
   }
   return(u);
}
void free_node(int d){// ノード d を削除し再利用可能ノードのリストに追加する
   next[d]=avail; avail=d;
}
void insert(char data, int pred, int u){
   // ノード pred の次のノードとしてリストにノード u を挿入し，u に data を格納する
   u=get_node();
   printf("\ninsert(%c)",data);
   name[u]=data;
   next[u]=next[pred];
   next[pred]=u;   // pred==0 のときは u はリストの先頭になる
}
void delete(int pred){
   int u;
   // ノード pred の次のノードをリストから削除する
   printf("\ndelete(%c)",name[next[pred]]);
   u=next[pred];
   next[pred]=next[u];
   free_node(u);
}
void traverse(int from){// ノード from から後のノードを順番に出力
```

```
    int cursor;
    printf("(");
    if (from != 0) {
        printf("%c",name[from]);
        cursor=next[from];
        while (cursor!=0){
            printf("%3c",name[cursor]);
            cursor=next[cursor];
        }
    }
    printf(")\n");
}
void outputarray(int maxnode){// 二つの配列 name と next の内容を出力
    int i;
    printf("\nfirst=%d, avail=%d, maxnode=%d", next[0], avail, maxnode);
    printf("\n 配列番地");
    for (i=0; i<= maxnode; i++) {printf("%3d",i);}
    printf("\n 配列 name");
    for (i=0; i<= maxnode; i++) {printf("%3c",name[i]);}
    printf("\n 配列 next");
    for (i=0; i<= maxnode; i++) {printf("%3d",next[i]);}
    printf("\n");
}
```

　以下は，空のリストにアルファベットの列を入力して，各アルファベットが奇数回目の出現のときはリストの先頭へ挿入し，偶数回目の出現のときはリストから削除する（上記のライブラリプログラムを用いた）プログラムの例である．

```
// list（アルファベット版）
// 空のリストにアルファベットの列を入力して，
// 各アルファベットが奇数回目の出現のときはリストの先頭へ挿入
// 偶数回目の出現のときはリストから削除
#include <stdio.h>
#include "listlibrary.h"  //リストの基本関数のライブラリプログラムの読み込み
void main(void){
    int u;       // 対象とするノードを指すポインター
    int pred;
    char data; // データはアルファベット
    empty_list_construct();
    printf("空のリストから始めます\n");
    printf("アルファベットを入力してください\n");
    printf("終了するときは数字の 0 を入力してください\n");
    printf("各アルファベットが奇数回目の出現のときはリストの先頭へ挿入\n");
    printf("各アルファベットが偶数回目の出現のときはリストから削除\n");
    scanf("%s",&data);
    while (data!='0') {
        pred=search(data);         // data を含むノードの探索
```

```
        if (found) delete(pred); // リストから data を記憶しているノードを削除
        else insert(data,0,u); // 新しいノード u に data を記憶しリストの先頭へ挿入
        outputarray(maxnode);
        printf("リスト"); traverse(next[0]);
        printf("再利用可能ノードリスト"); traverse(avail);
        scanf("%s",&data);
    }
}
```

実行例：以下は，

c o m p u t a t i o n 0

を入力として与えたときの上記のプログラムの出力である．

空のリストから始めます
アルファベットを入力してください
終了するときは数字の 0 を入力してください
各アルファベットが奇数回目の出現のときはリストの先頭へ挿入
各アルファベットが偶数回目の出現のときはリストから削除

```
insert(c)                              insert(p)
first=1, avail=0, maxnode=1            first=4, avail=0, maxnode=4
配列 番地   0  1                       配列 番地   0  1  2  3  4
配列 name   c  c                       配列 name   p  c  o  m  p
配列 next   1  0                       配列 next   4  0  1  2  3
リスト (c)                             リスト (p  m  o  c)
再利用可能ノードリスト ()               再利用可能ノードリスト ()

insert(o)                              insert(u)
first=2, avail=0, maxnode=2            first=5, avail=0, maxnode=5
配列 番地   0  1  2                    配列 番地   0  1  2  3  4  5
配列 name   o  c  o                    配列 name   u  c  o  m  p  u
配列 next   2  0  1                    配列 next   5  0  1  2  3  4
リスト (o  c)                          リスト (u  p  m  o  c)
再利用可能ノードリスト ()               再利用可能ノードリスト ()

insert(m)                              insert(t)
first=3, avail=0, maxnode=3            first=6, avail=0, maxnode=6
配列 番地   0  1  2  3                 配列 番地   0  1  2  3  4  5  6
配列 name   m  c  o  m                 配列 name   t  c  o  m  p  u  t
配列 next   3  0  1  2                 配列 next   6  0  1  2  3  4  5
リスト (m  o  c)                       リスト (t  u  p  m  o  c)
再利用可能ノードリスト ()               再利用可能ノードリスト ()
```

```
insert(a)
first=7, avail=0, maxnode=7
配列 番地   0  1  2  3  4  5  6  7
配列 name      a  c  o  m  p  u  t  a
配列 next      7  0  1  2  3  4  5  6
リスト (a t u p m o c)
再利用可能ノードリスト ()

delete(t)
first=7, avail=6, maxnode=7
配列 番地   0  1  2  3  4  5  6  7
配列 name      t  c  o  m  p  u  t  a
配列 next      7  0  1  2  3  4  0  5
リスト (a u p m o c)
再利用可能ノードリスト (t)

insert(i)
first=6, avail=0, maxnode=7
配列 番地   0  1  2  3  4  5  6  7
配列 name      i  c  o  m  p  u  i  a
配列 next      6  0  1  2  3  4  7  5
リスト (i a u p m o c)
再利用可能ノードリスト ()
```

```
delete(o)
first=6, avail=2, maxnode=7
配列 番地   0  1  2  3  4  5  6  7
配列 name      o  c  o  m  p  u  i  a
配列 next      6  0  0  1  3  4  7  5
リスト (i a u p m c)
再利用可能ノードリスト (o)

insert(n)
first=2, avail=0, maxnode=7
配列 番地   0  1  2  3  4  5  6  7
配列 name      n  c  n  m  p  u  i  a
配列 next      2  0  6  1  3  4  7  5
リスト (n i a u p m c)
再利用可能ノードリスト ()
```

5.8　根付き木表現のデータ構造

　本節では，各ノードの子に順序のある根付き木（すなわち，順序木）を表現するためのデータ構造を議論する．リストと配列を用いて図 5.11(a) の根付き木 T を表現するデータ構造を図 5.11(c) に示している．そこでは，根付き木 T の根を指すポインタ変数 root と（更新の操作により配列の領域管理も行うので）これまでに現れた根付き木における最大のノード数を記憶する maxnode を用いている．さらに，T のノードにはラベルが付けられていて，そして，v の親 $p(v)$ を指すポインタ parent$[v]$ と v の子のリスト（図 5.11(b)）も用いている．なお，各ノード v の子のリストは，そのリストの先頭（すなわち，v の 1 番目の子）を指すポインタ childfirst$[v]$ および次の子のノードを指すポインタ childnext を用いて実現している．

　この例では，root= 1 であるので根はノード 1 であり 1 番地に対応する．各ノード v（番地 v）に対して parent$[v]$ には v の親 $p(v)$（に対応する番地）が記憶されている．たとえば，parent$[5] = 2$ であるので，ノード 5 の親はノード 2 であるこ

5.8 根付き木表現のデータ構造　85

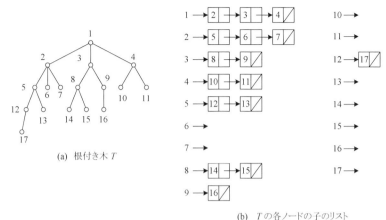

(a) 根付き木 T

(b) T の各ノードの子のリスト

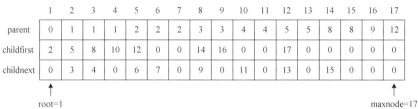

(c) T を実現するデータ構造（各ノードの子のリストを配列を用いて表現）

図 5.11　リストと配列を用いた根付き木の表現

とがわかる．なお，parent[1] = 0 はノード 1 の親がいないこと（すなわち，0 は特別な値で NULL を表すのでノード 1 が根であること）を表している．さらに，ノード 2 の子は早い順にノード 5, 6, 7 であるので，図 5.11(b) のノード 2 の子のリストにはノード 5, 6, 7 の順に現れている．これは，ノード 2 であるので配列の 2 番地に注目し，childfirst[2] = 5 よりノード 2 の最初の子はノード 5 であることがわかり，次に childnext[5] = 6 よりその次の子がノード 6 であることがわかり，さらに childnext[6] = 7 よりその次の子がノード 7 であることがわかり，そして childnext[7] = 0 よりその次の子がいないことがわかる．

5.9 先行順・後行順・幅優先順ラベリングのプログラム例

以下の根付き木の先行順・後行順・幅優先順ラベリングのプログラムでは，6個の関数 tree_input() (根付き木のデータを入力する関数)，children_list_output() (根付き木の各ノードの子のリストを出力する関数)，prepost(int v) (v からの先行順・後行順のラベリングをする再帰呼び出し関数)，prepost_order() (先行順・後行順のラベリングをする関数)，breadth_order() (幅優先順のラベリングをする関数)，prepostbread_output() (根付き木の先行順・後行順・幅優先順ラベリングを出力する関数) からなる．5.8 節の根付き木表現のデータ構造を用いていることに注意しよう．

```
// 根付き木の先行順・後行順・幅優先順ラベリング
#include <stdio.h>
#define vmaxsize       20
#define unvisited       0
int parent[vmaxsize+1], childfirst[vmaxsize+1], childnext[vmaxsize+1];
                            // 根付き木表現のデータ構造のための配列
int prelabel[vmaxsize+1];    // 先行順のラベルを記憶する配列
int postlabel[vmaxsize+1];   // 後行順のラベルを記憶する配列
int breadlabel[vmaxsize+1];  // 幅優先順のラベルを記憶する配列
int n;                      // 根付き木のノード数を表すグローバル変数
int root;                   // 根を表すグローバル変数
int j,k; // 関数 prepost() と prepost_order() 用のグローバル変数
void tree_input(void) {// 根付き木のデータを入力する関数
   int i,k,u,v,current;
   printf("根付き木のノード数を入力してください．\n");
   scanf("%d", &n);
   printf("根付き木の根を入力してください．\n");
   scanf("%d", &root);
   printf("各ノードの子の数 k とその後に k 個の子を早い順に入力してください．\n");
   for (v = 1; v <= n; v++) {
      parent[v]=0;
      childfirst[v]=0;
      childnext[v]=0;
   }
   for (v = 1; v <= n; v++) {
       scanf("%d", &k);
       if (k>0) {
          scanf("%d", &u);
          parent[u]=v;
          childfirst[v]=u;
          current=u;
          for (i=2; i<=k; i++) {
             scanf("%d", &u);
```

5.9 先行順・後行順・幅優先順ラベリングのプログラム例

```
                parent[u]=v;
                childnext[current]=u;
                current=u;
            }
        }
    }
}
void childrenlist_output(void){// 根付き木の各ノードの子のリストを出力する関数
int k, u, v;
    printf("\n 子リスト\n");
    for (v = 1; v <= n; v++) {
        printf("%3d:  ", v);
        u = childfirst[v];
        k = 0;
        while (u != 0) {
            printf("%3d", u);
            k++;
            if (k % 10 == 0) printf("\n     ");
            u = childnext[u];
        }
        printf("\n");
    }
}
void prepost(int v){// v からの先行順・後行順のラベリングをする再帰呼び出し関数
    int u;
    k++;
    prelabel[v] = k;
    u = childfirst[v];
    while (u != 0) {
        if (prelabel[u] == unvisited) prepost(u);
        u = childnext[u];
    }
    j++;
    postlabel[v] = j;
}
void prepost_order(void){// 先行順・後行順のラベリングをする関数
    int v;
    k = 0;
    j = 0;
    for (v = 1; v <= n; v++) prelabel[v] = unvisited;
    prepost(root);
}
void breadth_order(void){// 幅優先順のラベリングをする関数
    int queue[vmaxsize+1];
    int k, front, rear;
    int u, v;
    for (v = 1; v <= n; v++) breadlabel[v] = unvisited;
    k=1;
    rear = 1;
```

```
      front =0;
      queue[rear] = root;
      breadlabel[root] = k;
      while (front < rear) {
         front++;
         v = queue[front];
         u = childfirst[v];
         while (u != 0) {
            k++;
            breadlabel[u] = k;
            rear++;
            queue[rear] = u;
            u = childnext[u];
         }
      }
}
void prepostbread_output(void) {// 根付き木のラベルを出力する関数
   int i;
   printf("\nn=%d", n);
   printf("\n 配列番地      ");
   for (i=1; i<= n; i++) {printf("%3d",i);}
   printf("\n 配列 parent    ");
   for (i=1; i<= n; i++) {printf("%3d",parent[i]);}
   printf("\n 配列 childfirst");
   for (i=1; i<= n; i++) {printf("%3d",childfirst[i]);}
   printf("\n 配列 childnext ");
   for (i=1; i<= n; i++) {printf("%3d",childnext[i]);}
   printf("\n 配列 prelabel  ");
   for (i=1; i<= n; i++) {printf("%3d",prelabel[i]);}
   printf("\n 配列 postlabel ");
   for (i=1; i<= n; i++) {printf("%3d",postlabel[i]);}
   printf("\n 配列 breadlabel");
   for (i=1; i<= n; i++) {printf("%3d",breadlabel[i]);}
   printf("\n");
}
void main(void){
   tree_input();
   childrenlist_output();
   prepost_order();
   breadth_order();
   prepostbread_output();
}
```

以下は図 5.11(a)（図 2.3(a)）の根付き木，すなわち，左の箱に書いてあるデータ，を入力として与えたときの実行例（出力）を右の箱に示したものである．

```
                根付き木のノード数を入力してください．
                根付き木の根を入力してください．
 17             各ノードの子の数 k とその後に k 個の子を早い順に入力してください．
  1
  3             子リスト
  2  3  4          1:       2   3   4
  3                2:       5   6   7
  5  6  7          3:       8   9
  2                4:      10  11
  8  9             5:      12  13
  2                6:
 10 11             7:
  2                8:      14  15
 12 13             9:      16
  0               10:
  0               11:
  2               12:      17
 14 15            13:
  1               14:
 16               15:
  0               16:
  0               17:
  1
 17             n=17
  0             配列 番地    1  2  3  4  5  6  7  8  9 10 11 12 13 14 15 16 17
  0             配列 parent  0  1  1  1  2  2  2  3  3  4  4  5  5  8  8  9 12
  0             配列 childfirst  2  5  8 10 12  0  0 14 16  0  0 17  0  0  0  0  0
  0             配列 childnext   0  3  4  0  6  7  0  9  0 11  0 13  0 15  0  0  0
  0             配列 prelabel    1  2  9 15  3  7  8 10 13 16 17  4  6 11 12 14  5
                配列 postlabel  17  7 13 16  4  5  6 10 12 14 15  2  3  8  9 11  1
                配列 breadlabel  1  2  3  4  5  6  7  8  9 10 11 12 13 14 15 16 17
```

これから，図 5.11(a)（図 2.3(a)）の根付き木が，図 5.11(b), (c) に示しているように，正しくコンピューター内に記憶され，先行順・後行順・幅優先順ラベリングも，図 2.3(b),(c),(d)（および後述の図 5.12，図 5.13）に示しているように，正しく計算されていることが確認できる．

5.10 解答付き演習問題

問 5.1 図 5.12(a) の根付き木に対して，先行順，後行順，幅優先順のラベリングを，本文のアルゴリズムに従ってスタックあるいはキューを用いて行え．ただし，途中のスタックあるいはキューの様子が一目でわかるように図示せよ．

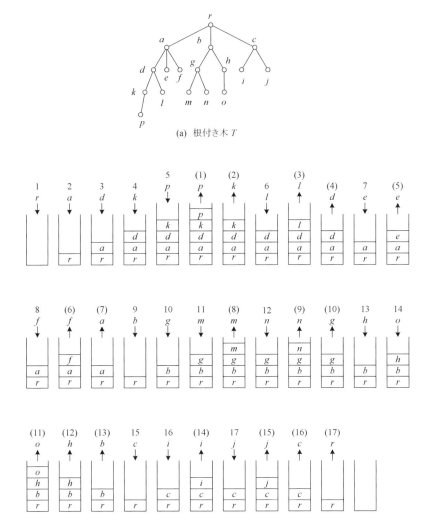

(a) 根付き木 T

(b) T のノードの先行順(後行順)ラベリングにおけるスタックの内容

図 5.12 根付き木 T と T のノードの先行順（後行順）ラベリングにおけるスタックの内容の更新の様子（下向きの矢印はその文字の挿入，上向きの矢印はその文字の削除を表す）

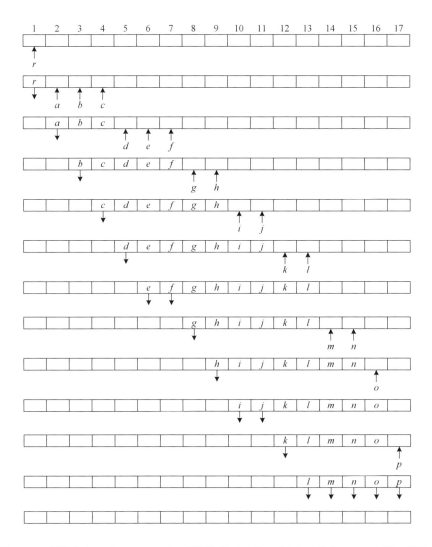

図 5.13 根付き木 T と T のノードの幅優先順ラベリングにおけるキューの内容の更新の様子(下向きの矢印はその文字の削除,上向きの矢印はその文字の挿入を表す)

略解 図 5.12(b) に先行順（括弧内は後行順）のラベルとスタックの内容を示している．図で各スタックの先頭を指すポインター top は文字が記憶されている最も上の番地を指す．最初 r が挿入されるとき top=0 でスタックは空であり，p が挿入されるときは top=4 で k の記憶されている番地を指していて，p の挿入後には top=5 となり p の記憶されている番地を指す．先行順ラベリングでは，スタックに挿入されたときにラベルがつけられ，後行順ラベリングでは，スタックから削除されたときにラベル（括弧内のラベル）がつけられる．

図 5.13 に幅優先順ラベリングにおけるキューの内容を示している．なお，図で各キューの先頭（末尾）を指すポインター front (rear) は文字が記憶されている最も左側（右側）の番地を指す（記憶されている文字がないときには front=rear+1 と考える）ので，最初 r が挿入されるとき，front=1 かつ rear=0 でキューは空であり，r が挿入された後では front=1 かつ rear=1 でキューは r のみからなる．r が削除されてキューの先頭 front は 2 となり，a, b, c の順に挿入されるに従い，rear もそれに応じて 2, 3, 4 と変わっていく．以下同様に進み，front で指される番地のノードが削除されると front は 1 増え（1 右に進み），ノードがキューに挿入されると rear は 1 増える（1 右に進む）．最後に，front>rear となり，キューは空になる．

5.11 演習問題

5.1 文字列 computation and algorithms を例にとり，空のリストから始めて，（空白文字は無視して）各アルファベットが最初に出現したときは insert，2度目に出たときは delete，以下これを繰り返して，奇数回目の出現のときは insert，偶数回目の出現のときは delete を行っていったときのリストの更新の様子を図示せよ．また，配列の領域管理を用いたリストの配列実現ではその様子がどうなるかも示せ．

5.2 前問の問題に対して 5.7 節のリストのプログラムを走らせても（表示は異なるが）同一の結果が得られることを確認せよ．

5.3 以下の算術式が正しい逆ポーランド記法の算術式かどうかを判定し，正しいときには，その値を計算するスタックの様子を図示せよ．

(a) 100 20 + 25 10 * 5 / −

(b) 30 20 * 120 14 18 + 4 / −

(c) 30 20 * 16 14 18 + 4 / 8 + * −

5.4 5.6.1 項の実行例で示したような更新の様子を可視化する（画面に表示する）アニメーションプログラムを Java 言語で作成して実行せよ．

第6章 基本データ構造3：配列と二分探索木

> 本章の目標は，辞書を実現する木構造のデータ構造で最も単純な二分探索木における探索と更新の操作を理解することである．

6.1 二分探索木

　順序集合 X に関する三つの操作 member, insert, delete をサポートするデータ構造の辞書は，リストを用いて実現できたが，その効率は良いものではなかった．そこで以下では，5.2 節の二分探索の高速性を保ちながら，辞書の更新の操作も高速化するデータ構造の二分探索木について述べる．なお，X を表現するリストでの member の操作を強化した search(x)（要素 x の探索）と同様に，二分探索木における search(x)（要素 x の探索）も，x が X に含まれるかどうかを判定し，さらに，含まれるとき実際に x を記憶している二分探索木のノードを返す操作である．（search(x, X) と書くべきであるが，以下混乱は生じないと思われるので，単に search(x) と書くことにする．）

　本章では，どのノードも子が 2 個あるいは 0 個となる二分木で，2 個の子をもつときには，子は**左の子** (left child) と**右の子** (right child) に区別されているような根付き木のみを考える．このような根付き木は，**正則な二分木** (full binary tree)（あるいは**全二分木**）と呼ばれる[1]．本書では正則な二分木で二分探索木を実現する．正則な二分木で子を 2 個もつノードを**内点** (internal node) といい，子をもたないノード（すなわち，**葉** (leaf)）を**外点** (external node) という．なお，正則な二分木では，内点の個数を n とすると外点の個数は $n+1$ となる（演習問題 6.1）．

---

[1] 全二分木は 2.1.2 項で定義を与えた完全二分木とは異なることに注意しよう．

6.1.1 二分探索木と対称順

二分探索木では，順序集合 X の要素が正則な二分木の**内点**にのみ割り当てられる．外点は NULL（空）として扱われる．正則な二分木の各内点 v に X の要素が key[v] として以下の**対称順** (symmetric order) を満たすように割り当てられているとする．

> **対称順**：正則な二分木の各内点 v に対して，v の左の子 lchild[v] が内点ときには lchild[v] のすべての**内点の子孫** u に対して key[u] < key[v] であり，かつ v の右の子 rchild[v] が内点ときには rchild[v] のすべての**内点の子孫** w に対して key[v] < key[w] である．

すなわち，対称順の割当てでは，どの内点 v においても，左の子からたどれる内点の子孫には key[v] より小さい要素が割り当てられ，右の子からたどれる内点の子孫には key[v] より大きい要素が割り当てられている．

すると，順序集合 X を表現する**二分探索木** (binary search tree) は以下のように定義される（図 6.1）．

> **順序集合 X を表現する二分探索木 T の定義**
> 1. T は正則な二分木である．
> 2. T の各内点 v に X の要素が key[v] として対称順に割り当てられている．

対称順に基づいて，二分探索木に対する search(x) は以下のように書ける．

> **二分探索木における探索 search(x)**
> 1. v を T の根とする．
> 2. ノード v が外点ならば $x \notin X$ であると答え，v (=NULL) を返す．
> 3. key[v] = x ならば $x \in X$ と答え，v を返す．
> 4. key[v] < x ならば v = rchild[v]（rchild[v] は v の右の子）とし，そうでなければ v = lchild[v]（lchild[v] は v の左の子）として，2. へ戻る．

insert(x) および delete(x) は以下のように書ける．いずれも木の構造を変えて

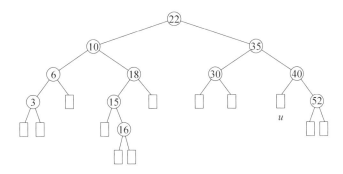

図 6.1 $X = \{3, 6, 10, 15, 16, 18, 22, 30, 35, 40, 52\}$ を表現する二分探索木 T

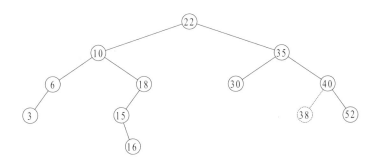

図 6.2 図 6.1 の二分探索木 T に対する insert(38)（外点は省略している）

しまうが，得られる木での X の要素の割当ては対称順を満たしている．

二分探索木における挿入 insert(x)

1. search(x) を行い（このとき外点に到達する），たどり着いた外点 u を内点 u にし，key[u] $= x$ とする（図 6.1, 6.2）．

二分探索木における削除 delete(x)

1. search(x) を行い，key[u] $= x$ となる内点 u を求める．
2. u の一方の子が外点ならばもう一方の子を c とする（図 6.3）．

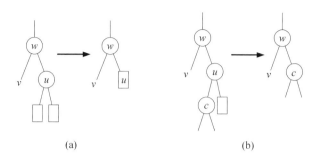

図 6.3　u が外点の子をもつときの二分探索木からの u の削除（u の親 $p(u)$ を w としている）

u の親 $p(u)$ が存在するときは，u の代わりに c を $p(u)$ の子とする．u が根のときは c を新しい根とする．（これで内点 u が削除される）

3. u の子がいずれも内点のときは以下の (a), (b), (c) を行う（図 6.4）．

   (a) d を u の左の子 lchild$[u]$ とする．そして，d の右の子 rchild$[d]$ が内点である限り $d = $ rchild$[d]$ を繰り返す．
   （これにより x より小さいものの中で最大の要素をもつ内点 d が得られる）

   (b) 内点 d の要素を内点 u に移す（すなわち key$[u] = $ key$[d]$ とする）．

   (c) $u = d$ として 2. へ戻る．（そして 2. で内点 d が削除される）．

以上により，二分探索木では，最悪の場合でも木の深さに比例する計算時間で search, insert, delete の三操作を行えることがわかる[2]．使用する領域は，木の内点数に比例するので $O(n)$ である．

6.1.2　二分探索木の更新例

図 6.5 は，空の二分探索木 T に，1 から 9 までの整数を 1,9,2,8,3,7,4,6,5 の順に挿入して得られる二分探索木 T と，その後 4,3,2,8,9 の順に削除を行って得られる二分探索木 T の更新される様子を示している．

---

[2] すなわち，$n = |X|$ とすると，search, insert, delete の三操作は $O(n)$ 時間となり，最悪の場合リストと比べて高速化されている訳ではない．しかし，次節で与えているように，三操作がランダムな位置（ノード）で行われるときは $O(\log n)$ 時間となる．

6.1 二分探索木 97

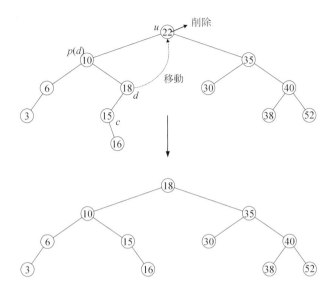

図 6.4 u が内点を 2 個もつときの二分探索木における削除の例（$x = 22$ が割り当てられている内点 u での削除 delete(22)）

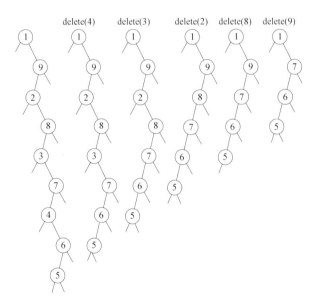

図 6.5 1,9,2,8,3,7,4,6,5 の順に挿入して得られる二分探索木（1番左の図）とその後 4,3,2,8,9 の順に削除を行って得られる二分探索木

6.2 二分探索木の平均的振舞い

二分探索木の良し悪しについて検討しよう．まず二分探索木の最悪の場合の振舞いについて考える．$x_1 < x_2 < \cdots < x_n$ なる n 個の要素 $x_1, x_2, \ldots, x_n$ をこの順に挿入して得られる木は，縮退して 1 本のリスト状になる．したがって，できあがった木の深さは $n-1$ であり，二分探索木としての深さの最悪の場合を達成している．また，実際の挿入で行った内点での比較の総回数は $\sum_{i=1}^{n}(i-1) = \frac{n(n-1)}{2}$ であり，木を作るのにも $O(n^2)$ 時間かかっている．しかし，このような悪い例は実際に頻繁におこるのだろうか？ そこで以下の概念を導入する．

n 個の内点からなる二分探索木の総内点パス長 P_n を $\sum_v \operatorname{depth}(v)$（和はすべての内点 v についてとる），二分探索木の総外点パス長 P'_n を $\sum_v \operatorname{depth}(v)$（和はすべての外点 v についてとる）と定める．二分探索木で各要素の探索される確率が等しいときには，成功した探索での平均探索回数（比較を行った内点の数の平均）を C_n で表すと，$C_n = \frac{P_n}{n} + 1$ となる．また，探索が失敗する，すなわち外点にたどり着く，確率が個々の外点によらず等しい場合の平均探索回数を C'_n で表すと，$C'_n = \frac{P'_n}{n+1}$ となる．P_n と P'_n，C_n と C'_n との間には，

$$P'_n = P_n + 2n, \qquad C'_n = \frac{n}{n+1}(C_n + 1) \tag{6.1}$$

なる関係がある．これは数学的帰納法で容易に証明できる（演習問題 6.1）．

n 個の要素 $x_1, x_2, \ldots, x_n$ がランダム順に挿入された場合を考えよう．まず次の補題を示す．

補題 6.1 失敗探索での平均探索回数が C'_n の（内点が n 個の）二分探索木 T に対してランダムに一つの要素の挿入を行うものとする．すると，このとき得られる木で探索が失敗したときの探索回数の平均 C'_{n+1} は $C'_n + \frac{2}{n+2}$ である（ここで，ランダムな挿入とは，挿入により内点に変わる外点が T の $n+1$ 個ある中から等確率で選ばれることを意味する）．

証明：挿入により内点に変わる T の外点を v として，得られる二分探索木を $T(v)$ とする．すると，$T(v)$ の総外点パス長 $P'_{n+1}(v)$ は挿入により $\operatorname{depth}(v)+2$ だけ増えて $P'_n + \operatorname{depth}(v) + 2$ となる．さらに，$C'_{n+1}(v)$ を $T(v)$ における平均探索回数とすると，$P'_{n+1}(v) = (n+2)C'_{n+1}(v)$ と書ける．したがって，すべての外点 v で木 $T(v)$ の総外点パス長 $P'_{n+1}(v)$ の和をとると $\sum_v P'_{n+1}(v) = \sum_v (P'_n + \operatorname{depth}(v) + 2) = (n+1)P'_n + P'_n + 2(n+1) = (n+2)P'_n + 2(n+1) = (n+2)(n+1)C'_n + 2(n+1) = (n+2)\sum_v C'_{n+1}(v)$ となる．さらに，

$\sum_v C'_{n+1}(v) = (n+1)C'_{n+1}$ であるので，$(n+2)(n+1)C'_{n+1} = (n+2)(n+1)C'_n + 2(n+1)$ となり，$C'_{n+1} = C'_n + \frac{2}{n+2}$ が得られる． □

n 個の要素をランダム順に挿入して得られる二分探索木に関して，探索が失敗したときの探索回数の平均を $\bar{C}'_n$ とする．挿入順のランダム性と補題 6.1 を用いることにより，

$$\bar{C}'_{n+1} = \bar{C}'_n + \frac{2}{n+2}$$

が得られる．$\bar{C}'_n$ について初期状態では，$n=0$ で $\bar{C}'_0 = 0$ であるので，

$$\bar{C}'_n = 2\sum_{k=1}^{n+1} \frac{1}{k} - 2$$

が得られる．ここで自然数 n に対して，

$$\mathrm{H}_n = \sum_{i=1}^n \frac{1}{i} = \frac{1}{1} + \frac{1}{2} + \cdots + \frac{1}{n}$$

として定義される**調和数** (harmonic number) H_n が，

$$\ln(n+1) \leq \mathrm{H}_n \leq 1 + \ln n \tag{6.2}$$

を満たすこと（証明は後述）を用いると[3]，

$$\bar{C}'_n = 2\mathrm{H}_{n+1} - 2 \leq 2\ln(n+1) \leq 2 + 2\ln n \simeq 2 + 1.386 \log_2 n$$

が得られる．このことは，n 個の要素をランダム順に挿入すると，失敗探索での探索回数の平均は，最適な場合の $\log_2 n$ よりおおよそ 39％程度多いだけであることがわかる．すなわち，ランダム性の仮定の下では平均として割と釣り合いのとれた根付き木が得られる．

式 (6.2) は，図 6.6 からもわかるように，

$$\int_0^n \frac{1}{x+1}\, \mathrm{d}x \leq \mathrm{H}_n = \sum_{i=1}^n \frac{1}{i} = 1 + \frac{1}{2} + \cdots + \frac{1}{n} \leq 1 + \int_1^n \frac{1}{x}\, \mathrm{d}x$$

であり，

$$\ln n = \int_1^n \frac{1}{x}\, \mathrm{d}x, \quad \ln(n+1) = \int_0^n \frac{1}{x+1}\, \mathrm{d}x$$

---
[3] 本書では，$\log_e x$ を $\ln x$ と表記している．

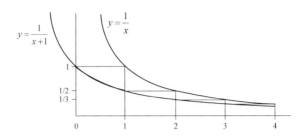

図 6.6　調和数 H_n の上界と下界の説明図 $(n = 4)$

であることから得られる．

6.3　二分探索木のプログラム例

以下の二分探索木（および第7章で取り上げる二分探索木の改良版の二色木）の基本関数のライブラリプログラム（ファイル名 searchtreelibrary.h）を用いて，二分探索木の更新のプログラムの例を与える．このライブラリプログラムは，リストのライブラリプログラムと同様で，9個の関数 search(data)（data を探索する関数），get_node()（新しいノードを獲得する関数），free_node(d)（ノード d を解放する関数），insert(data,pred,u)（data をノード u に格納し u をノード pred の子として挿入する関数），move_data(v)（ノード v へデータを移動する関数），delete_node(d)（ノード d を削除する関数），tree_traverse(from)（ノード from から二分探索木のノードを出力する関数），traverse(from)（ノード from からリストのノードを出力する関数），outputarray(maxnode)（配列の内容を出力する関数）からなる．

```
// 二分探索木と二色木のライブラリプログラム（整数版）
#define maxsize      30  // 二分探索木で扱えるノード数の上限を指定
#define true          1
#define false         0
#define red          -1  // 赤を-1と見なす（二色木でのみ使用）
#define black         1  // 黒を 1 と見なす（二色木でのみ使用）
int key[maxsize+1];   // key[v] はノード v に記憶されているデータを表す
int parent[maxsize+1], lchild[maxsize+1], rchild[maxsize+1];
// parent[v], lchild[v], rchild[v] はそれぞれノード v の親，左の子，右の子を表す
// rchild[0] は二分探索木の根を表す（下記の root を同じ働きをする）
int color[maxsize+1]; // 二色木でのみ用いるので単なる二分探索木では省略できる
```

6.3 二分探索木のプログラム例

```
int next[maxsize+1];   // next[v] は再利用可能ノードのリストで v の次のノードを表す
int root,maxnode,avail; // root は二分探索木の根．maxnode は maxsize 以下で二分探
   // 索木に存在するノードの最大数．avail は再利用可能ノードのリストの先頭を指す
int found; // データの探索 search で記憶しているノードが見つかれば true となる
int search(int data){
// data を記憶している内点のノード，すなわち key[v]==data となる内点 v, を返す
// data を記憶している内点が存在しないときには data を記憶すべきノードの親を返す
// data を記憶しているノード v が内点のときには found は true となり，
// v が外点のとき（記憶しているノードが存在しないとき）には found は false となる
    int pred;
    int v;
    found=false; // data を記憶している内点のノードが見つかったときに ture とする
    pred=0;       // 以下で定めるノード v の親が存在するときには pred は v の親を指す
    if (rchild[0] != 0) {// rchild[0] は根を指すポインターで二分探索木は空でない
       v=rchild[0];   // 最初 v を根とする
       key[0]=data; // 二分探索木の外点 0 に data を記憶し番兵として用いる
       while (data != key[v]){// この番兵によりこの while 文は必ず終了する
          // data がノード v に記憶されているキーと異なる限り以下を行う
          if (data < key[v]) {// data は左の子を根とする部分木にのみ存在
             pred=v; v=lchild[v];
          }
          else {// data>key[v] であるので data は右の子を根とする部分木にのみ存在
             pred=v; v=rchild[v];
          }
       }
       // data == key[v] となり data はノード v に記憶されていることが分かった
       // なお v=0 のときには v は外点で番兵としての data が発見されたことになる
       if (v != 0) {// v は 0 でないので外点ではない
          found=true;
       }
    }
    else {//rchild[0]==0 であり二分探索木は空であるので何もしない
    }
    if (found) return(v);
    else return(pred); // rchild[0]==0 のときには pred==0 であり return(0) となる
}
int get_node(void){// 新しいノード u を確保する
    int u;
    if (avail!=0) {// avail は再利用可能ノードのリストの先頭を指すので
       // 再利用可能ノードのリストは空でない
       u=avail; avail=next[avail]; next[u]=0;
    }
    else {// 再利用可能ノードのリストは空である
       maxnode=maxnode+1; u=maxnode;
    }
    return(u);
}
void free_node(int d){// ノード d を削除し再利用可能ノードのリストに追加する
    next[d]=avail; avail=d;
```

```
}
void insert(int data, int pred, int u){
    // ノード u に data を記憶し，u を pred の子として登録する
    key[u]=data; lchild[u]=0; rchild[u]=0; // 新しいノード u をこのように設定する
    if (pred==0) {// 二分探索木は空であるので，ノード u のみからなる木を作る
        rchild[0]=u; parent[u]=0; // 二分探索木の根は u となる
    }
    else {// 二分探索木は空でない
        parent[u]=pred; // u の親は pred となる
        if (data < key[pred]) {// ノード u を pred の左の子とする
            lchild[pred]=u;
        }
        else {// ノード u を pred の右の子とする
            rchild[pred]=u;
        }
    }
}
int move_data(int v){
    // 内点 v が内点の子を 2 個もつとき，以下のようにして定まる v の子孫 d に
    // 記憶されているデータを内点 v へ移動する（v に記憶されているデータの削除）
    int d;
    d=v; // d を v と初期設定する
    if (lchild[d]!=0 && rchild[d]!=0){// d が内点の子を 2 個もつとき
        d=lchild[d]; // d の左の子を d と更新する
        while (rchild[d]!=0) {// 右の子が外点になるまで右の子へ降りることを繰り返す
            d=rchild[d]; // d を d の右の子に更新する
        } // while 文が終了した時点で d の親は存在し，さらに d の右の子は外点となる
        key[v]=key[d]; // ノード d に記憶されているデータを祖先のノード v へ移動する
        // これで内点 v に記憶されていた元のデータは消滅した
        // 内点 d に記憶されていた元のデータはそのまま存在
    }
    return(d);
}
void delete_node(int d){// 内点の子が高々 1 個の内点 d の削除
    // d に記憶されているデータも削除される
    int c,w;
    w=parent[d]; // この時点で，w!=0 ならば w は d の親である
    if (lchild[d]==0) c=rchild[d]; else c=lchild[d];
        // c と異なる d の子は外点である．c は内点のときもあるし外点のときもある
    if (w==0){// d が根のときには c を新しい根とする（これにより d は削除される）
        rchild[0]=c;
    }
    else{// d が根でなかったとき c を w の適切な子にする（これにより d は削除される）
        if (d==lchild[w]) {// d が w の左の子のとき c を w の左の子とする
            lchild[w]=c;
        }
        else {// d が w の右の子のとき c を w の右の子とする
            rchild[w]=c;
        }
```

6.3 二分探索木のプログラム例

```
    }
    if (c != 0) {// c が内点のとき
        parent[c]=w;
    }
}
void tree_traverse(int from, int redblack){
    // ノード from を根とする二分探索木のノードを幅優先順で列挙する
    // redblack==1 のときには二色木であるので色も出力する
    int queue[maxsize+1]; // 幅優先順に列挙するのでデータ構造のキューを用いる
    int v,lch,rch,par,rear,front; // front はキューの先頭，rear はキューの末尾
    if (from !=0 ){
        rear=1; front=0; v=from; queue[rear]=v;
        if (redblack) {// 二色木のときのみ
            if (color[v]==1) printf("点%2d が根であり，データは%3d　色は黒",v,key[v]);
            else printf("点%2d が根であり，データは%3d　色は赤",v,key[v]);
        }
        else printf("点%2d が根であり，データは%3d",v,key[v]);
        printf("　左子は%2d　右子は%2d　親は%2d\n",lchild[v],rchild[v],parent[v]);
        while (front<rear){
            front=front+1;  v=queue[front];
            if (lchild[v]!=0){
                lch=lchild[v];
                printf("点%2d はデータ%3d で点%2d の左子",lch,key[lch],v);
                rear=rear+1; queue[rear]=lch;
                if (redblack) {// 二色木のときのみ
                    if (color[lch]==1) printf("　色は黒"); else printf("　色は赤");
                }
                rch=rchild[lch]; par=parent[lch]; lch=lchild[lch];
                printf("　左子は%2d　右子は%2d　親は%2d\n",lch,rch,par);
            }
            if (rchild[v]!=0){
                rch=rchild[v];
                printf("点%2d はデータ%3d で点%2d の右子",rch,key[rch],v);
                rear=rear+1; queue[rear]=rch;
                if (redblack) {// 二色木のときのみ
                    if (color[rch]==1) printf("　色は黒"); else printf("　色は赤");
                }
                lch=lchild[rch]; par=parent[rch]; rch=rchild[rch];
                printf("　左子は%2d　右子は%2d　親は%2d\n",lch,rch,par);
            }
        }
    }
}
void traverse(int from){
    // ノード from から next で実現されているリストのノードを列挙
    int cursor;
    printf("(");
    if (from != 0) {
        printf("%d",from);
```

```
      cursor=next[from];
      while (cursor!=0){
         printf("%3d",cursor);
         cursor=next[cursor];
      }
   }
   printf(")\n");
}
void outputarray(int maxnode, int redblack){
   // 二分探索木（redblack==1 のときは二色木）の配列表現の出力と
   // 再利用可能ノードのリストの出力
   int i;
   printf("\n");
   printf("根=%2d,  avail=%2d,  maxnode=%2d \n", rchild[0], avail, maxnode);
   printf("配列の番地");
   for (i=0; i<= maxnode; i++) {printf("%4d",i);}
   printf("\n");
   printf("データ      ");
   for (i=0; i<= maxnode; i++) {printf("%4d",key[i]);}
   printf("\n");
   if (redblack) {// 二色木のときのみ
      printf("色        ");
      for (i=0; i<= maxnode; i++) {
         if (color[i]==1) printf("  黒"); else printf("  赤");
      }
      printf("\n");
   }
   printf("親        ");
   for (i=0; i<= maxnode; i++) {printf("%4d",parent[i]);}
   printf("\n");
   printf("左子      ");
   for (i=0; i<= maxnode; i++) {printf("%4d",lchild[i]);}
   printf("\n");
   printf("右子      ");
   for (i=0; i<= maxnode; i++) {printf("%4d",rchild[i]);}
   printf("\n");
   printf("next      ");
   for (i=0; i<= maxnode; i++) {printf("%4d",next[i]);}
   printf("\n");
}
```

　以下は，空の二分探索木に正整数の列を入力して，各正整数が奇数回目の出現のときは二分探索木へ挿入し，偶数回目の出現のときは二分探索木から削除するプログラムの例である．

```
// 二分探索木
#include <stdio.h>
```

6.3 二分探索木のプログラム例

```c
#include "searchtreelibrary.h"
// 二分探索木 (二色木) の基本ライブラリプログラムの読み込み
void main(void){
   int u,v,d;
   int pred;
   int data;
   avail=0; maxnode=0;
   rchild[0]=0; // rchild[0] は二分探索木の根を指すポインター
   printf("正整数を入力してください. \n");
   printf("各数字が奇数回目の出現のときは二分探索木への insert を行います. \n");
   printf("偶数回目の出現のときは二分探索木からの delete を行います. \n");
   printf("終了するときは数字の 0 を入力してください. \n");
   scanf("%d",&data); // data の読み込み
   while (data!=0) {// data は 0 でないので探索を続行する
      v=search(data); // data の探索
      if (found == false) {// data を記憶している内点はなかった
         u=get_node(); // 新しいノード u の確保
         insert(data,v,u); // ノード u に data を記憶し, u を v の子として登録する
         printf("\n"); printf("insert(%d)",data);
      }
      else {// found == true で data を記憶している内点 v が得られたとき
         d=move_data(v); // ノード d に記憶されているデータをノード v へ移動する
         free_node(d);   // ノード d を解放し再利用可能ノードのリストに追加する
         delete_node(d); // 内点の子が高々 1 個の内点 d の削除
         printf("\n"); printf("delete(%d)",data);
      }
      outputarray(maxnode,0); // 二分探索木の配列表現の出力
      tree_traverse(rchild[0],0); // 二分探索木の根からノードを幅優先順で列挙
      printf("avail: "); traverse(avail); // 再利用可能ノードのリストの出力
      scanf("%d",&data); // data の読み込み
   } // このときは data は 0 であったことになり終了する
}
```

　以下は，6.1.2 項の二分探索木の更新例におけるデータ，すなわち，

1 9 2 8 3 7 4 6 5 4 3 2 8 9 0

を入力として与えたときの上記のプログラムの出力である．なお，紙面の都合で途中を省略している．結果が 6.1.2 項の二分探索木の更新例と同じであることを確認してほしい．

正整数を入力してください．
各数字が奇数回目の出現のときは二分探索木への insert を行います．
偶数回目の出現のときは二分探索木からの delete を行います．
終了するときは数字の 0 を入力してください．

106   第6章　基本データ構造3：配列と二分探索木

```
insert(1)
根= 1,  avail= 0,  maxnode= 1
配列の番地     0    1
データ         0    1
親             0    0
左子           0    0
右子           1    0
next           0    0
点 1 が根であり，データは  1  左子は 0  右子は 0  親は 0
avail: ()

insert(9)
根= 1,  avail= 0,  maxnode= 2
配列の番地     0    1    2
データ         9    1    9
親             0    0    1
左子           0    0    0
右子           1    2    0
next           0    0    0
点 1 が根であり，データは  1  左子は 0  右子は 2  親は 0
点 2 はデータ  9 で点 1 の右子  左子は 0  右子は 0  親は 1
avail: ()

insert(2), insert(8), insert(3), insert(7), insert(4),
insert(6), insert(5), delete(4), delete(3), delete(2)
の部分を省略

delete(8)
根= 1,  avail= 4,  maxnode= 9
配列の番地     0    1    2    3    4    5    6    7    8    9
データ         8    1    9    2    8    3    7    4    6    5
親             0    0    1    2    2    4    2    6    6    8
左子           0    0    6    0    6    0    8    0    9    0
右子           1    2    0    4    0    6    0    8    0    0
next           0    0    0    5    3    7    0    0    0    0
点 1 が根であり，データは  1  左子は 0  右子は 2  親は 0
点 2 はデータ  9 で点 1 の右子  左子は 6  右子は 0  親は 1
点 6 はデータ  7 で点 2 の左子  左子は 8  右子は 0  親は 2
点 8 はデータ  6 で点 6 の左子  左子は 9  右子は 0  親は 6
点 9 はデータ  5 で点 8 の左子  左子は 0  右子は 0  親は 8
avail: (4  3  5  7)

delete(9)
根= 1,  avail= 2,  maxnode= 9
配列の番地     0    1    2    3    4    5    6    7    8    9
データ         9    1    9    2    8    3    7    4    6    5
親             0    0    1    2    2    4    1    6    6    8
左子           0    0    6    0    6    0    8    0    9    0
右子           1    6    0    4    0    6    0    8    0    0
```

```
next         0    0    4    5    3    7    0    0    0
点 1 が根であり，データは 1   左子は 0   右子は 6   親は 0
点 6 はデータ 7 で点 1 の右子  左子は 8   右子は 0   親は 1
点 8 はデータ 6 で点 6 の左子  左子は 9   右子は 0   親は 6
点 9 はデータ 5 で点 8 の左子  左子は 0   右子は 0   親は 8
avail: (2  4  3  5  7)
```

6.4 演習問題

6.1 n 個の内点からなる二分探索木は $n+1$ 個の外点をもつことを示せ．さらに，これを用いて，式 (6.1) が成立すること，すなわち，$P'_n = P_n + 2n$, $C'_n = \frac{n}{n+1}(C_n + 1)$ が成立することを示せ．

6.2 空の二分探索木 T と computer algorithms という文字列が与えられたとき，文字列の前から文字を読んでいき，各文字（空白文字は無視する）に対して T にないときは挿入し，T にあるときは削除して得られる T を途中の更新経過も含めて図示せよ．すなわち，

　　insert(c), insert(o), insert(m), insert(p), insert(u), insert(t),

　　insert(e), insert(r), insert(a), insert(l), insert(g), delete(o),

　　delete(r), insert(i), delete(t), insert(h), delete(m), insert(s)

を実行することになる．ただし，大小関係はアルファベット順（a<b< $\cdots$ <y<z）であるものとする．

6.3 6.3 節の二分探索木のプログラム（およびライブラリプログラム）を，入力として正整数ではなくアルファベットとするように置き換えて，それを前問の問題に対して走らせても（表示は異なるが）同一の結果が得られることを確認せよ．

第7章 高速データ構造：配列と二色木

本章の目標は，ノード数 n の二分探索木の最悪のときの深さ $\Omega(n)$ を $O(\log n)$ に改善するために導入された平衡条件と，その平衡条件を満たす二分探索木の二色木における更新の操作を理解することである．

7.1 平衡探索木

順序集合 X に対して探索と更新の三つの操作 search(x), insert(x), delete(x) をサポートするデータ構造の辞書はリストでも表現できるが，そうするといずれの操作も $O(n)$ ($n = |X|$) の計算時間となり効率的ではない．これに対して，前章で述べたように，X を木構造の二分探索木で表現すると，x が記憶されている内点の深さあるいは x が挿入されるべき外点の深さに比例する計算時間でできる．したがって，木の各内点および外点の深さがそれほど深くならないようにできるとき，すなわち，深さ $O(\log n)$ にできるとき，探索と更新の操作の計算時間は $O(\log n)$ となる．このように深さが $O(\log n)$ の木は**平衡探索木** (balanced search tree) と呼ばれる．

深さを $O(\log n)$ に保つための**平衡条件**としてはいくつかあり，それに応じて AVL 木，2-3 木，B-木，二色木などがある．いずれも，更新（挿入，削除）よって平衡条件が満たされなくなることもあるので，そのときには**再平衡化** (rebalancing) が必要となる．上記の4種の木では，いずれも再平衡化が $O(\log n)$ の計算時間で可能である．したがって，search, insert, delete の操作は $O(\log n)$ の計算時間で実行できる．データ構造に必要な領域は $O(n)$ である．以下では，平衡探索木として最も単純と思われる**二色木** (red-black tree) について述べる（二色木は直訳して**赤黒木**と呼ばれることも多い）．

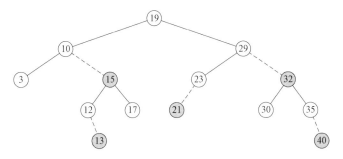

図 7.1 　二色木（灰色で親に向かう線が破線のノードは赤で，外点は省略している）

7.2 　二色木

二色木の定義 　二色木は次の平衡条件をみたす正則な二分探索木である．
(a) どのノードも赤か黒のいずれかの色が割り当てられている．
(b) 赤いノードは必ず黒い親をもち，根と外点は黒である．
(c) 根から外点へのパスはどのパスも同数個の黒いノードをもつ．

図 7.1 は二色木の例である．なお，本書では，赤いノードを灰色で表示するとともに親に向かう辺を破線にして区別している．

この平衡条件は，根から外点へのパスで最短なもの（ほぼすべてのノードが黒）と最長なもの（赤ノードと黒ノードがほぼ交互に現れるもの）とは長さが高々 2 倍の違いしかないことを意味している．したがって，二色木の深さは $O(\log n)$ となる．実際，二色木の外点の深さの最小値を c とすると，木の深さ d は $d \leq 2c$ となる．また c の定義より，深さ $b < c$ のノードはいずれも内点で 2 個の子をもつので，深さ b の内点の個数は 2^b となり，二色木の内点の総数 n は $2^0 + 2^1 + \cdots + 2^{c-1} = 2^c - 1$ 以上となる．したがって，$d \leq 2c \leq 2\lfloor \log(n+1) \rfloor = O(\log n)$ が得られる．

順序集合 X の要素の割当て（二色木の内点に要素を対称順に割り当てて，外点を省略すること）や探索 (search(x)) の操作は，通常の二分探索木の場合と同一である．更新の操作（挿入 (insert(x)) と削除 (delete(x))) も同様であるが，それに伴い平衡条件が満たされなくなることもあるので，再平衡化が必要である．再平衡化は，局所的な色の交換（**色交換** (color flip)) とノードのまわりでの回転（単

110 第7章 高速データ構造：配列と二色木

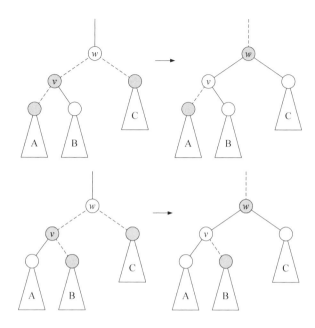

図 **7.2** 色交換（対称なケースは省略）

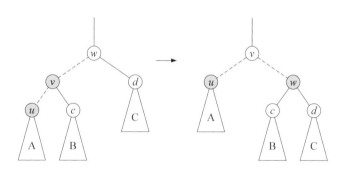

図 **7.3** 挿入時の単回転（対称なケースは省略）

回転 (single rotation)，双回転 (double rotation)）を基本的操作として用いて行われる（図7.2, 図7.3, 図7.4）．なお，回転後も要素は対称順に記憶されていることを注意しよう．

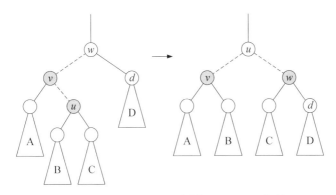

図 **7.4** 挿入時の双回転（対称なケースは省略）

7.2.1 二色木における挿入

挿入により新たに内点となったノード u は，根でない限り，条件 (c) を優先して，赤にする（u を黒にすると根から u を通って外点へ至るパスが黒ノードを 1個多く含むようになってしまうからである）．しかし，こうすると，u の親 $p(u)$ が黒ならば問題ないが，赤だと条件 (b) が満たされなくなる．そこで以下のように根に向かって再平衡化を行う．

挿入後の再平衡化

0. 挿入により新たに内点になったノード u が根ならば黒にして終了する．
   u が根でないならば赤として以下を実行する．

1. u の親 v が黒ならば終了する．
   u の親 v が赤のときには，（v は根でないので）w を v の親とし，w の v 以外の子を d として以下を実行する．

2. d が赤ならば以下の (a) を行い，黒ならば以下の (b) を行う．

   (a) （色交換）w の子 v, d をともに黒にする．w が根なら終了する．w が根でないときには，w を赤に換え，$u = w$ として 1. へ戻る（図 7.2）．

   (b) v が w の左の子かつ u が v の左の子，あるいは，v が w の右の子かつ u が v の右の子，ならば，以下の (i) を行う．そうでないならば，すなわち，v が w の左の子かつ u が v の右の子，あるいは，v が w の右の

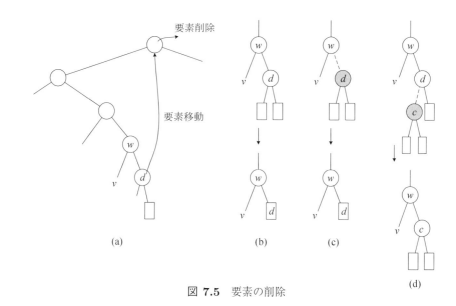

図 **7.5** 要素の削除

子かつ u が v の左の子,ならば,以下の (ii) を行う.
(i) (単回転) 図 7.3 のように単回転を行い終了する.
(ii) (双回転) 図 7.4 のように双回転を行い終了する.

したがって,挿入後の再平衡化は $O(\log n)$ 回の色交換とそれに続く高々 2 回の単回転(双回転は 2 回の単回転で可能)で実行できる.再平衡化後,正しい二色木になっていることにも注意しよう.

7.2.2 二色木における削除

二分探索木で(したがって二色木でも)削除の最後の段階で除かれるノードを d とする.すると d は少なくとも 1 個の外点をもつ.d が内点の子 c をもつときは d は c に置き換えられる(図 7.5(d)).d が内点の子をもたないときには単に外点で置き換えられる(図 7.5(b),(c)).さらに二色木では,ノード d に内点の子 c がある場合は,平衡条件の (c) より,c は赤ノードとなり d は黒ノードとなるので,c を黒にして d と置き換えればよい(図 7.5(d)).内点の子がないときでも,d が

赤のときは単に d を黒の外点にすればよい（図 7.5(c)）．したがって，残るケースは，d に内点の子がなくて d が黒のときである．このときも d を黒の外点にする．しかし，これにより根から d へのパスの黒ノードが根から他の外点へのパスの黒ノードより 1 個少なくなり，平衡条件の (c) が満たされなくなる（図 7.5(b)）．そこで，以下のように根に向かって再平衡化を行う．

削除後の再平衡化

0. 除去されるべきノードを d とする．
   d が内点の子 c をもつときは c を黒にし d を c で置き換えて終了する．
   d が内点の子をもたず根または赤ならば d を単に外点で置き換えて終了する．
   d が内点の子をもたず根でもなくさらに黒ならば d を外点で置き換えて以下に進む．

1. w を d の親，v を w の d 以外の子とする．
   v が黒ならば以下の 2. を行い，赤ならば以下の 3. を行う．

2. （v は黒）v の子がともに黒ならば以下の (a) を行う．
   d から遠いほうの v の子 u が赤ならば (b) を行う．
   d から遠いほうの v の子が黒で d に近いほうの v の子 u が赤ならば (c) を行う．

   (a) （色交換，図 7.6）v を赤にする．さらに w が根ならば終了し，赤ならば w を黒にして終了する．そうでなければ（w が黒であり根でないときには），$d = w$ として 1. へ戻る．
   (b) （単回転，図 7.7）w で単回転を行い，u を黒にし w と v の色を交換して終了する．
   (c) （双回転，図 7.8）w で双回転を行い，u を w の前の色とし w を黒として終了する．

3. （v は赤）（単回転，図 7.9）w で単回転を行い w と v の色を交換して 1. へ戻る．

上の再平衡化の 1. で v は必ず子をもち外点ではない．再平衡化の実行中は，根から d 経由の外点へのパスは，v 経由のパスより黒ノードが 1 個少ないことが常

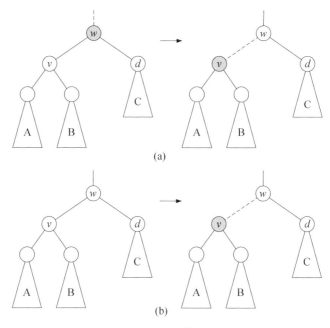

図 **7.6** ケース 2.(a)（対称なケースは省略）

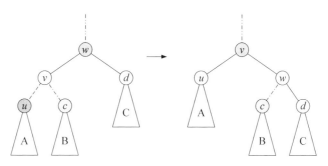

図 **7.7** ケース 2.(b)（w の色は v へ受け継がれ c の色は不変）（対称なケースは省略）

に成立するからである．3. では v は赤であるのでその子および親 w はいずれも黒になる．また，3. で単回転後 d の兄弟は黒であるので，その後 2. を行うことになるが，2.(a) の場合になっても w は赤であり，2. のいずれの場合でもそれ以上進まず終了する．また，再平衡化後正しい二色木になっていることにも注意しよう．

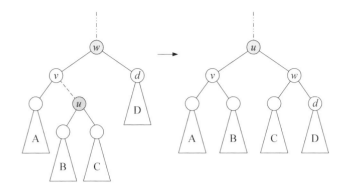

図 7.8 ケース 2.(c)（w の色は u へ受け継がれる）（対称なケースは省略）

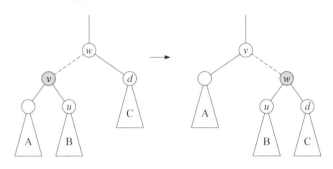

図 7.9 ケース 3.（対称なケースは省略）

　このように削除後の再平衡化は $O(\log n)$ 回の色交換と高々 3 回の単回転（双回転は 2 回の単回転）で実行できる．これは他の代表的な平衡探索木である AVL 木などには見られない特徴である．構造を変化させる回転の操作はできるだけ少ないほうがよい．とくに，幾何的な問題に応用して探索木を用いるときには，探索木の各ノードにさらに副となる探索木を付随させることも多いので，構造を変えることの少ない二色木のほうが有利である．

定理 7.1 二色木では，探索 ($\text{search}(x, X)$)，挿入 ($\text{insert}(x, X)$)，削除 ($\text{delete}(x, X)$) の操作を $O(\log n)$ の計算時間で実行できる ($n = |X|$)．さらに，木の構造を変える単回転の操作は，挿入後は高々 2 回，削除後は高々 3 回しか行われない（双回転は 2 回の単回転と見なす）．

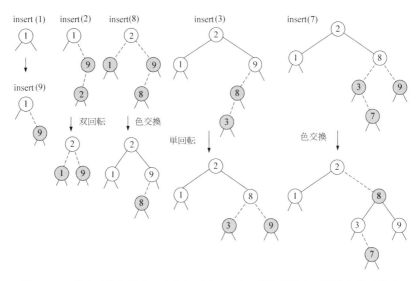

図 7.10 空の二色木 T に 1,9,2,8,3,7(,4,6,5) の順に挿入して得られる二色木

7.2.3 二色木の更新例

例として，6.1.2 項で行ったように，空の二色木 T に 1 から 9 までの整数を 1,9,2,8,3,7,4,6,5 の順に挿入して得られる二色木 T の更新される様子と，その後 4,3,2,8,9 の順に削除して得られる二色木 T の更新される様子を与える．

図 7.10 は空の二色木 T に 1,9,2,8,3,7 の順に挿入して得られる二色木の更新される様子である．図 7.11 はその後 4,6,5 の順に挿入して得られる二色木の更新される様子である．図 7.12 は図 7.11 の最後の二色木からその後 4,3,2 の順に削除を行って得られる二色木の更新される様子である．図 7.13 は図 7.12 の最後の二色木からその後 8,9 の順に削除を行って得られる二色木の更新される様子である．

7.3 二色木のプログラム例

6.3 節の二分探索木およびその改良版の二色木の基本関数のライブラリプログラム（ファイル名 searchtreelibrary.h）を用いて，空の二色木に正整数の列を入力して，各正整数が奇数回目の出現のときは二色木へ挿入し，偶数回目の出現のときは二色木から削除するプログラムの例を与える．そのプログラムではライブラ

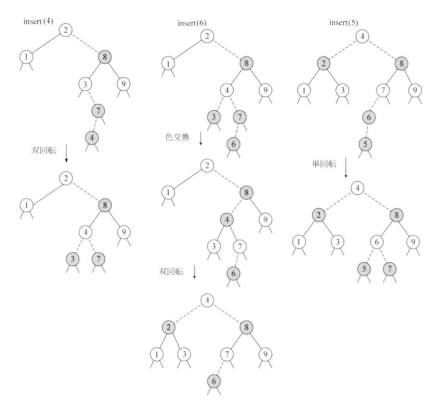

図 7.11 (1,9,2,8,3,7,)4,6,5 の順に挿入して得られる二色木

リプログラムの関数以外に4個の関数 single_rotation(w,v)（vとvの親wに関する単回転を行う関数），double_rotation(w,v)（vとvの親wに関する双回転を行う関数），insert_rebalance(v,u)（uとuの親vに関する挿入後の再平衡化を行う関数），delete_rebalance(d,w)（dとdの親wに関する削除後の再平衡化を行う関数）も用いている．

```
// 二色木（二分探索木と二色木のライブラリプログラム searchtreelibrary.h を使用）
#include <stdio.h>
#include "searchtreelibrary.h"
// 二分探索木（二色木）の基本ライブラリプログラムの読み込み
void single_rotation(int w, int v){// vとw（vの親）に関する単回転
  int c, x, temp;
```

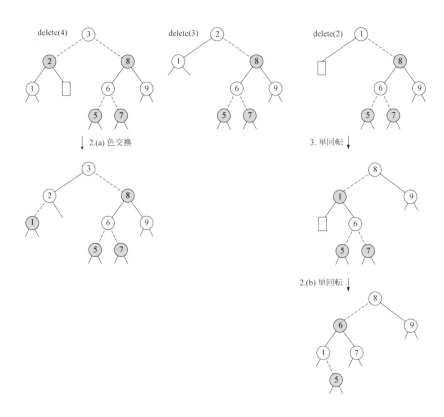

図 **7.12** 図 7.11 の二色木から 4,3,2(,8,9) の順に削除を行って得られる二色木

```
x=parent[w]; parent[w]=v; parent[v]=x; // w の元の親 x は更新後 v の親になる
temp=color[w]; color[w]=color[v]; color[v]=temp; // v と w の色交換
if (x == 0) {// 元の二色木で w が根であったときは v を根にする
   rchild[0]=v; // color[v]=black;
}
else {// x!=0 で元の二色木で w が根ではなかったとき
   if (w == lchild[x]) {// w が x の左の子のとき
      lchild[x]= v;
   }
   else {// w が x の右の子のとき
      rchild[x]= v;
   }
}
if (v == lchild[w]) {// v が w の左の子のとき
```

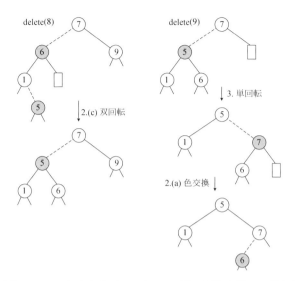

図 7.13 図 7.12 の二色木から (4,3,2,)8,9 の順に削除を行って得られる二色木

```
      c=rchild[v]; parent[c]=w;
      lchild[w]=c; rchild[v]=w;
   }
   else {// v が w の右の子のとき
      c=lchild[v]; parent[c]=w;
      rchild[w]=c; lchild[v]=w;
   }
}
void double_rotation(int w, int v){// v と w (v の親) に関する双回転
int u, x, b, c, temp;
   x=parent[w]; // x は w の親
   if  (v == lchild[w]) {// v が w の左の子のとき
      u=rchild[v]; b=lchild[u]; c=rchild[u]; // u は v の右の子
      parent[b]=v; rchild[v]=b;
      parent[c]=w; lchild[w]=c;
      parent[w]=u; parent[v]=u; parent[u]=x;
      lchild[u]=v; rchild[u]=w;
   }
   else {// v が w の右の子のとき
      u=lchild[v]; b=rchild[u]; c=lchild[u]; // u は v の左の子
      parent[b]=v; lchild[v]=b;
      parent[c]=w; rchild[w]=c;
      parent[w]=u; parent[v]=u; parent[u]=x;
      rchild[u]=v; lchild[u]=w;
```

```
      }
      temp=color[w]; color[w]=color[v]; color[u]=temp; // 色の交換
      if (x == 0) {// 元の二色木で w が根であったときは新しい二色木の根を u とする
         rchild[0]=u; // color[u]=black;
      }
      else {// x!=0 で元の二色木で w が根でなかったとき
         if (w == lchild[x]) lchild[x]= u; // w が x の左の子であったとき
         else rchild[x]= u; // w が x の右の子であったとき
      }
}
void insert_rebalance(int v, int u){// u と v (u の親) がともに赤のとき
   int w,d;
   w=parent[v]; // w を v の親とする
   if (v == lchild[w]) d=rchild[w]; else d=lchild[w]; // d は v の兄弟
   if (color[d] == red) {// d の色が赤のとき色交換をする
      color[d] = black; color[v] = black;
      if (parent[w]!=0) {// w は根でない
         u=w; color[u]=red; v=parent[u];
         if (color[v]==red) insert_rebalance(v,u);
      }
   }
   else {// (color[d]==black) d の色が黒のとき回転を行う (d が外点 0 でも問題ない)
      if ((u==lchild[v] && v==lchild[w]) || (u==rchild[v] && v==rchild[w]))
         // u が v の左の子で v が w の左の子または u が v の右の子で v が w の右の子のとき
            single_rotation(w,v); // 単回転
      else // そうでないときは双回転
            double_rotation(w,v);
   }
}
void delete_rebalance(int d, int w){// d と w (d の親) に関する削除後の再平衡化
   int u,v,c;
   if (lchild[w]==d) {// d が w の左の子のとき
      v=rchild[w]; u=rchild[v]; c=lchild[v];
   }
   else {// d が w の右の子のとき
      v=lchild[w]; u=lchild[v]; c=rchild[v];
   }// v は d の兄弟で u と c は v の子
   if (color[v]==black) {// v の色が黒のとき
      if (color[u]==black) {// u の色も黒のとき
         if (color[c]==black) {// さらに c の色も黒のときは色交換を行う
            color[v]=red;
            if (color[w]==red) {// w の色が赤のときは黒に変えて終了する
               color[w]=black; // return;
            }
            else {// w が色が黒のときは w が根でない限り d=w とおいて継続する
               d=w; w=parent[w];
               if (w != 0) delete_rebalance(d,w); // 再平衡化を続ける
            }
         }
```

```
            else {// c の色が赤であるとき双回転して終了する
                double_rotation(w,v);
            }
        }
        else {// u の色が赤（v の色は黒）のとき
            single_rotation(w,v); // 単回転
            color[u]=black; // added 2016-06-21
        }
    }
    else {// v の色が赤のとき
        single_rotation(w,v); // 単回転をしする
        delete_rebalance(d,w);   // 再平衡化を続けるがその次の再平衡化は起こない
    }
}
void main(void){
    int u,v,w,c,d;
    int data;
    avail=0; maxnode=0;
    rchild[0]=0; // rchild[0] は二色木の根を指すポインター
    color[0]=black; // color[0] は外点の色が黒であることを表現している
    printf("正整数を入力してください．\n");
    printf("各数字が奇数回目の出現のときは二色木への insert を行います．\n");
    printf("偶数回目の出現のときは二色木からの delete を行います．\n");
    printf("終了するときは数字の 0 を入力してください．\n");
    scanf("%d",&data); // data の読み込み
    while (data!=0) {// data は 0 でないので探索を続行する
        v=search(data); // data の探索
        if (found == false) {// data を記憶している内点はなかったので挿入
            u=get_node(); // 新しいノード u の確保
            insert(data,v,u); // ノード u に data を記憶し，u を v の子として登録する
            if (v==0) color[u]=black; // 二色木は根 u のみからなるので u を黒に
            else {// 元の二色木は空でなかった
                color[u]=red; // u を赤にする
                if (color[v] == red) insert_rebalance(v,u); // 挿入後の再平衡化
            }
            printf("\n"); printf("insert(%d)",data);
        }
        else {// found == true で data を記憶している内点 v が得られたとき
            d=move_data(v); // ノード d に記憶されているデータをノード v へ移動する
            free_node(d);   // ノード d を解放し再利用可能ノードのリストに追加する
//            以下は delete_node(d); すなわち，内点の子が高々 1 個の内点 d の削除と
//            同様であるが，c と w の情報が必要なので書き直した
            w=parent[d];
            // w!=0 ならば w は d の親であり，d は内点の子を高々 1 個しかもたない
            if (lchild[d]==0) c=rchild[d]; else c=lchild[d];
            // c と異なる d の子は外点である．c は内点のときもあるし外点のときもある
            if (w==0){// d が根のときには c を新しい根とする（d は削除された）
                rchild[0]=c;
            }
```

```
        else{// d が根でなかったとき c を w の適切な子にする（d は削除された）
            if (d==lchild[w]) {// d が w の左の子のとき c を w の左の子とする
                lchild[w]=c;
            }
            else {// d が w の右の子のとき c を w の右の子とする
                rchild[w]=c;
            }
        }
        color[c]=black;
        if (c != 0) {// c が内点のとき c の親を w とする
            parent[c]=w;
        }
        else {// c が外点のとき
            if (color[d] == black) {// d が黒で内点の子をもたないとき
                d=c; delete_rebalance(d,w); // 削除後の再平衡化
            }
        }
        printf("\n"); printf("delete(%d)",data);
    }
    outputarray(maxnode,1);
    tree_traverse(rchild[0],1);
    printf("avail: "); traverse(avail);
    scanf("%d",&data);
  }
}
```

以下は，7.2.3項の二色木の更新例におけるデータを入力として与えたときの上記のプログラムの出力である．すなわち，

1 9 2 8 3 7 4 6 5 4 3 2 8 9 0

を入力として与えたときの上記のプログラムの出力である．なお，紙面の都合で途中を一部省略している．結果が7.2.3項の二色木の更新例と同じであることを確認してほしい．

```
正整数を入力してください．
各数字が奇数回目の出現のときは二色木への insert を行います．
偶数回目の出現のときは二色木からの delete を行います．
終了するときは数字の0を入力してください．

insert(1)
根= 1,  avail= 0,  maxnode= 1
配列の番地     0    1
データ         0    1
```

7.3 二色木のプログラム例

```
色          黒  黒
親          0   0
左子         0   0
右子         1   0
next        0   0
```
点 1 が根であり，データは 1   色は黒 左子は 0 右子は 0 親は 0
avail: ()

insert(9)
根= 1, avail= 0, maxnode= 2
```
配列の番地    0   1   2
データ       9   1   9
色          黒  黒  赤
親          0   0   1
左子         0   0   0
右子         1   2   0
next        0   0   0
```
点 1 が根であり，データは 1   色は黒 左子は 0 右子は 2 親は 0
点 2 はデータ 9 で点 1 の右子 色は赤 左子は 0 右子は 0 親は 1
avail: ()

insert(2), insert(8), insert(3), insert(7), insert(4) の部分を省略

insert(6)
根= 7, avail= 0, maxnode= 8
```
配列の番地    0   1   2   3   4   5   6   7   8
データ       6   1   9   2   8   3   7   4   6
色          黒  黒  黒  赤  赤  黒  黒  黒  赤
親          5   3   4   7   7   3   4   0   6
左子         0   0   0   1   6   0   8   3   0
右子         7   0   0   5   2   0   0   4   0
next        0   0   0   0   0   0   0   0   0
```
点 7 が根であり，データは   4   色は黒 左子は 3 右子は 4 親は 0
点 3 はデータ 2 で点 7 の左子 色は赤 左子は 1 右子は 5 親は 7
点 4 はデータ 8 で点 7 の右子 色は赤 左子は 6 右子は 2 親は 7
点 1 はデータ 1 で点 3 の左子 色は黒 左子は 0 右子は 0 親は 3
点 5 はデータ 3 で点 3 の右子 色は黒 左子は 0 右子は 0 親は 3
点 6 はデータ 7 で点 4 の左子 色は黒 左子は 8 右子は 0 親は 4
点 2 はデータ 9 で点 4 の右子 色は黒 左子は 0 右子は 0 親は 4
点 8 はデータ 6 で点 6 の左子 色は赤 左子は 0 右子は 0 親は 6
avail: ()

insert(5)
根= 7, avail= 0, maxnode= 9
```
配列の番地    0   1   2   3   4   5   6   7   8   9
データ       5   1   9   2   8   3   7   4   6   5
色          黒  黒  黒  赤  赤  黒  赤  黒  黒  赤
親          6   3   4   7   7   3   8   0   4   8
左子         0   0   0   1   8   0   0   3   9   0
```

124   第 7 章　高速データ構造：配列と二色木

```
右子         7   0   0   5   2   0   0   4   6   0
next         0   0   0   0   0   0   0   0   0
点 7 が根であり，データは 4    色は黒  左子は 3   右子は 4   親は 0
点 3 はデータ 2 で点 7 の左子  色は赤  左子は 1   右子は 5   親は 7
点 4 はデータ 8 で点 7 の右子  色は赤  左子は 8   右子は 2   親は 7
点 1 はデータ 1 で点 3 の左子  色は黒  左子は 0   右子は 0   親は 3
点 5 はデータ 3 で点 3 の右子  色は黒  左子は 0   右子は 0   親は 3
点 8 はデータ 6 で点 4 の左子  色は黒  左子は 9   右子は 6   親は 4
点 2 はデータ 9 で点 4 の右子  色は黒  左子は 0   右子は 0   親は 4
点 9 はデータ 5 で点 8 の左子  色は赤  左子は 0   右子は 0   親は 8
点 6 はデータ 7 で点 8 の右子  色は赤  左子は 0   右子は 0   親は 8
avail: ()

delete(4)
根= 7,  avail= 5,  maxnode= 9
配列の番地   0   1   2   3   4   5   6   7   8   9
データ           4   1   9   2   8   3   7   3   6   5
色               黒  赤  黒  黒  赤  黒  赤  黒  黒  赤
親               6   3   4   7   7   3   8   0   4   8
左子             0   0   0   1   8   0   0   3   9   0
右子             7   0   0   0   2   0   0   4   6   0
next             0   0   0   0   0   0   0   0   0
点 7 が根であり，データは 3    色は黒  左子は 3   右子は 4   親は 0
点 3 はデータ 2 で点 7 の左子  色は黒  左子は 1   右子は 0   親は 7
点 4 はデータ 8 で点 7 の右子  色は赤  左子は 8   右子は 2   親は 7
点 1 はデータ 1 で点 3 の左子  色は赤  左子は 0   右子は 0   親は 3
点 8 はデータ 6 で点 4 の左子  色は黒  左子は 9   右子は 6   親は 4
点 2 はデータ 9 で点 4 の右子  色は黒  左子は 0   右子は 0   親は 4
点 9 はデータ 5 で点 8 の左子  色は赤  左子は 0   右子は 0   親は 8
点 6 はデータ 7 で点 8 の右子  色は赤  左子は 0   右子は 0   親は 8
avail: (5)

delete(3)
根= 7,  avail= 3,  maxnode= 9
配列の番地   0   1   2   3   4   5   6   7   8   9
データ           3   1   9   2   8   3   7   2   6   5
色               黒  黒  黒  黒  赤  黒  赤  黒  黒  赤
親               6   7   4   7   7   3   8   0   4   8
左子             0   0   0   1   8   0   0   1   9   0
右子             7   0   0   0   2   0   0   4   6   0
next             0   0   0   5   0   0   0   0   0
点 7 が根であり，データは 2    色は黒  左子は 1   右子は 4   親は 0
点 1 はデータ 1 で点 7 の左子  色は黒  左子は 0   右子は 0   親は 7
点 4 はデータ 8 で点 7 の右子  色は赤  左子は 8   右子は 2   親は 7
点 8 はデータ 6 で点 4 の左子  色は黒  左子は 9   右子は 6   親は 4
点 2 はデータ 9 で点 4 の右子  色は黒  左子は 0   右子は 0   親は 4
点 9 はデータ 5 で点 8 の左子  色は赤  左子は 0   右子は 0   親は 8
点 6 はデータ 7 で点 8 の右子  色は赤  左子は 0   右子は 0   親は 8
avail: (3  5)
```

7.3 二色木のプログラム例

```
delete(2)
根= 4,  avail= 1,  maxnode= 9
配列の番地   0   1   2   3   4   5   6   7   8   9
データ       2   1   9   2   8   3   7   1   6   5
色              黒  黒  黒  黒  黒  黒  黒  赤  赤
親           6   7   4   7   0   3   8   8   4   7
左子         0   0   0   1   8   0   0   0   7   0
右子         4   0   0   0   2   0   0   9   6   0
next         0   3   0   5   0   0   0   0   0   0
点 4 が根であり,  データは  8  色は黒  左子は 8  右子は 2  親は 0
点 8 はデータ  6 で点 4 の左子  色は赤  左子は 7  右子は 6  親は 4
点 2 はデータ  9 で点 4 の右子  色は黒  左子は 0  右子は 0  親は 4
点 7 はデータ  1 で点 8 の左子  色は黒  左子は 0  右子は 9  親は 8
点 6 はデータ  7 で点 8 の右子  色は黒  左子は 0  右子は 0  親は 8
点 9 はデータ  5 で点 7 の右子  色は赤  左子は 0  右子は 0  親は 7
avail: (1  3  5)

delete(8)
根= 4,  avail= 6,  maxnode= 9
配列の番地   0   1   2   3   4   5   6   7   8   9
データ       8   1   9   2   7   3   7   1   6   5
色              黒  黒  黒  黒  黒  黒  黒  赤
親           8   7   4   7   0   3   8   9   9   4
左子         0   0   0   1   9   0   0   0   0   7
右子         4   0   0   0   2   0   0   0   0   8
next         0   3   0   5   0   0   1   0   0   0
点 4 が根であり,  データは  7  色は黒  左子は 9  右子は 2  親は 0
点 9 はデータ  5 で点 4 の左子  色は赤  左子は 7  右子は 8  親は 4
点 2 はデータ  9 で点 4 の右子  色は黒  左子は 0  右子は 0  親は 4
点 7 はデータ  1 で点 9 の左子  色は黒  左子は 0  右子は 0  親は 9
点 8 はデータ  6 で点 9 の右子  色は黒  左子は 0  右子は 0  親は 9
avail: (6  1  3  5)

delete(9)
根= 9,  avail= 2,  maxnode= 9
配列の番地   0   1   2   3   4   5   6   7   8   9
データ       9   1   9   2   7   3   7   1   6   5
色              黒  黒  黒  黒  黒  黒  黒  赤  黒
親           8   7   4   7   9   3   8   9   4   0
左子         0   0   0   1   8   0   0   0   0   7
右子         9   0   0   0   0   0   0   0   0   4
next         0   3   6   5   0   0   1   0   0   0
点 9 が根であり,  データは  5  色は黒  左子は 7  右子は 4  親は 0
点 7 はデータ  1 で点 9 の左子  色は黒  左子は 0  右子は 0  親は 9
点 4 はデータ  7 で点 9 の右子  色は黒  左子は 8  右子は 0  親は 9
点 8 はデータ  6 で点 4 の左子  色は赤  左子は 0  右子は 0  親は 4
avail: (2  6  1  3  5)
```

7.4 演習問題

7.1 空の二色木 T と data structures and algorithms という文字列が与えられたとき，文字列の前から文字を読んでいき，各文字（空白文字は無視する）に対して T にないときは挿入し，T にあるときは削除して得られる T を途中の更新経過を，色交換，単回転，双回転のいずれをしたかを省略せずに，図示せよ．すなわち，

> insert(d), insert(a), insert(t), delete(a), insert(s), delete(t), insert(r), insert(u), insert(c), insert(t), delete(u), delete(r), insert(e), delete(s), insert(a), insert(n), delete(d), delete(a), insert(l), insert(g), insert(o), insert(r), insert(i), delete(t), insert(h), insert(m), insert(s)

を実行することになる．ただし，以下の変換を用いること．

a	b	c	d	e	f	g	h	i	j	k	l	m	n
11	12	13	14	15	16	17	18	19	20	21	22	23	24

o	p	q	r	s	t	u	v	w	x	y	z
25	26	27	28	29	30	31	32	33	34	35	36

したがって，実際には

> insert(14), insert(11), insert(30), delete(11), insert(29), delete(30), insert(28), insert(31), insert(13), insert(30), delete(31), delete(28), insert(15), delete(29), insert(11), insert(24), delete(14), delete(11), insert(22), insert(17), insert(25), insert(28), insert(19), delete(30), insert(18), insert(23), insert(29)

を実行することになる．

7.2 前問の問題に対して 7.3 節の二色木のプログラムを走らせても（表示は異なるが）同一の結果が得られることを確認せよ．

7.3 7.2.3 項の二色木の更新例で示したような更新の様子を可視化する（画面に表示する）アニメーションプログラムを Java 言語で作成して実行せよ．

＃ 第8章　基本データ構造4：配列とハッシング

> 本章の目標は，辞書の探索と更新の操作を平均的に $O(1)$ 時間で行うハッシングの基礎的な考え方を理解することである．

8.1　ハッシング

集合 $X \subset U$（$n = |X|$）を表現する二分探索木では，探索と更新の三つの操作 search, insert, delete が，いずれも木の深さに比例する計算時間でできることを示した．また，二色木では，木の深さが $O(\log n)$ になることを示した．本章では，さらに進めて，平均的に $O(1)$ 時間で上記の三つの操作を行うハッシングの基本的な考え方について述べる．

本章では，U は 0 から $N-1$ までの整数の集合，すなわち $U = \{0, 1, 2, \ldots, N-1\}$，であるとし，$N$ は集合 X のサイズ n に比べて極めて大きいと仮定する．この仮定は極めて重要である．実際，$N = O(n)$ のときは，サイズ N の配列 A を用いて，$x \in X$ のとき $A[x] = 1$，$x \notin X$ のとき $A[x] = 0$ として，$X \subset U$ を表現でき，search, insert, delete の三つの操作が自明に $O(1)$ 時間でできるからである．

ハッシング (hashing) の原理は極めて単純である．集合 U から $\mathbf{N}_m = \{0, 1, 2, \ldots, m-1\}$[1] への関数 h（これを**ハッシュ関数** (hash function) と呼ぶ）とサイズ m の配列 $H[0..m-1]$ の**ハッシュ表** (hash table) からなる[2]．そして，集合 $X \subset U$ の要素 $x \in X$ を $H[h(x)]$ に記憶する．すると，search は極めて簡単にできる．$h(x)$ を計算して，$H[h(x)]$ を見るだけでよい．しかし，ある二つの異

---

[1] 本書では，任意の正整数 k に対して $\mathbf{N}_k$ は，0 から $k-1$ までの整数の集合を表す．すなわち，$\mathbf{N}_k = \{0, 1, 2, \ldots, k-1\}$ である．
[2] $H[0..m-1]$ はサイズ m の配列 H で，その番地が 0 から $m-1$ までであることを表す．

なる $x, y \in X$ に対して，$h(x) = h(y)$（これを**衝突** (collision) という）となったらどうするのかという問題が起こる[3]．

衝突への対処法として，**チェーン法** (chaining) と**オープンアドレス法** (open addressing) の二通りの方法がよく用いられる．オープンアドレス法は，領域の面で有利である．しかし，delete の操作が複雑となるので，本書では，チェーン法のみを取り上げる．そして，ランダム化（乱択化）技法を用いて，入力によらずに，各操作の 1 回当たりの計算時間が O(1) となる普遍ハッシングについて述べる．

8.2　チェーン法によるハッシング

チェーン法では，ハッシュ表 H は複数のリストへのヘッダーを構成する．したがって，集合 $X \subset U$ は m 個のリストとして表現される（図 8.1）．実際，$H[i]$ は，$h(x) = i$ となる X の要素 x 全体からなる i 番目のリストの先頭へのポインターと見なせるので，以下，単に $H[i]$ を i 番目のリストと呼ぶことにする．したがって，探索 search(x) の操作は以下のようにして実現できる．

探索 search(x)

1. $h(x)$ を計算する．
2. リスト $H[h(x)]$ 内で x を探索する．

挿入 insert(x) および削除 delete(x) の操作も同様に実現できる．挿入 insert(x) ではリスト $H[h(x)]$ に x を挿入するだけでよい．また，削除 delete(x) ではリスト $H[h(x)]$ から x を削除すればよい．

ハッシングの計算時間を解析しよう．h の評価（すなわち，どの $x \in U$ に対しても $h(x)$ の計算）は，O(1) 時間でできるものとする．すると，要素 $x \in U$ に関する三つの操作はいずれも（1 + リスト $H[h(x)]$ の長さ）の計算時間でできる．すなわち，リスト $H[h(x)]$ の長さを $\delta_h(x)$ とすれば要素 $x \in U$ に関する三つの操作はいずれも $O(1 + \delta_h(x))$ 時間でできる．したがって，ハッシングの最悪のケースは，X のすべての要素に対してハッシュ関数の値が等しいときに起こる．このときには，ハッシングは線形リストの探索となってしまい，三つのどの操作も $O(n)$

---
[3] 衝突が生じなければ search, insert, delete の三つの操作が O(1) 時間でできることは明らかであろう．もちろん，どの $x \in U$ に対しても $h(x)$ の計算は O(1) 時間でできるとしている．

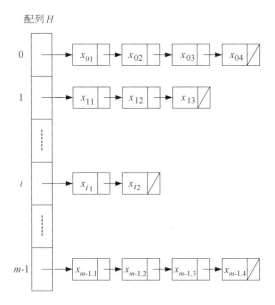

図 **8.1** チェーン法によるハッシング

時間となる.

しかし,扱うデータがランダムで偏りが少ないときには,ハッシングの平均的性能はこれよりずっと良くなる.そこで,空のハッシュ表から始めて,ℓ 回の連続する search(x), insert(x), delete(x) の三つの操作の系列で出てくる x の列を,

$$x_1, x_2, \ldots, x_\ell$$

とする.さらに,次のような確率分布を仮定する.なお,$h^{-1}(i)$ は $h^{-1}(i) = \{x \in U \mid h(x) = i\}$ として定義される.

1. ハッシュ関数 $h : U \to \mathbf{N}_m$ は一様分布する,すなわち,任意の $i, i' \in \mathbf{N}_m$ に対して $|h^{-1}(i)| = |h^{-1}(i')|$ である.
2. U のどの要素も $x_1, x_2, \ldots, x_\ell$ に等確率で生じる,すなわち,系列の k 番目の操作の引き数 x_k が,ある $x \in U$ である確率は $1/N$ である.

これらの仮定は,k 番目の操作の引き数 x_k に対するハッシュ関数の値 $h(x_k)$ が

$\mathbf{N}_m$ に一様分布すること,すなわち,任意の $k = 1, 2, \ldots, \ell$ および任意の $i \in \mathbf{N}_m$ に対して,$h(x_k) = i$ となる確率 $\Pr(h(x_k) = i)$ が,

$$\Pr(h(x_k) = i) = \frac{1}{m}$$

となることを意味している.

これらの仮定のもとで,k 番目の操作の後では $(x_1, x_2, \ldots, x_k$ がすべて insert に付随するものであっても)どのリストも長さの期待値が $\frac{k}{m}$ 以下となり,$(k+1)$ 番目の操作の計算時間の期待値は $\mathrm{O}(1 + \frac{k}{m})$ となる.したがって,ℓ 回の操作すべての計算時間の期待値の総和は $\mathrm{O}(\ell + \frac{\ell(\ell-1)}{2m})$ となり,1 回の操作の計算時間の期待値は $\mathrm{O}(1 + \frac{\ell-1}{2m})$ となる.これら ℓ 回の操作後にハッシュ表で管理されている X の要素数 n はもちろん $n \leq \ell$ であるので,$\alpha = \frac{n}{m}$ とおけばこれは $\mathrm{O}(1 + \frac{\alpha}{2})$ となる.なお,$\alpha = \frac{n}{m}$ はハッシュ表の**占有率**と呼ばれる.

8.3 普遍ハッシング:乱択化技法の応用

前節で眺めたように,実際の入力の確率分布がわかっていて,ある仮定が成立するときには,ハッシングにおける辞書の各操作は,平均で $\mathrm{O}(1)$ 時間,最悪で $\mathrm{O}(n)$ 時間になる.一方,**普遍ハッシング** (universal hashing) は,アルゴリズムのほうでランダム化(乱択化)技法を用いて,実際の入力の確率分布がわからないときでも,最悪の場合の $\mathrm{O}(n)$ 時間に対処する方法である.

普遍ハッシングでは,単独のハッシュ関数ではなく,ある性質を満たすハッシュ関数のクラス $\mathcal{H}$ を考える.$\mathcal{H}$ が適切に選ばれていれば,任意の $X \subset U$ に対して,$\mathcal{H}$ のほとんどすべての h で X の要素をハッシュ表に均等に分布させることができる.すなわち,どの集合 $X \subset U$ に対しても,辞書の各操作の計算時間の期待値は小さくなる.なお,この場合の期待値はクラス $\mathcal{H}$ の関数に関してとられる.すなわち,アルゴリズム自体にランダム性をもたせていて,入力にはもたせていないことに注意しよう.このようなアルゴリズムは**乱択アルゴリズム** (randomized algorithm) と呼ばれる.

8.3.1 ハッシュ関数に要求される性質

クラス $\mathcal{H}$ のハッシュ関数 $h : U \to \mathbf{N}_m = \{0, 1, 2, \ldots, m-1\}$ に要求される性質は以下のようなものである.

8.3 普遍ハッシング：乱択化技法の応用

1. （**普遍性**）任意の異なる 2 要素 $u, v \in U$ およびクラス $\mathcal{H}$ からランダムに選ばれたハッシュ関数 $h \in \mathcal{H}$ に対して，$h(u) = h(v)$ が成立する確率は $\frac{1}{m}$ 以下である．すなわち，任意の異なる $u, v \in U$ に対して，

$$|\{h \in \mathcal{H} \mid h(u) = h(v)\}| \leq \frac{1}{m}|\mathcal{H}|$$

   である．

2. （**簡潔性と計算容易性**）どの $h \in \mathcal{H}$ も簡潔に表現できて，任意に与えられた $h \in \mathcal{H}$ と $u \in U$ に対して，$h(u)$ は効率的に計算できる．

もちろん，すべての関数 $h : U \to \mathbf{N}_m = \{0, 1, 2, \ldots, m-1\}$ の集合は，上記のクラス $\mathcal{H}$ にはなり得ない．関数 $h : U \to \mathbf{N}_m$ には，すべての $u \in U$ で $h(u)$ を明示しないと表現できないようなものも存在するからである．

8.3.2 要求される性質を満たすハッシュ関数のクラス $\mathcal{H}$

整数論を利用すると，要求される性質（普遍性，簡潔性，計算容易性）を満たすハッシュ関数のクラスを得ることができる．以下それを説明する[4]．

p として m とほぼ同じ大きさの素数を選び，これ以降，$m = p$ とする．さらに，ある整数 r と $0 \leq u_i < p$ を用いて U の各要素 u が $u = (u_1, u_2, \ldots u_r)$ と表現されているとする．たとえば，任意の $u \in U = \{0, 1, 2, \ldots, N-1\}$ に対して，u を $1 + \lfloor \log N \rfloor$ ビット用いて 2 進数表現したとき，連続する $\lfloor \log p \rfloor$ ビットで区切って得られる部分が各 u_k $(k = 1, 2, \ldots, r)$ に対応する $(r \approx (\log N)/\log p)$．$\mathcal{A}$ を，

$$\mathcal{A} = \{a = (a_1, \ldots, a_r) \mid a_i \in \mathbf{N}_p = \{0, 1, 2, \ldots, p-1\} \ (i = 1, 2, \ldots, r)\}$$

と定義する．そして，任意の $a \in A$ に対して，

$$h_a(u) = \left(\sum_{i=1}^{r} a_i u_i \right) \mod p \tag{8.1}$$

として $h_a : U \to \mathbf{N}_p = \{0, 1, 2, \ldots, p-1\}$ を定義する（$a \mod p$ は a を p で割っ

---

[4] 本書の説明は，J. Kleinberg and E. Tardos: *Algorithm Design*, Addison-Wesley, 2005 （日本語訳：浅野孝夫，浅野泰仁，小野孝夫，平田富夫：『アルゴリズムデザイン』，共立出版，2008）からの引用である．確率論の基礎的な知識を前提としている．

たときの余り）．すると，クラス $\mathcal{H} = \{h_a \mid a \in \mathcal{A}\}$ は，要求される性質（普遍性，簡潔性，計算容易性）を満たすハッシュ関数のクラスとなる．2. の簡潔性，計算容易性は明らかである．そこで，以下では，クラス $\mathcal{H}$ の普遍性について議論する．なお，上記のような素数 p は素数表を用いて得ることができる．

8.3.3 ハッシュ関数のクラス $\mathcal{H}$ の普遍性の証明

任意の異なる $x, y \in U$ に対して，前述のように，$x = (x_1, x_2, \ldots, x_r)$，$y = (y_1, y_2, \ldots, y_r)$ と表現されているとする．以下では，任意の $a \in \mathcal{A}$ に対して，$h_a(x) = h_a(y)$ となる確率が高々 $\frac{1}{p}$ であることを証明する．

$x = (x_1, x_2, \ldots, x_r)$ と $y = (y_1, y_2, \ldots, y_r)$ は異なるので，$x_j \neq y_j$ となるような $j \in \{1, 2, \ldots, r\}$ が存在する．そのような j を一つ選び，第 j 成分以外はすべて a と同じになる要素 a' の集合，すなわち，

$$\mathcal{A}_j(a) = \{a' = (a'_1, \ldots, a'_r) \in \mathcal{A} \mid j \text{ 以外のすべての } i \text{ で } a'_i = a_i\}$$

を考える．もちろん，$a \in \mathcal{A}_j(a)$ で $|\mathcal{A}_j(a)| = p$ である．いま，$h_a(x) = h_a(y)$ とする．すると，$\sum_{i=1}^{r} a_i(x_i - y_i) \mod p = 0$ より，

$$a_j(y_j - x_j) = \sum_{i \neq j} a_i(x_i - y_i) \mod p$$

となる．この式の右辺を q_a とおく．すると，$a_j(y_j - x_j) = q_a \mod p$ となる．$z = y_j - x_j$ とおけば，$x_j, y_j \in \mathbf{N}_p$ かつ $x_j \neq y_j$ より $z \neq 0 \mod p$ であり，$a_j = z^{-1} q_a \mod p$ と書ける．同様に，任意の $a' \in \mathcal{A}_j(a)$ に対して $h_{a'}(x) = h_{a'}(y)$ とすると，$a'_j = z^{-1} q_a \mod p$ となるので $a' = a$ が得られる．したがって，任意の $a' = (a_1, \ldots, a_{j-1}, a'_j, a_{j+1}, \ldots, a_r) \in \mathcal{A}_j(a)$ に対して，$a' \neq a$ ならば，$a'_j \neq a_j = z^{-1} q_a \mod p$ となるので $h_{a'}(x) \neq h_{a'}(y)$ である．すなわち，任意に選ばれた $a' = (a_1, \ldots, a_{j-1}, a'_j, a_{j+1}, \ldots, a_r) \in \mathcal{A}_j(a)$ に対して，$h_{a'}(x) = h_{a'}(y)$ となる確率は $\frac{1}{p}$ である．$b_j = a_j$ となる任意の $b = (b_1, \ldots, b_r) \in \mathcal{A}$ に対して，

$$\mathcal{A}_j(b) = \{b' = (b'_1, \ldots, b'_r) \in \mathcal{A} \mid j \text{ 以外のすべての } i \text{ で } b'_i = b_i\}$$

としても同様のことが言える．すなわち，任意の異なる $x, y \in U$ および任意の $a \in \mathcal{A}$ に対して，$h_a(x) = h_a(y)$ となる確率が $\frac{1}{p}$ であることが証明できた．

以上のことより，クラス $\mathcal{H}$ は普遍性を満たすことが言えた．

8.3.4 クラス $\mathcal{H}$ を用いた普遍ハッシング

クラス $\mathcal{H} = \{h_a \mid a \in \mathcal{A}\}$ から任意に選ばれた関数 h_a とサイズ $m = p$ の任意の集合 $X \subset U$ に対して，任意の要素 $u \in U$ が衝突する X の要素の個数，すなわち，$|\{x \in X \mid h_a(x) = h_a(u)\}|$，の期待値は定数となる．実際，確率変数 Y を，ランダムに選ばれた $h_a \in \mathcal{H}$ に対して $h_a(x) = h_a(u)$ となる $x \in X$ の個数として定義すれば，$\mathbf{E}[Y] \leq 1$ が得られる．これは，$x \in X$ に対して確率変数 Y_x を，任意の $u \in U$ に対して $h_a(x) = h_a(u)$ ならば $Y_x = 1$，そうでなければ ($h_a(x) \neq h_a(u)$ ならば) $Y_x = 0$ として定義すると，クラス $\mathcal{H} = \{h_a \mid a \in \mathcal{A}\}$ が要求される性質を満たすので，$\mathbf{E}[Y_x] = \Pr[Y_x = 1] \leq \frac{1}{m}$ となり，期待値の線形性より，

$$\mathbf{E}[Y] = \sum_{x \in X} \mathbf{E}[Y_x] \leq |X| \cdot \frac{1}{m} \leq 1$$

となることから，得られる．

8.2 節で述べたように，要素 $x \in U$ に関する三つの操作はいずれも (1 + リスト $H[h(x)]$ の長さ) の計算時間でできるので，したがって，要素 $x \in U$ に関する三つの操作はいずれも，期待値として，O(1) 時間でできることが得られた．

8.3.5 普遍ハッシングのプログラム例

以下のハッシュの基本関数のライブラリプログラム (ファイル名 hashlibrary.h) を用いて，ハッシュ表を更新するプログラムを与える．このライブラリプログラムは，リストの基本関数のライブラリプログラム (ファイル名 listlibrary.h) の関数とほぼ同様に，10 個の関数 `empty_hash_construct()` (空のハッシュ表を構成する関数)，`hashfunc(data,a)` (式 (8.1) に基づいて data のハッシュ値を計算するハッシュ関数)，`search(data)` (data を探索する関数)，`get_node()` (新しいノードを獲得する関数)，`free_node(d)` (ノード d を解放する関数)，`insert(h,data,pred,u)` (data をノード u に格納し u をハッシュ値 h のリストでノード pred の次に挿入する関数)，`delete(h,pred)` (ハッシュ値 h のリストでノード pred の次のノードを削除する関数)，`traverse(from)` (ノード from からのノードを出力する関数)，`outputhfirst()` (配列 hfirst の内容を出力する関数)，`outputarray(maxnode)` (1 番地から maxnode 番地まで配列 name と next の内容を出力する関数) からなる．なお，簡単化のため，用いる素数 p は $p = 17$ としている．用途に応じて素数

p の値を変えることが必要であることに注意しよう.

```
// ハッシュの基本関数のライブラリプログラム（整数版）
#define maxsize      1000    // ハッシュ表のサイズの上限
#define p              17    // ハッシュで用いる素数
#define sentinel        0    // 番兵
#define false           0
#define true            1
int hfirst[p+1];       // ハッシュ表
int name[maxsize+1];   // ハッシュで記憶される要素
int next[maxsize+1];   // 同一のハッシュ値を持つ要素をリストで表現
    // この三つの配列でリストのノードを表現
    // 各ハッシュ値 h に対してハッシュ値 h を持つ要素のリストの先頭は hfirst[h]
    // hfirst[h]==0 はそのリストが空であることを表す
    // リストの最後のノードは実際にはないダミーの空のノード 0
int avail;
    // 再利用可能なノードのリストの先頭を指すポインター
    // avail==0 は再利用可能なノードのリストが空であることを表す
int maxnode; // リストを実現する二つの配列 name と next の番地の最大値
int found;
void empty_hash_construct(void){// 空のハッシュ表を構成する関数
    int h;
    avail=0; maxnode=0;
    for (h=0; h<= p+1; h++) hfirst[h]=0;
}
int hashfunc(int data, int a){// ハッシュ値 h_a(data) の計算
    int dtemp,damari,atemp,aamari,q;
    int h,i,k,r;
    k=1; q=1;
    while (p>q) {
       k++; q=2*q;
    } // 2^{k-1}<p<=q=2^k
    k--; q=q/2; // 2^k=q<p<=2q 以下では p=2^k+1=q+1 の素数を選んでいるものとする
    r=32/k; // k は 32 の約数なるようにする 2^{32}==2147483648 は最大整数+1
    if (32%k!=0) r=r+1; // k が 32 の約数でないとき
    dtemp=data; atemp=a; h=0;
    for (i=1; i<= r; i++) {
       damari=dtemp%q; aamari=atemp%q; h=h+damari*aamari;
       dtemp=dtemp/q; atemp=atemp/q;
    }
    if (dtemp!=0) printf("error dtemp=%d: ",dtemp);
    if (atemp!=0) printf("error atemp=%d: ",atemp);
//    printf("damari=%d: ",damari);
    h=h%p;
    return(h);
}
int search(int h, int data){ // data を探索する関数
// data を記憶しているノードが存在するときには found は true となり，
// 存在しないときには found は false となる
```

8.3 普遍ハッシング：乱択化技法の応用

```
   // data を記憶しているノードが存在するとき直前のノードを指すポインター pred を返す
   int pred;
   found=false; // data を記憶しているノードが見つかったときに ture とする
   name[0]=data; // リストの最後のダミーノード 0 に data を記憶し番兵の働きをする
   pred=0; // next[pred] は最初リストの先頭を指す
   next[pred]=hfirst[h];
       // next[pred]==next[0] はハッシュ値 h を持つ要素からなるリストの先頭を指す
   while (name[next[pred]]!=data) pred=next[pred];
       // data が記憶されているノードの直前のノードを pred が指すようにする
   if (next[pred]==sentinel) {
       // data が記憶されているノードはダミーノード 0 (data はリストにない)
       // found==false
       return 0;
   }
   else {// data が記憶されているノードが実際に存在し，その直前のノードは pred
       found=true;
       return pred;   // pred==0 のときにはリストの先頭のノードが data を記憶している
   }
}
int get_node(void){// 新しいノード u を獲得する関数
   int u;
   if (avail!=0) {// 再利用可能ノードのリストは空でない
       u=avail; avail=next[avail]; next[u]=0;
   }
   else {// 再利用可能ノードのリストは空である
       maxnode=maxnode+1; u=maxnode;
   }
   return(u);
}
void free_node(int d){// ノード d を削除し再利用可能ノードのリストに追加する
   next[d]=avail; avail=d;
}
void insert(int h, int data, int pred, int u){
   // ハッシュ値 h のリストに pred の次のノードとして u を挿入し u に data を格納する
   u=get_node();
   printf("\ninsert(%d,data=%d)",h,data);
   name[u]=data;
   next[u]=next[pred];
   if (pred != 0) {
       next[u]=next[pred];
       next[pred]=u;
   }
   else {// pred==0 のときは u はリストの先頭になる
       next[u]=hfirst[h];
       hfirst[h]=u;
   }
}
void delete(int h, int pred){// ノード pred の次のノードをリストから削除する
   int u;
```

```
    printf("\ndelete(%d,data=%d)",h, name[next[pred]]);
    u=next[pred];
    if (pred != 0) next[pred]=next[u];
    else hfirst[h]=next[u];
    free_node(u);
}
void traverse(int from){// ノード from から後のノードを順番に出力
    int cursor;
    printf("(");
    if (from != 0) {
        printf("%d (%d)",from,name[from]);
        cursor=next[from];
        while (cursor!=0){
            printf("%3d (%d)",cursor,name[cursor]);
            cursor=next[cursor];
        }
    }
    printf(")\n");
}
void outputhfirst(void){// 配列 hfirst の内容を出力
    int i;
    printf("\n        ");
    for (i=0; i<= p-1; i++) {printf("%4d",i);}
    printf("\nhfirst");
    for (i=0; i<= p-1; i++) {printf("%4d",hfirst[i]);}
    printf("\n");
}
void outputarray(int maxnode){// 二つの配列 name と next の内容を出力
    int i;
    printf("avail= %2d, maxnode= %2d ", avail, maxnode);
    printf("\n        ");
    for (i=0; i<= maxnode; i++) {printf("%5d",i);}
    printf("\nname   ");
    for (i=0; i<= maxnode; i++) {printf("%5d",name[i]);}
    printf("\nnext   ");
    for (i=0; i<= maxnode; i++) {printf("%5d",next[i]);}
    printf("\n");
}
```

以下は，空のハッシュ表に正整数の列を入力して，各正整数が奇数回目の出現のときは対応するハッシュリストの先頭へ挿入し，偶数回目の出現のときは対応するハッシュリストから削除する普遍ハッシングのプログラム例である．

```
// hash.c（整数版）
// 空のリストにから整数の列を入力して，
// 各整数が奇数回目の出現のときはハッシュリストの先頭へ挿入
// 偶数回目の出現のときはハッシュリストから削除
```

```
#include <stdio.h>
#include <stdlib.h>
#include "hashlibrary.h" // ハッシュの基本関数のライブラリプログラムの読み込み
void main(){
   int u; // 対象とするノードを指すポインター
   int pred;
   int a,data; // データは整数
   int h,i,k,r;
   a=rand(); // rand() は 0 から最大整数までの整数乱数を発生する関数
   empty_hash_construct();
   printf("空のハッシュリストから始めます\n");
   printf("正整数を入力してください\n"); // 入力は 1 から 2147483647 の整数
   printf("終了するときは数字の 0 を入力してください\n");
   printf("各正整数が奇数回目の出現のときはハッシュリストの先頭へ挿入\n");
   printf("各正整数が偶数回目の出現のときはハッシュリストから削除\n");
   scanf("%d",&data);
   while (data!=0) {
      h=hashfunc(data,a);
      pred=search(h,data); // data を含むノードの探索
      if (found) delete(h,pred); // リストからの data を記憶しているノードを削除
      else insert(h,data, 0, u); // 新ノード u に data を記憶しリストの先頭へ挿入
      outputhfirst();
      outputarray(maxnode);
      for (i=0; i<= p-1; i++) {
         printf("hfirst[%d]: ",i);
         traverse(hfirst[i]);
      }
      printf("avail: "); traverse(avail);
      scanf("%d",&data);
   }
}
```

上記のプログラムの実行は演習問題とする．

8.4 演習問題

8.1 8.3.5 項の普遍ハッシングのプログラムに，

100 200 300 400 500 600 700 300 500 100 300 0

を入力として与えたときの出力を確認せよ．

8.2 8.3.5 項の普遍ハッシングのプログラムの素数 $p = 17$ をほかの素数に変えて，様々なデータを入力として与えたときの出力を確認せよ．

第9章　基本データ構造5：
配列と集合ユニオン・ファインド森

> 本章の目標は，集合ユニオン・ファインド森におけるサイズによる吸収合併とパス圧縮を理解し，ならし計算時間を理解することである．

9.1　集合ユニオン・ファインドデータ構造

これまで集合における様々な操作をサポートするデータ構造について議論してきた．具体的には，(順序)集合 X に対する三つの操作 search (member), insert, delete の操作をサポートする辞書と，順序集合 X に対する四つの操作 insert, findmin, deletemin, decreasekey をサポートする優先度付きキューについて議論してきた．そして辞書を木構造で実現する二分探索木（二色木）と優先度付きキューを木構造で実現するヒープについて述べた．

本章では，集合に対するさらなる操作を考え，それらの操作をサポートするデータ構造について述べる．具体的には，(順序集合とは限らない) 集合 S の分割である，互いに素な部分集合の族に対して，以下の三つの操作を効率的に実行するためのデータ構造を与える．

1. make-union-find(S)：S の各要素が単独で部分集合を形成する集合 S 上の集合族を構築する．
2. find(x)：S の要素 x を含む部分集合（の名前）を返す．
3. union(x, y)：S の要素 x を含む部分集合 X と S の要素 y を含む部分集合 Y を合併する．ただし $X \cap Y = \emptyset$ を仮定している．さらに，部分集合 X, Y は集合族から除去され，部分集合 $X \cup Y$ が集合族に入る．

上記の三つの操作をサポートするデータ構造は，**集合ユニオン・ファインド**

データ構造 (union-find data structure) と呼ばれる．なお，上記の三つの操作で，集合 S の要素が新しく生じることはないことに注意しよう．以下では，最初 make-union-find(S) が行われて，集合族の各部分集合は 1 個の要素からなるものとする．なお，make-union-find(S) は全体を通しても最初の 1 回しか行われない．さらに，集合族に含まれる異なる部分集合の個数は union の操作を 1 回するごとに 1 個減るので，$|S| = n$ とすると，union の操作は高々 $n-1$ 回しか行われない．

集合ユニオン・ファインドデータ構造としては，様々なデータ構造が提案されてきた．本章では，最初に単純なデータ構造について述べ，その後に木構造のデータ構造について述べる．

9.2 単純な集合ユニオン・ファインドデータ構造

この単純な集合ユニオン・ファインドデータ構造では，配列 setname を用いて，S の各要素に対して現在その要素を含んでいる部分集合の名前をその配列に記憶して管理する．より具体的には以下のとおりである[1]．

集合 S は n 個の要素 $\{1, \ldots, n\}$ からなると一般性を失うことなく仮定できる．そこで，サイズ n の配列 setname を用意し，setname[s] は，要素 $s \in S$ を含む部分集合の名前であるとする．すると，make-union-find(S) は，すべての $s \in S$ に対して setname[s] = s と設定すればよいので，$O(n)$ 時間でできる．find(v) は setname[v] を返せばよいので，$O(1)$ 時間でできる．一方，二つの部分集合 A, B に対する union(A, B) は，$O(n)$ 時間かかることもある．二つの部分集合 A, B のすべての要素 s に対して，setname[s] の値を更新しなければならないからである．

二つの部分集合 A, B に対する union(A, B) の $O(n)$ 時間を改善するための工夫を以下に与える．

まず，各部分集合に属する要素をリストで管理することにする．これにより，更新しなければならない要素を探すときに，配列全体を調べなくてよいことになる．さらに，union(A, B) で新たに得られる和集合の名前として，元の二つの部分集合のうちの一方の名前，たとえば，A の名前，を用いることにする．これにより，計算時間を多少節約できる．実際，$s \in B$ に対しては setname[s] の値を更新しな

---

[1] 本節の説明の一部は，J. Kleinberg and E. Tardos: *Algorithm Design*, Addison-Wesley, 2005 (日本語訳：浅野孝夫，浅野泰仁，小野孝夫，平田富士：『アルゴリズムデザイン』，共立出版，2008) からの引用である．

ければならないが，$s \in A$ に対しては更新をしなくてもよいことになるからである．しかし，部分集合 B が大きいときには，このままではあまりうまくいかないので，さらなる工夫を行う．そこで，部分集合 B が A より大きいときには，B の名前はそのままにしておいて，代わりすべての $s \in A$ に対して setname[s] を更新するようにする．すなわち，以下のように，サイズによる吸収合併を行う．

サイズによる吸収合併：任意の二つの部分集合 A, B に対する union(A, B) では，新たに得られる和集合 $A \cup B$ の名前として，元の二つの部分集合 A, B のうちでサイズが大きいか等しいほうの名前を用いる．

サイズによる吸収合併を効率的に行うために，サイズ n の配列 size をさらに用意して，部分集合 A のサイズを size[A] で管理する．より正確には，すべての $a \in A$ に対して setname[a] = s_a であるとき，部分集合 A のサイズを size[s_a] で管理する．そして，すべての $a \in A$ に対して setname[a] = s_a であり，すべての $b \in B$ に対して setname[b] = s_b であるとき，二つの部分集合 A, B に対する union(A, B) は，union(s_a, s_b) として実現されるとする．このとき，union(s_a, s_b) は，size[s_a] $\geq$ size[s_b] ならば，すべての $b \in B$ に対して setname[b] = s_a とし，その後 size[s_a] = size[s_a] + size[s_b] とする．そうではなく size[s_a] < size[s_b] ならば，すべての $a \in A$ に対して setname[a] = s_b とし，その後 size[s_b] = size[s_a] + size[s_b] とする．このようにすると，setname の値を更新しなければならない要素は少なくなる．

これらの工夫を施しても，最悪の場合，union 操作はやはり O(n) 時間かかる．これは，サイズ O(n) の大きな二つの部分集合 A, B の和集合を求めるときに起こる．しかし，このような union に対する最悪の場合が，頻繁に起きるということはない．実際，そのような最悪のときには，結果として得られる部分集合 $A \cup B$ のサイズが，A, B の小さいほうのサイズの 2 倍以上になるからである．そこで，union 操作 1 回の最悪の計算時間で評価するのではなく，k 回の union 操作からなる列の全体での計算時間（**ならし計算量** (amortized time complexity) と呼ばれる）で評価をすることにする．

定理 9.1 サイズ n の集合 S に対する集合ユニオン・ファインドデータ構造が，上記のようにサイズによる吸収合併を採用して，二つのサイズ n の配列 setname, sizeを用いて実現されているものとする（さらに，各部分集合に含まれる要素を管理するリストも，5.5節で述べたような手法を用いて配列で実現されているとする）．すると，find操作はO(1)時間ででき，make-union-find(S)はO(n)時間でできる．さらに，k回の最初のunion操作は，全体で，高々O($k\log k$)時間でできる（すなわち，ならし計算量はO($k\log k$)である）．

証明：make-union-findとfindに関する主張は上記で説明済みである．そこで以下では，k回のunion操作について考える．union操作の中でO(1)を超える時間がかかるのは配列setnameの更新だけである（各部分集合に含まれる要素を管理するリストの更新もsetnameの更新とほぼ同じ計算時間あるいはそれ未満でできるので，ここではリストの更新の詳細は省略する）．以下では，1回のunion操作にかかる時間を抑えるのではなく，k回の操作全体を通して要素vに対するsetname[v]の更新に必要な合計の時間を抑えることを考える．

データ構造のunion操作の処理は，n個の各要素が単独で部分集合を形成している状態から始まっていることを思い出そう．したがって，これらのk回のunion操作を通して少なくとも1回union操作が適用されるような部分集合に属する各要素は，最初にそのunion操作が適用されたときは，1要素からなる部分集合であったことになる．すなわち，k回のunion操作では高々$2k$個のSの要素を除いて，他の要素にはunion操作が適用されていないことになる．

次に，要素vを固定して考える．vが属する部分集合は，union操作が行われるに従い，そのサイズが次第に大きくなっていく．これらのk回のunion操作の各操作では，上記のサイズによる吸収合併に基づいて，元の二つの部分集合のうちサイズの大きいか等しい（小さくない）ほうの名前を和集合の名前として用いるので，setname[v]の値が更新されるたびに，vを含む部分集合のサイズは，少なくともunion操作の前の2倍以上となる．vの部分集合のサイズは，1から始まり，可能な最大の値は（上で議論したように，k回のunion操作全体でもSの要素のうち高々$2k$個にしか適用されていないので）高々$2k$である．したがって，setname[v]の値はk回のunion操作全体を通して，高々$\log_2(2k)$回しか更新されない．さらに，どのunion操作でも高々$2k$個の要素しか関与しないので，k回のunion操作において，setnameの値を更新するために必要な時間はO($k\log k$)となることが得られる． □

9.3 集合ユニオン・ファインド森

k回の操作に対する上記の平均計算時間の上界O($\log k$)は，多くの応用では十分に良いものである．しかし，本節では，さらに改善を施して，**最悪の場合**(worst-case)の計算時間を減らすことを考えてみよう．

これから述べる集合Sに対する集合ユニオン・ファインドデータ構造は，集合Sの分割である互いに素な部分集合の族に対して，各部分集合を根付き木で表現するので，**集合ユニオン・ファインド森** (union find trees) と呼ばれる．

集合族の各部分集合Aとそれに属する各要素$v \in A$に対して，Aを表現する

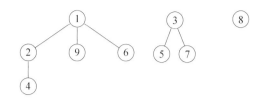

図 9.1 集合 $S = \{1,2,3,4,5,6,7,8,9\}$ の分割の集合族 $\{\{1,2,4,6,9\},\{3,5,7\},\{8\}\}$ を表現する集合ユニオン・ファインド森

根付き木のノード v を考える．以下では，とくに混乱は生じないと思われるので，要素 v と対応する根付き木のノード v とを区別せずに用いることにする．各ノード v ではその親 $p(v)$ が記憶される．さらに，根が部分集合の代表元，すなわち，集合名であると考える（図9.1）．

集合 S に対する集合ユニオン・ファインド森では，make-union-find(S) は，各要素 $v \in S$ に対して親 $p(v)$ を v 自身（または NULL）と初期化することで実現できる．これにより，各ノード $v \in S$ が根の1点のみからなる根付き木を形成する．したがって，make-union-find(S) は $O(n)$ 時間でできる．

次に，二つの部分集合 A, B に対する union 操作を考える．ここでは，部分集合 A を表現する根付き木の根が $x \in A$ であり，部分集合 B を表現する根付き木の根が $y \in B$ であるとする．すると，x が部分集合 A の名前であり，y が部分集合 B の名前である．和集合 $A \cup B$ の名前として x と y のいずれかを用いる．ここで，和集合 $A \cup B$ の名前として x を選んだとする．すると，二つの部分集合 A, B の和集合 $A \cup B$ をとり，その和集合 $A \cup B$ の名前を x としたことを示すためには，単に y の親 $p(y)$ を x に更新するだけでよいことになる．したがって，union は $O(1)$ 時間でできる．

最後に，find(v) の操作を考える．find(v) は，v から $p(v), p(p(v)), \ldots$ と根に到達するまで親を次々とたどっていき根を返せばよい．したがって，find 操作は，前節の単純な集合ユニオン・ファインドデータ構造のときとは異なり，もはや定数時間ではない．1回の find(v) 操作に必要なステップ数は，それまでに要素 v を含む部分集合が名前を変えた回数（v を含む根付き木における v の深さ）に等しい．すなわち，前節の単純な集合ユニオン・ファインドデータ構造の配列による

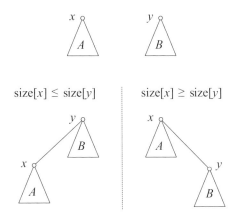

図 9.2 サイズによる吸収合併

表現において，setname[v] を更新した回数と正確に等しいことになる．したがって，部分集合の名前を選ぶときに何の考慮もしなければ，これは O(n) まで大きくなりうる．しかし，前節の工夫（サイズによる吸収合併）を用いて，find 操作に必要な時間を減らすことができる．そのために，前と同様に，根付き木の各ノード v に対して，対応する部分集合のサイズ（すなわち，そのノード v を根とする部分木のサイズ）を記憶するサイズ n の配列 size を用意する．

> **集合ユニオン・ファインド森におけるサイズによる吸収合併**：任意の二つの部分集合 A, B に対して，部分集合 A を表現する根付き木の根が $x \in A$ であり，部分集合 B を表現する根付き木の根が $y \in B$ であるとする．すると，union(A, B) は union(x, y) として実現される．具体的には，union(x, y) は，size[x] $\geq$ size[y] ならば $p(y) = x$ かつ size[x] = size[x] + size[y] とし，size[x] < size[y] ならば $p(x) = y$ かつ size[y] = size[x] + size[y] とする（図 9.2）．

すなわち，集合ユニオン・ファインド森におけるサイズによる吸収合併では，サイズのより小さい部分集合を表現する根付き木の根の親をサイズのより大きい部分集合を表現する根付き木の根にすることにする（サイズが同じときには，任意に一方を小さいとし，他方を大きいとしても問題ない）．これにより，和集合の名前として，サイズのより大きかった部分集合の名前が保存される．集合ユニオン・

ファインド森に含まれる根付き木の深さは，定理 9.1 の証明の議論から，$O(\log n)$ であることが得られる．詳細は演習問題（演習問題 9.1）とする．

補題 9.2 x を根とする木の深さは高々 $\lfloor \log_2 \text{size}[x] \rfloor$ である．

補題 9.2 より，1 回の $\text{find}(u)$ 操作は u を含む根付き木における u の深さに比例する時間で実行できるので，上記の議論をまとめると，以下の定理が得られる．

定理 9.3 サイズ n の集合 S に対する集合ユニオン・ファインド森が，上記のようにサイズによる吸収合併を採用して，二つのサイズ n の配列 parent, size を用いて（根付き木の各ノード v に対して v を根とする部分木のサイズを $\text{size}[v]$ に記憶し，v の親 $p(v)$ を $\text{parent}[v]$ に記憶して）実現されているものとする．すると，union 操作は $O(1)$ 時間ででき，make-union-find(S) は $O(n)$ 時間でできる．さらに，find 操作は $O(\log n)$ 時間でできる．

9.4 さらなる改善：パス圧縮

データ構造の改善を考える動機として，集合ユニオン・ファインド森の最悪時の計算時間の問題点を最初に取り上げてみよう．そこで，同じサイズの部分集合に対して，union 操作が繰り返し実行されて，根付き木の深さが $\log n$ に比例するようになったとする．すると，この根付き木で深さが $\log n$ に比例するノード v に対する $\text{find}(v)$ 操作は $\log n$ に比例する時間がかかる．この v に対して，$\text{find}(v)$ が繰り返し実行されると，毎回 $\log n$ に比例する時間がかかる．このように，v を含む部分集合の名前を求めるために，毎回同じ $\log n$ に比例する個数のノードを根までたどるのは，非常に冗長であろう．実際，$\text{find}(v)$ を 1 回実行すれば，v を含む部分集合の名前 r は "既知" となり，さらにこのとき v から現在の部分集合の名前 r までのパス上のノードも，同じ部分集合 r に属することが既知となる．そこで，以下の**パス圧縮** (path compression) と呼ばれる操作を行う（図 9.3）．

集合ユニオン・ファインド森におけるパス圧縮：$\text{find}(v)$ で v から根 r までたどるとき，根 r を除くそのパス上のすべてのノードに対して，親を根 r にする．

実際，このようにパス圧縮しても情報は失われず，それ以降の find 操作は，よ

9.4 さらなる改善：パス圧縮

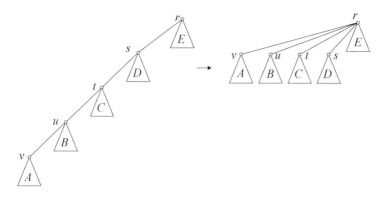

図 **9.3** パス圧縮

り高速に実行できるようになる．

　ここで，上記のように変更した実装における各操作の計算時間を考える．変更前と同様に，union 操作は O(1) 時間ででき，サイズ n の集合に対して，データ構造の初期化の make-union-find 操作は O(n) 時間でできる．それでは，find(v) 操作に必要な時間はどのように変わったであろうか？ある find 操作に対しては，変更しても $\log n$ 時間かかる．またある find 操作に対しては，v を含む部分集合の名前 x を求めた後で，v から x までのパス上のノードが直接 x を指すようにそれぞれの親を変更するため，実際には計算時間が増加する．しかし，このパス圧縮の追加された操作は，必要な時間を高々 2 倍にしかしない．したがって，find の操作が高々 O($\log n$) 時間かかるという事実は変化しない．

　パス圧縮による本当のメリットはその後の find の呼出しが高速になるということであり，これは，定理 9.1 の証明で行ったのと同じような議論を用いて，精密に評価することができる．すなわち，1 回の find 操作にかかる最悪時の時間ではなく，m（$m \geq n$）回の find 操作の合計の計算時間（ならし計算量）を抑えて，find 操作 1 回当たりの計算時間で抑えるものとする．

　ここでは，詳細に立ち入ることはしないが，パス圧縮を行うことにより，m（$m \geq n$）回の find 操作に必要な計算時間は，m の線形時間に非常に近くなるということが得られる．より正確には，後述する**アッカーマン逆関数** (inverse Ackermann function) $\alpha(m, n)$ を用いると，find 操作 1 回当たりの計算時間の上界は

$O(\alpha(m,n))$ となる．なお，最悪の場合 $O(\alpha(m,n))$ の計算時間で抑えることのできない操作も起こりうることに注意されたい．

アッカーマン逆関数 $\alpha(m,n)$ は，n の増加とともに非常にゆっくり増加し，m の増加とともに減少する関数であり，通常の問題では，$\alpha(m,n) \leq 4$ と考えてよい．

9.4.1 アッカーマン関数とその逆関数

アッカーマン逆関数は，正整数 i, j に対して以下のように定義される**アッカーマン関数** (Ackermann function)，

$$A(i,j) = \begin{cases} 2^j & (i=1,\ j=1,2,3,\ldots) \\ A(i-1,2) & (i=2,3,4,\ldots,\ j=1) \\ A(i-1, A(i,j-1)) & (i=2,3,4,\ldots,\ j=2,3,4,\ldots) \end{cases}$$

を用いて，

$$\alpha(m,n) = \min_{i \in \{1,2,3,\ldots\}} \left\{ i \mid A\left(i, \left\lfloor \frac{m}{n} \right\rfloor \right) > \log_2 n \right\}$$

として定義される．ただし，m, n は $m \geq n \geq 1$ なる整数である．

$A(m,n)$ は m, n に関して急激に増加する関数であるのに対して，その逆関数ともいえる $\alpha(m,n)$ はほとんど変化しない．n に関しては極めてゆっくりと増加する関数になっているが，m に関してはむしろ減少関数になっている．

実際，$A(3,1) = A(2,2) = A(1, A(2,1)) = A(1, A(1,2)) = A(1, 2^2) = 2^4 = 16$ であるので，$n < 2^{16} = 65536$ ならば $\alpha(m,n) \leq 3$ であり，$A(4,1) = A(3,2) = A(2, A(3,1)) = A(2,16) = A(1, A(2,15)) = 2^{A(2,15)}$ であるので日常実際に起こる整数 n では常に $\alpha(m,n) \leq 4$ である．とくに，$A(2,j)$ は $j+1$ 回 2 の対数をとって初めて 1 となる整数となる．すなわち，

$$\log^{(j)} n = \begin{cases} \log_2 n & (j=1) \\ \log_2 \log^{(j-1)} n & (j \geq 2) \end{cases}$$

とすれば，$\log^{(j+1)} A(2,j) = 1$ である．したがって，$A(2,1) = 2^2 = 4$, $A(2,2) = 2^4 = 16$, $A(2,3) = 2^{16} = 65536$, $A(2,4) = 2^{65536}$（10 進数表現で 2 万桁以上の数である）となるので，$A(2,16)$ が想像以上に猛烈に大きい数であることが推測できるであろう．さらに，$\frac{m}{n} \geq 1 + \log_2 \log_2 n$ ならば $\alpha(m,n) = 1$ となる．この

ようにアッカーマン関数とその逆関数はとてもおもしろい関数である[2]．

9.4.2 集合ユニオン・ファインド森のならし計算量

補題 9.2 より，サイズによる吸収合併を用いれば各ノードの深さは $O(\log n)$ となり，find の操作は最悪でも $O(\log n)$ の計算時間で行えることになる．サイズによる吸収合併とパス圧縮を用いて union, find の操作を実行するプログラムは容易に書ける．領域は $2n$ ですむ．union, find の操作が m 回（union は高々 $n-1$ 回）行われたとする．すると，union の操作はもちろん最悪でも $O(1)$ の計算時間でできる．1 回の find の操作は，パス圧縮も用いているので，全体にわたってならしてみると，前述のとおり，$O(\alpha(m,n))$ の計算時間で実行できることになる．ならし計算量のその解析は，木の構造が劇的に変わっていくことから困難であるのでここでは省略するが，数学的にはきわめて興味深いものがある．文献[3]あるいは解説書[4][5][6]を参照されたい．以上のことをまとめて定理としておく．

定理 9.4 サイズによる吸収合併とパス圧縮を用いた集合 S（$n=|S|$）に対する集合ユニオン・ファインド森では，m（$m \geq n$）回の find, union の操作（union の操作は高々 $n-1$ 回）を $O(n+m\alpha(m,n))$ の計算時間で実行できる．

9.5 集合ユニオン・ファインド森のプログラム例

9.3 節で述べたように，以下の集合ユニオン・ファインド森を実現するプログラムは，三つの関数 void makeunionfind(int n)（集合ユニオン・ファインド森を初期化する関数），void find(int i)（要素 i を含む集合名を返す関数），void set_union(int i, int j)（要素 i を含む集合と要素 j を含む集合の和集合をとる関数）からなる．配列 parent と size は集合ユニオン・ファインド森を表現するための配列である．

---

[2] $\log^* n = \min_{i \in \{1,2,3,\ldots\}} \{i \mid \log^{(i)} n \leq 1\}$ として定義される反復対数 $\log^* n$ もおもしろい関数である．
[3] R.E. Tarjan: *Data Structures and Network Algorithms*, SIAM, 1983（日本語訳：岩野和生：『新訳 データ構造とネットワークアルゴリズム』，毎日コミュニケーションズ，2008）．
[4] D.C. Kozen: *The Design and Analysis of Algorithms*, Springer-Verlag, 1992.
[5] 浅野孝夫：『情報の構造（上）』，日本評論社，1994．
[6] 平田富夫：『C によるアルゴリズムとデータ構造』，科学技術出版，2002．

```
// 集合ユニオン・ファインド森のプログラム
#include <stdio.h>
#define nmax       1000
int parent[nmax+1], size[nmax+1]; // 集合ユニオン・ファインド森表現のための配列
void makeunionfind(int n) {// 集合ユニオン・ファインド森を初期化する関数
    int k;
    for (k = 1; k <= n; k++) {
        parent[k]=k; size[k]=1;
    }
}
int find(int i) {// 要素 i を含む集合名を返す関数
    int j;
    j=i;
    while (parent[j] != j) j=parent[j];
    while (i != j) {
        parent[i]=j; i=parent[i];
    }
    return(j);
}
void set_union(int i, int j) {// i を含む集合と j を含む集合の和集合をとる関数
    if (size[i]>=size[j]) {
        parent[j]=i; size[i]=size[i]+size[j];
    }
    else {
        parent[i]=j; size[j]=size[i]+size[j];
    }
}
void main(){
    int n;
    printf("集合 S の要素数を入力してください\n");
    scanf("%d", &n);
    printf("集合 S の要素数 n=%3d\n", n);
    makeunionfind(n);
    // find() と set_union() を適切に行う
}
```

上記の集合ユニオン・ファインド森のプログラムの実行は演習問題とする．集合ユニオン・ファインド森の応用については，第 12 章で取り上げる．

9.6 演習問題

9.1 補題 9.2 の証明を与えよ．

9.2 9.5 節の集合ユニオン・ファインド森のプログラムを適切な値 n を読み込んで，find() と set_union() を行い，出力を確認せよ．

第10章 データ構造の応用1：凸包

これまで述べたアルゴリズムとデータ構造の応用として，本書ではこれ以降，いくつかの高速なアルゴリズムを取り上げる．本章の目標は，ソーティングとリストの応用として，平面上の n 個の点の凸包を高速に求めることができることを理解することである．

10.1 凸包の定義

平面上の n 個の点の集合 $P = \{p_1, p_2, \ldots, p_n\}$ の**凸包** (convex hull) とは，P の点をすべて内部あるいは境界上に含む最小の凸多角形である（図10.1）．

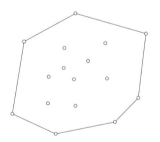

図 10.1 点集合 P の凸包

イメージとしては，各点のところにピンを刺し，それらのピンがすべて内部にくるように輪ゴムを大きく引きのばしてそれを放したときに輪ゴムが縮まってできる図形を考えればよいだろう．なお，多角形が**凸** (convex) であるとは，多角形内の任意の2点を結ぶ線分がそっくりそのまま多角形に含まれることであるとか，

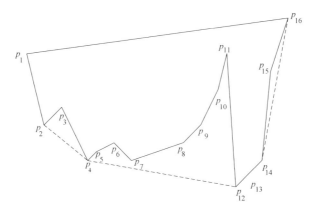

図 10.2 特殊な点集合 P の凸包

あるいは内角がすべて 180 度未満であるというふうに言うこともできる．より高次元では，与えられた $k\ (\geq 3)$ 次元の n 個の点の集合 P に対して，P の点をすべて内部あるいは境界上に含む最小の凸多面体を凸包という．

本章では，2 次元の凸包，すなわち平面上の n 個の点の集合 P の凸包を，その頂点の反時計回りのリストという形で求めるアルゴリズムについて述べる．簡単のため，以下ではどの 3 点も一直線上にないものとする．

10.2 点の x 座標のソートに基づく凸包アルゴリズム

平面上の n 個の点の集合 P の凸包が図 10.2 に示すように特殊な形をしているものとする．すなわち，P の点を x 座標の小さい順に $p_1, p_2, \ldots, p_n$ と並べたとき，p_1, p_n を除くすべての点が p_1 と p_n を結ぶ直線の下側にあるものとする．したがって，p_1 と p_n は凸包の頂点となり，p_1 と p_n を結ぶ線分 (p_1, p_n) は P の凸包の辺になる．この凸包の下側部分，すなわち，p_1 から p_n に向かう反時計回りの凸包の頂点の列を求めることができれば，凸包は完成する．したがって，以下，凸包の下側部分を求めることに専念する．

p_1 にひもの一端を結び，ピンと張りながら点 p_{i-1} $(i-1 \geq 2)$ までのばしたときにできる点列 $p_1, \ldots, p_{i-1}$ の凸包の下側部分に対応する頂点列（図 10.3(a)）をスタックに $S = (s_k, s_{k-1}, \ldots, s_1)$ $(k \geq 2,\ s_1 = p_1,\ s_k = p_{i-1})$ として

10.2 点の x 座標のソートに基づく凸包アルゴリズム

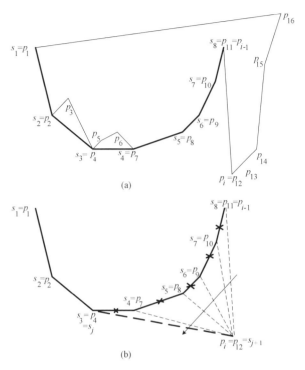

図 **10.3** 特殊な点集合 P の凸包の下側部分の計算

記憶しておく（s_k がスタック S の先頭である）．点 p_i に来た時点で，p_i から $S = (s_k, s_{k-1}, \ldots, s_1)$ に向かって下側から接線を引けるところの s_j までスタックの先頭から $s_k = p_{i-1}, s_{k-1}, s_{k-2}, \ldots, s_{j+1}$ と取り出していき S を更新する（図 10.3(b)）．これは，p_i, s_k, s_{k-1} で作る（上向きの）角が180度以上ならば，凸包の頂点にはなり得ないので s_k をスタックから削除し，さらに p_i, s_{k-1}, s_{k-2} で作る角が180度以上ならば，また s_{k-1} をスタックから削除し，以下これを繰り返して最終的に p_i, s_j, s_{j-1} で作る角が180度未満になった時点（あるいは $j = 1$ でスタックが $s_1 = p_1$ のみになった時点）でやめることに対応する（$S = (p_i, s_j, s_{j-1}, \ldots, s_1)$ と更新される）．もちろん，p_i から S への接線が (p_i, p_{i-1}) （$p_{i-1} = s_k$）のときは，$s_{k+1} = p_i$ としてスタックに p_i を挿入する（$S = (s_{k+1}, s_k, s_{k-1}, \ldots, s_1)$ と更新される）．そして更新された S を改めて $S = (s_k, s_{k-1}, \ldots, s_1)$ とする．p_n に

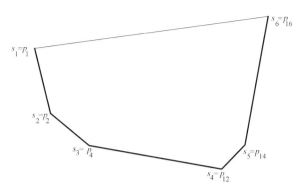

図 10.4 特殊な点集合 P の凸包の下側部分の計算

くるまではこれを繰り返し最後にスタックに残った $S = (s_k, s_{k-1}, \ldots, s_1)$ が凸包の下側部分に対応する（図 10.4）．全体の凸包の反時計回りの頂点列はしたがって $s_1, \ldots, s_k, p_1$ となる．

p_i, s_k, s_{k-1} で作る（上向きの）角が 180 度以上かどうかの判定は，p_i と s_k を結ぶ直線の下側に s_{k-1} があるかどうかで判定できる．p_i, s_k, s_{k-1} で作る（上向きの）角が 180 度以上であるための必要十分条件は p_i と s_k を結ぶ直線の下側（直線上も含めて）に s_{k-1} があることである．p_i と s_k を結ぶ直線の方程式は，点 p の x 座標と y 座標を $x(p)$ と $y(p)$ と表記すると，

$$y = \frac{y(p_i) - y(s_k)}{x(p_i) - x(s_k)}(x - x(p_i)) + y(p_i)$$

と書ける（ここでは，分母が 0 でないこと，すなわち，$x(p_i) > x(s_k)$ を仮定している）．したがって，s_{k-1} がこの直線の下側（直線上も含めて）にくることは，

$$y(s_{k-1}) \le \frac{y(p_i) - y(s_k)}{x(p_i) - x(s_k)}(x(s_{k-1}) - x(p_i)) + y(p_i)$$

と書ける．これは，両辺に $x(p_i) - x(s_k) > 0$ をかけて整理すると，

$$(y(s_{k-1}) - y(p_i))(x(p_i) - x(s_k)) \le (y(p_i) - y(s_k))(x(s_{k-1}) - x(p_i))$$

と書ける．すなわち，行列式，

$$\Delta = \left| \begin{array}{cc} x(s_k) - x(p_i) & y(s_k) - y(p_i) \\ x(s_{k-1}) - x(p_i) & y(s_{k-1}) - y(p_i) \end{array} \right|$$

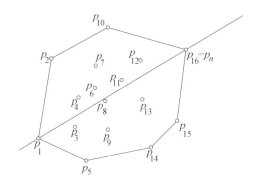

図 10.5　点集合 P の上下分割に基づく凸包

が非負のときである．このように，p_i, s_k, s_{k-1} で作る（上向きの）角が 180 度以上であるための必要十分条件はこの行列式 Δ が非負であること，すなわち，p_i, s_k, s_{k-1} が反時計回りであることである．したがって，内角が 180 度以上かどうかは O(1) 時間で判定できる．

内角が 180 度以上かどうかの判定は高々 $2n$ 回しか行われないので，図 10.2 のような特殊な形の凸包は，ソーティング済みなら O(n) 時間で求められる．もちろん，ソーティング済みでないときは計算時間は O($n \log n$) となる．

平面上の n 個の点の集合 P の凸包が特殊な形をしていないときには，すなわち，図 10.5 に示しているようなときには，p_1, p_n を除くすべての点を最初に p_1 と p_n を結ぶ直線の下側にあるものと上側にあるものとに分割し，それぞれの部分で上述のことを実行して最後にそれを併合すればよい（図 10.5）．p_1, p_n 以外の各点 p が p_1 と p_n を結ぶ直線の下側にあるか上側にあるかは，p, p_1, p_n が反時計回り（時計回り）ならば p が p_1 と p_n を結ぶ直線の上側（下側）にあると判定できる．したがって，上下に分割するのは O(n) 時間でできる．以上のことをまとめると，以下の O($n \log n$) 時間のアルゴリズムになる．

点の x 座標のソートに基づく凸包アルゴリズム

1. 平面上の n 個の点の集合 P の点を x 座標の小さい順に $p_1, p_2, \ldots, p_n$ とソー

トする.

2. $p_2, \ldots, p_{n-1}$ の順番に p_1 と p_n を結ぶ直線の上側にあるか下側にあるか判定し, x 座標の小さい順に並んだ下側点列 $p_1 = z_1, z_2, \ldots, z_{k+1} = p_n$ と上側点列 $p_1 = u_1, u_2, \ldots, u_{n-k+1} = p_n$ に分割する.
3. 下側点列 $p_1 = z_1, z_2, \ldots, z_{k+1} = p_n$ に対する凸包 L を上述の方法で求める.
4. 上側点列 $p_1 = u_1, u_2, \ldots, u_{n-k+1} = p_n$ に対する凸包 U を（上述の方法で上下左右の役割を反転して）求める.
5. L と U を併合すると最終的に凸包の頂点の反時計回りのリストになる.

10.3　1点の回りでの偏角順に基づく凸包アルゴリズム

平面上の n 個の点の集合 P に対して, x 座標の最も小さい点 p_0（複数あるときには最も y 座標の小さい点とする）を原点と考えて偏角順にソートして $p_1, \ldots, p_{n-1}$ とし, この順番で前節で述べた方法で, 内角が 180 度未満かどうかを判定しながら, 180 度未満の点に対応するノードのみを残すことでも凸包が得られる. これは, R.L. Graham により提案された $O(n \log n)$ 時間の最初の凸包アルゴリズムである. 具体的には, 以下のように書ける.

Graham の凸包アルゴリズム

1. 平面上の n 個の点の集合 P の点のうちで (x, y) 座標に関する辞書式順序で最も小さい点を p_0 とする.
2. p_0 を原点と見なし, 残りの点を偏角順にソートし, $p_1, p_2, \ldots, p_{n-1}$ と並べる（$p_n = p_0$ と見なす）.
3. p_1 から p_{n-1} まで順番に, 直前の点と直後の点でできる内角（最初は p_0, p_1, p_2 でできる内角）が 180 度未満かどうかを調べる.（p_0 を原点と見なして残りの点を偏角順にソートしているので, p_0, p_1, p_2 でできる内角は 180 度未満であり, p_0, p_1 は最終的な凸包の頂点となる）. 180 度未満ならば次の点の内角を調べに前進する. 180 度以上ならばその点はなかったものとして除去し一つ前の点の内角を調べに後退する.

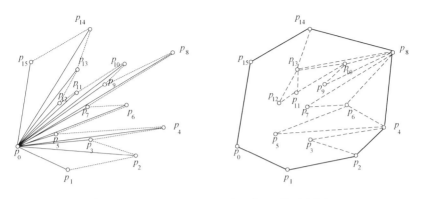

図 10.6 Graham のアルゴリズムに基づく凸包

4. 点列 $p_0, p_1, p_2, \ldots, p_{n-1}, p_n (= p_0)$ で除去されずに残った点の列が凸包の頂点の反時計回りのリストになる．

図 10.6 に Graham のアルゴリズムの適用例を示している．3. の部分は **Graham 走査** (Graham scan) と呼ばれ，対象とする点での内角が 180 度未満ならばその点は凸包上の頂点の可能性があるので保存しておき，次の点での内角を調べに前進する．一方，180 度以上ならばその点は凸包上の頂点とはなり得ないのでないものとして取り除いて考えるので，もう一度一つ前の内角を調べに後退する．こうして，一度後退するごとに 1 点除去される．

具体的には，前節で述べたように，p_0 にひもの一端を結び，各 $i = 1, 2, \ldots, n-1, n$ に対して，ひもをピンと張りながら点 p_{i-1} ($i \geq 2$) までのばしたときにできる点列 $p_1, \ldots, p_{i-1}$ の凸包の部分に対応する頂点列をスタックに $S = (s_k, s_{k-1}, \ldots, s_1)$ ($k \geq 2$, $s_1 = p_1$, $s_k = p_{i-1}$) として記憶しておき，点 p_i に来た時点で，p_i から $S = (s_k, s_{k-1}, \ldots, s_1)$ に向かって接線を引けるところの s_j まで（すなわち，p_i, s_j, s_{j-1} で作る内角が初めて 180 度未満になる時点まで）スタックから $s_k = p_{i-1}, s_{k-1}, s_{k-2}, \ldots, s_{j+1}$ と取り出していき S を更新する（$S = (p_i, s_j, s_{j-1}, \ldots, s_1)$ と更新される）．こうして考えると，一つの連続した後退走査では内角が 180 度未満と判定された最後の点だけがスタックにとどまるので，Graham 走査で行われる内角の 180 度未満かどうかの判定は，（後退走査で内角が

180度以上と判定されて除去される点が高々 n 個であるので）全体でも高々 $2n$ 回である（演習問題 10.1）．前にも述べたように，内角が 180 度未満かどうかは，連続する 3 点が反時計回りか時計回りかで判断できる．したがって，3. の Graham 走査の部分は $O(n)$ 時間であり，Graham のアルゴリズムのボトルネックは偏角順のソーティングの部分で計算時間は $O(n \log n)$ である．

10.4 Graham の凸包アルゴリズムのプログラム例

以下の Graham の凸包アルゴリズムのプログラムは，偏角順のソーティングに 4.5 節ヒープソートを用いているので，ここでも関数 heapsort(n) と関数 heapify(i,j) を用いている．さらに偏角の大小は，関数 sign_area(i,j,k)（点 i,j,k が反時計回りかどうかを判定する関数）を用いて判定している．関数 data_input()（データを入力する関数）も用いている．さらに，後述のライブラリプログラム（ファイル名 grahamoutput.h）も読み込んでいる．そのライブラリプログラムは，三つの関数 data_output()（入力データを出力する関数），sorted_data_output()（偏角順のソート済みデータを出力する関数），convex_hull_output()（得られた凸包を出力する関数）からなる．

```
// Graham の凸包アルゴリズム
#include <stdio.h>
#include "grahamoutput.h"
// Graham の凸包アルゴリズムの出力ライブラリプログラムの読み込み
#define nmax       5000   // 点数の上限
int x[nmax+1], y[nmax+1];   // 入力点の集合 x[v] と y[v] は点 v の x 座標と y 座標
int cpnt[nmax+1]; // 最終的には凸包上の反時計回りの点列
int heap[nmax+1]; // 最も左の点 min を原点とする入力点の偏角順ソート点列
int min;
int data_input(void){// データを入力する関数
   int i,j,n,q;
   printf("点数 n を入力してください\n");
   scanf("%d", &n);
   printf("n=%d 個の点の非負整数座標値 (x,y) を入力してください\n", n);
   for (i = 1; i <= n; i++) scanf("%d%d", &x[i],&y[i]);
   return n;
}
int sign_area(int i, int j, int k) {// 点 i,j,k が反時計回りかどうかの判定
   int x1,x2,y1,y2,area;
   x1 = x[j]-x[i]; x2 = x[k]-x[i];
   y1 = y[j]-y[i]; y2 = y[k]-y[i];
   area = x1*y2 - x2*y1;
```

10.4　Grahamの凸包アルゴリズムのプログラム例　157

```
      if (area > 0)   return 1; // 点i,j,kは反時計回り
      else {
         if (area < 0) return -1; // 点i,j,kは時計回り
         else return 0; // area=0 // 点i,j,kは1直線上
      }
}
void heapify(int i, int j) {// ヒープ構成の関数
// iからの下移動（jは対象とするヒープの最大番地）
   int k,temp;
   while (2*i <= j) {// iの左の子が存在する限り
      k=2*i; //kはiの左の子
      if (k+1 <= j){// 右の子も存在するならば
         if (sign_area(min,heap[k],heap[k+1])>0) k=k+1;
            // kは付随する要素が大きいほうのノード
      }
      if (sign_area(min,heap[i],heap[k])>0) {
         // 親のほうが子よりも小さい要素が付随している
         temp=heap[i]; heap[i]=heap[k]; heap[k]=temp; // 付随する要素の交換
         i=k; // iをkとして繰り返す
      }
      else break;
   }
}
void heapsort(int n) {// ヒープソートの関数
   int k, temp;
   for (k = n/2; k >= 1; k--) heapify(k,n);
   for (k = n; k >= 2; k--) {// deletemaxをn-1回繰り返す
      temp=heap[1]; heap[1]= heap[k]; heap[k]=temp;
      heapify(1,k-1);
   }
   printf("\n小さい順にソートされました");
}
void main(void){
   int n,i,j,u,v,w;
   n=data_input();
   data_output(n,x,y);
   min=1;
   for (i = 1; i <= n; i++) {
      if (x[i] < x[min] || (x[i]==x[min])&& (y[i]<y[min])) min=i;
   }
   j=0;
   for (i = 1; i <= n; i++) {
      if (i!=min) {
         j++; heap[j]= i;
      }
   }
   heap[0]=min;
   heapsort(n-1);   // heap[0]==min
   heap[n]=min;   // 偏角順のソーティング
```

```
      sorted_data_output(n,min,heap,x,y);
      for (i = 0; i <= n; i++) cpnt[i]=heap[i];
      u= 0; v= 1; w= 2;
      while (v != n) {// cpnt[v] の内角が 180 度未満かどうかの判定
         if (sign_area(cpnt[u],cpnt[v],heap[w]) > 0){// 180 度未満
            u= u+1; cpnt[u]= cpnt[v]; v= w; w= w+1; // 180 度未満なので前進
         }
         else {// 180 度以上
            v=u; u= u-1; //   180 度以上なので後退（w はそのまま）
         }
      } // 配列 cpnt の番地 0 から番地 u までの点列に番地 0 の点をつないだものが
         // 凸包の頂点の反時計回りの列
      convexhull_output(u,cpnt,x,y);
}
```

なお，上記のプログラムを正しく走らせるためには、出力用の以下のライブラリプログラム（ファイル名 grahamoutput.h）を読み込むことが必要である．

```
// Graham の凸包アルゴリズム用の出力ライブラリプログラム grahamoutput.h
#include <math.h>
void data_output(int n, int *x, int *y){
   int i,j,q;
   printf("\n 入力データ");
   q=(n-1)/10;
   if (q>0) {
      for (j = 0; j <= q-1; j++) {
         printf("\n    ");
         for (i = 10*j+1; i <= 10*j+10; i++) printf("%5d", i);
         printf("\n x ");
         for (i = 10*j+1; i <= 10*j+10; i++) printf("%5d", x[i]);
         printf("\n y ");
         for (i = 10*j+1; i <= 10*j+10; i++) printf("%5d", y[i]);
         printf("\n");
      }
   }
   printf("\n    ");
   for (i = 10*q+1; i <= n; i++) printf("%5d", i);
   printf("\n x ");
   for (i = 10*q+1; i <= n; i++) printf("%5d", x[i]);
   printf("\n y ");
   for (i = 10*q+1; i <= n; i++) printf("%5d", y[i]);
   printf("\n");
}
void sorted_data_output(int n, int min, int *heap, int *x, int *y){
   int i,j,q;
   double theta;
   printf("\n 偏角によるソーティング後のデータ");
```

10.4 Graham の凸包アルゴリズムのプログラム例

```
//    printf("\n       ");
    q=(n-1)/10;
    if (q>0) {
        for (j = 0; j <= q-1; j++) {
            printf("\n       ");
            for (i = 10*j+1; i <= 10*j+10; i++) printf("%6d", i);
            printf("\n heap");
            for (i = 10*j+1; i <= 10*j+10; i++) printf("%6d", heap[i]);
            printf("\n x    ");
            for (i = 10*j+1; i <= 10*j+10; i++) printf("%6d", x[heap[i]]);
            printf("\n y    ");
            for (i = 10*j+1; i <= 10*j+10; i++) printf("%6d", y[heap[i]]);
            printf("\n y/x  ");
            for (i = 10*j+1; i <= 10*j+10; i++) {
                if (x[heap[i]]!=x[min]) {
                    theta=atan((double)(y[heap[i]]-y[min])/(x[heap[i]]-x[min]));
                    printf("%6.3f", theta);
                }
                else printf("99.000");
            }
            printf("\n");
        }
    }
    printf("\n       ");
    for (i = 10*q+1; i <= n; i++) printf("%6d", i);
    printf("\n heap");
    for (i = 10*q+1; i <= n; i++) printf("%6d", heap[i]);
    printf("\n x    ");
    for (i = 10*q+1; i <= n; i++) printf("%6d", x[heap[i]]);
    printf("\n y    ");
    for (i = 10*q+1; i <= n; i++) printf("%6d", y[heap[i]]);
    printf("\n y/x  ");
    for (i = 10*q+1; i <= n-1; i++) {
        if (x[heap[i]]!=x[min]) {
            theta=atan((double)(y[heap[i]]-y[min])/(x[heap[i]]-x[min]));
            printf("%6.3f", theta);
        }
        else printf(" 99999");
    }
    printf("\n");
}
void convexhull_output(int u, int *cpnt, int *x, int *y){
    int i,j,q,r;
    printf("\n");
    printf("凸包上の反時計回りの点列は以下のとおりです");
    q=(u-1)/10;
    r=(u-1)%10;
    if (q==0) {
        printf("\n       ");
```

```
            for (i = 0; i <= u+1; i++) printf("%5d", i);
            printf("\n cpnt ");
            for (i = 0; i <= u; i++) printf("%5d", cpnt[i]);
            printf("%5d", cpnt[0]);
            printf("\n x    ");
            for (i = 0; i <= u; i++) printf("%5d", x[cpnt[i]]);
            printf("%5d", x[cpnt[0]]);
            printf("\n y    ");
            for (i = 0; i <= u; i++) printf("%5d", y[cpnt[i]]);
            printf("%5d", y[cpnt[0]]);
            printf("\n");
        }
        if (q>0) {
            printf("\n      ");
            for (i = 0; i <= 10; i++) printf("%5d", i);
            printf("\n cpnt");
            for (i = 0; i <= 10; i++) printf("%5d", cpnt[i]);
            printf("\n x   ");
            for (i = 0; i <= 10; i++) printf("%5d", x[cpnt[i]]);
            printf("\n y   ");
            for (i = 0; i <= 10; i++) printf("%5d", y[cpnt[i]]);
            printf("\n");
            for (j = 1; j <= q-1; j++) {
                printf("\n      ");
                for (i = 0; i <= r+1; i++) printf("%5d", i);
                printf("\n cpnt");
                for (i = 10*j+1; i <= 10*j+10; i++) printf("%5d", cpnt[i]);
                printf("\n x   ");
                for (i = 10*j+1; i <= 10*j+10; i++) printf("%5d", x[cpnt[i]]);
                printf("\n y   ");
                for (i = 10*j+1; i <= 10*j+10; i++) printf("%5d", y[cpnt[i]]);
                printf("\n");
            }
            printf("\n      ");
            for (i = 10*q+1; i <= u+1; i++) printf("%5d", i);
            printf("\n cpnt");
            for (i = 10*q+1; i <= u; i++) printf("%5d", cpnt[i]);
            printf("%5d", cpnt[0]);
            printf("\n x   ");
            for (i = 10*q+1; i <= u; i++) printf("%5d", x[cpnt[i]]);
            printf("%5d", x[cpnt[0]]);
            printf("\n y   ");
            for (i = 10*q+1; i <= u; i++) printf("%5d", y[cpnt[i]]);
            printf("%5d", y[cpnt[0]]);
            printf("\n");
        }
}
```

以下は，上記のプログラムに10個の点の(x, y)を入力として与えたときの実行

例である．

```
点数 n を入力してください
n=10 個の点の非負整数座標値 (x,y) を入力してください

入力データ
         1    2    3    4    5    6    7    8    9   10
   x     3   26  173  156  759  355  558   33  652  611
   y   268  284  429  560  219   87  451  132  548  662

小さい順にソートされました
偏角によるソーティング後のデータ
         1     2     3     4     5     6     7     8     9    10
 heap    8     6     5     7     9    10     2     3     4     1
   x    33   355   759   558   652   611    26   173   156     3
   y   132    87   219   451   548   662   284   429   560   268
 y/x -1.354-0.475-0.065 0.319 0.407 0.575 0.608 0.758 1.088

凸包上の反時計回りの点列は以下のとおりです
         0    1    2    3    4    5    6    7
 cpnt    1    8    6    5    9   10    4    1
   x     3   33  355  759  652  611  156    3
   y   268  132   87  219  548  662  560  268
```

10.5 演習問題

10.1 10.3 節の平面上の n 点の凸包を求める Graham のアルゴリズムにおいて，Graham 走査で行われる内角の 180 度未満かどうかの判定は，全体でも高々 $2n$ 回であることを示せ．

10.2 点数 n を読み込んで，平面上に $0 \leq x \leq 799, 0 \leq y \leq 799$ の整数座標の点 (x, y) をランダムに n 個発生するプログラムを作成せよ．

10.3 前問でランダムに発生させた n 個の点の集合の凸包を求める 10.4 節のプログラムを実行して正しく凸包が得られることを確認せよ．

10.4 点数 n を読み込んで，平面上に $0 \leq x \leq 799, 0 \leq y \leq 799$ の整数座標の点 (x, y) をランダムに n 個発生させた点の集合に対して，凸包を求める Graham のアルゴリズムのアニメーションプログラムを Java 言語で作成して実行せよ（偏角順のソーティングと Graham 走査が確認できるようにすること）．

第11章 データ構造の応用2：交差線分対列挙

本章の目標は，二色木を用いて，平面上に与えられた n 本の水平線分・垂直線分の交差線分対を高速に列挙できることを理解することである．

11.1 平面走査法

前章で述べたような幾何的な問題に対して有効な手法が存在する．これから述べる**平面走査法** (plane sweep method) はその代表例で，2次元の幾何的問題を1次元の問題の系列に帰着させる方法である．具体的には，平面上に与えられた対象物に対して，左から右に移動する垂直な走査線を仮想的に考え，対象物を以下の3種類，すなわち，

(1) 全体が走査線の左側にある対象物，
(2) 走査線と交差する対象物，
(3) 全体が走査線の右側にある対象物．

に分類する．走査線は，対象物の端点に対応する x 座標で停止しながら左から右に移動し，走査線と交差する対象物に対してある種の検査を行い，適切な何かを報告する．全体が走査線の左側にある対象物は検査済みということで考慮から除外され，全体が走査線の右側にある対象物は将来検査されるものである．走査線がずっと右にきてすべての対象物が走査線の左側にくるようになったら平面走査の手続きは終了する．

データ構造と平面走査法を組み合わせて解ける幾何的な問題は多数ある．本章では，手法として平面走査法を用い，データ構造として二色木を用いて高速に解ける水平線分・垂直線分の交差線分対列挙問題を取り上げる．

水平線分・垂直線分の交差線分対列挙問題は，平面上に n 本の水平線分・垂直

線分の集合 S が与えられたとき，互いに交差する S の線分対をすべて列挙する問題である．列挙される線分対の個数を k とする．この問題は $O(k + n \log n)$ 時間で最適に解ける．ここでは，はじめにすべての線分が一直線上にある場合を議論し，次に水平線分と垂直線分の両方が存在する場合を議論する．

11.2 一直線上の線分の交差線分対列挙

S のすべての線分が同一の水平直線 (x 軸) 上にあるものとする．各線分 s は区間 $s = [x_\ell(s), x_r(s)]$ ($x_\ell(s)$ は s の左端点の x 座標，$x_r(s)$ は s の右端点の x 座標) として表せる．簡単のため端点の座標はすべて異なるものとする．

一直線上の線分の交差線分対列挙アルゴリズム

　$x = \alpha$ という垂直な走査線をずっと左から右へと各線分 s の端点で一時停止しながら移動していく．走査線 $x = \alpha$ と交差する S の線分集合 T をデータ構造（両方向リスト）で管理する（したがって，走査線がずっと左にあるときは $T = \emptyset$）．停止したとき線分 s の左端点 ($x = x_\ell(s)$) ならば s と T に含まれる線分が交差するとして列挙し，その後 T に s を挿入する．停止したとき線分 s の右端点 ($x = x_r(s)$) ならば T から s を削除する．

　このアルゴリズムで，交差する線分対が正しく列挙できることは，後述するが，ほぼ明らかであろう．

　走査線が端点で停止しながら正しく左から右に移動できるためには，端点の x 座標に関して小さい順にソートされていることが必要である．あるいは，走査線より右側にある端点で座標が一番小さいものを選んでこれるようなデータ構造があればよい（ヒープの findmin, deletemin に対応する）．これは，端点の総数 $2n$ 個の x 座標をソートすること，あるいは $2n$ 個のデータのヒープを構成し，$2n$ 回の deletemin を行うことで実現できる．したがって，走査線の移動管理は $O(n \log n)$ 時間でできる．

　両方向リスト T への挿入と削除は，各線分 s に対して，s が記憶されているリストのノードを指すポインターとリストの各ノードに格納されている線分の名前（線分へのポインター）を用意しておけば，$O(1)$ 時間でできる．したがって，挿入と削除の全体の計算時間は $O(n)$ である．さらに，走査線が線分 s の左端点に

164　第 11 章　データ構造の応用 2：交差線分対列挙

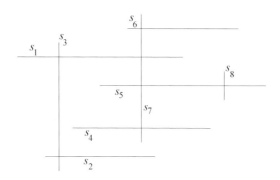

図 **11.1**　水平線分・垂直線分の交差線分対列挙問題

停止したとき列挙のためにリスト T のノードをたどるが，T のノードに記憶されている線分はすべて s と交差するので，$k(s)$ 個のノードがこのとき T にあったとすれば，$k(s)$ 個の交差線分対が $O(k(s))$ 時間で列挙される．交差線分対は，左端点がより右側に来る線分のところでこのように列挙されるので，重複して列挙されることはない．したがって，交差線分対の個数を $k = \sum_{s \in S} k(s)$ とすると，列挙の計算時間は $O(k)$ となり，全体の計算時間は $O(k + n \log n)$ となる．

すべての対を交差するかどうかを調べてから交差する線分対を列挙すると $\Omega(n^2)$ 時間がかかるので，k が n^2 に比べて十分小さいときには，平面走査法に基づく上記の方法が極めて有利である．

端点が一致する場合にも容易に拡張できることを注意しておく．

11.3　水平線分・垂直線分の交差線分対列挙

水平線分・垂直線分あわせて n 本の集合 S において交差線分対の列挙を考える（図 11.1）．まず，水平線分同士，垂直線分同士で交差する線分対の列挙を考える．二つの水平線分が交差するためにはそれらが同一直線上にあることが必要である．したがって，11.2 節の問題になる．

そこで，S の水平線分集合を同一の y 座標をもつ水平線分集合に分割し（$O(n \log n)$ 時間でできる），分割された集合上で 11.2 節で述べたアルゴリズムを適用する．同様に S の垂直線分集合を同一の x 座標をもつ垂直線分集合に分割し，分割された集合上で 11.2 節の x を y に置き換えてアルゴリズムを適用する．このように

して，水平線分同士，垂直線分同士で交差する線分対はその総数を k とおけば，$O(k + n \log n)$ 時間で列挙できる．

したがって，以下では，水平線分同士，垂直線分同士は交わらないと仮定する．水平線分の個数を n_h，垂直線分の個数を n_v とおく $(n = n_h + n_v)$．水平線分 s_h の y 座標を $y(s_h)$，垂直線分 s_v の下端点と上端点の y 座標をそれぞれ $y^-(s_v)$ と $y^+(s_v)$ とする．簡単のため，水平線分の両端点と垂直線分の下端点の集合に同じ x 座標の点はないものとする．このとき，交差する水平線分と垂直線分の対を列挙する平面走査法に基づくアルゴリズムは，以下のように書ける（図 11.2）．

交差する水平線分と垂直線分の対を列挙する平面走査アルゴリズム

1. 水平線分の両端点，垂直線分の下端点（上端点は同じ x 座標をとるので考えない）を x 座標の小さい順にソートする（全部で $2n_h + n_v$ 個）．
2. データ構造 T を空集合に初期化し，$i = 1$ とおく．
3. 端点の x 座標でソートされたリストで i 番目の点を p_i とする．
   (a) p_i が水平線分 s_h の左端点なら T に s_h を挿入する．
   (b) p_i が水平線分 s_h の右端点なら T から s_h を削除する．
   (c) p_i が垂直線分 s_v の下端点なら $y^-(s_v) \leq y(s_h) \leq y^+(s_v)$ を満たす T の水平線分 s_h をすべて求め，s_h と s_v が交差すると出力する．
4. $i = 2n_h + n_v$ なら停止する．そうでなければ $i = i + 1$ として 3. へ戻る．

アルゴリズムの正当性を示すのは簡単だろう．この平面走査法に基づくアルゴリズムが効率的に走るようにするためには，どのようなデータ構造 T を用いればよいだろうか．問題は走査線と交差する水平線分 s_h $(s_h \in T)$ をどのようにもつかである．ここでは，これを $y(s_h)$ でソートした順に両方向リストで表すとともに，$y(s_h)$ $(s_h \in T)$ の大小関係に基づく二色木で表すことにする．すなわち，両方向リスト付きの二色木で T を表現しておく．以下これを，**リスト付き二色木**ということにする（図 11.3 では直前へのポインタを省略している）．そこで，3.(a) では二色木に $y(s_h)$ に基づいて s_h を挿入する（$O(\log n)$ 時間）とともに，両方向リストに挿入する（二色木に挿入したことから，両方向リストでの挿入位置がわかり，したがって $O(1)$ 時間で行える）．3.(b) では $y(s_h)$ に基づいて s_h を

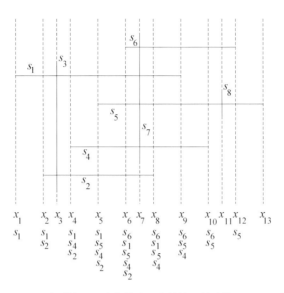

図 11.2　水平線分・垂直線分の交差線分対列挙アルゴリズム

両方向リストから削除し（O(1) 時間），二色木からも削除する（O($\log n$) 時間）．3.(c) では，まず $y(s_{h'}) = \min\{y(s_h) \mid s_h \in T, y^-(s_v) \leq y(s_h)\}$ なる $s_{h'} \in T$ を求める．これは，二色木での search の操作とほぼ同じ操作によって O($\log n$) 時間で行える．その後は両方向リストを $s_{h'}$ から $y(s_h)$ の大きいほうへたどり，$y(s_h) > y^+(s_v)$ となる直前までの s_h を列挙すればよい（これは列挙した線分の本数に比例する計算時間で行える）．したがって，3. の (a), (b) は，O($\log n$) 時間で，(c) は O($\log n + (s_v$ と交差する水平線分の個数)) 時間で実行できる．3. での反復回数は $2n_h + n_v$ であり，k を互いに交差する線分対の総数とすると，この方法により O($n \log n + k$) の計算時間，O(n) の大きさの記憶領域で交差する水平線分と垂直線分の対を重複なくすべて列挙できる．

11.4　水平線分・垂直線分の交差線分対列挙のプログラム例

本書の集大成とも言えるプログラムであるので，ライブラリプログラムは出力用の関数のみにしている．プログラムは，（main の関数を除いて）以下の 14 個の関数 `data_input()`（線分データを入力する関数），`acces(data)`（data を

11.4 水平線分・垂直線分の交差線分対列挙のプログラム例

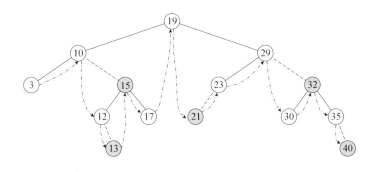

図 11.3 リスト付き二色木

探索する関数で以前の search とほぼ同じ働きをする），report(data1,data2)
(data1 から data2 までの区間に含まれる y 座標をもつ水平線分を列挙する関数），
get_node()（新しいノードを獲得する関数），free_node(d)（ノード d を解放
する関数），insert(data,pred,u)（data をノード u に格納し u をノード pred
の子として挿入する関数），move_data(v)（ノード v へデータを移動する関数），
delete_node(d)（ノード d を削除する関数），single_rotation(w,v)（v と v の
親 w に関する単回転を行う関数），double_rotation(w,v)（v と v の親 w に関す
る双回転を行う関数），insert_rebalance(v,u)（u と u の親 v に関する挿入後の
再平衡化を行う関数），delete_rebalance(d,w)（d と d の親 w に関する削除後
の再平衡化を行う関数），heapsort(n)（ヒープソートする関数），heapify(i,j)
（ヒープを構成する関数）からなる．さらに，後述のライブラリプログラム（ファ
イル名 horivertintoutput.h）は 2 個の関数 data_output()（入力データを出力す
る関数），sorted_data_output()（ソート済みデータを出力する関数）からなる．

```
// 水平線分・垂直線分の交差線分対列挙プログラム
#include <stdio.h>
#include "horivertintoutput.h"
// 水平線分・垂直線分の交差線分対列挙の出力ライブラリの読み込み
#define maxsize       300   // 二色木で扱えるノード数の上限を指定
#define maxsegment    10000 // 水平線分・垂直線分の本数の上限
#define max2segment   20000 // 水平線分・垂直線分の端点数の上限
#define max3segment   30000 // 水平線分・垂直線分の端点の異なる座標値数の上限
#define true          1
#define false         0
```

```
#define red                    -1    // 赤を-1と見なす
#define black                   1    // 黒を1と見なす
int hori[maxsegment+1];      // 線分jが水平（垂直）線分ならhori[j]==1 (hori[j]==0)
int xy_value[max3segment+1];
// 水平線分jのときはxy_value[3*j-2]は左端点のx座標
// xy_value[3*j-1]は右端点のx座標，xy_value[3*j]は端点のy座標
// 垂直線分jのときはxy_value[3*j-2]は端点のx座標
// xy_value[3*j-1]は下端点のy座標，xy_value[3*j]は上端点のy座標
int heap[max2segment+1];     // 端点のx座標によるソーティング用
int key[maxsize+1]; // vに記憶される線分jはkey[v]==3*jのように3*jとして記憶
int parent[maxsize+1], lchild[maxsize+1], rchild[maxsize+1];
// parent[v], lchild[v], rchild[v]はそれぞれ内点vの親，左の子，右の子
// rchild[0]は二色木の根（下記のrootを同じ働きをする）
int color[maxsize+1];     // color[v]はノードvの色（黒または赤）
int next[maxsize+1], before[maxsize+1];
// next[v]は二色木に記憶しているデータが昇順となる内点リストでvの直後のノード
// before[v]は二色木に記憶しているデータが昇順となる内点リストでvの直前のノード
// nextとbeforeで両方向リストを表現
// next[0]はリストの先頭（二色木の最小のデータを記憶している内点または外点0）
// before[0]はリストの末尾（二色木の最大のデータを記憶している内点または外点0）
int root,maxnode,avail;  // rootは二色木の根，maxnodeはmaxsize以下で二色木に
    // 存在する内点の最大数．availは再利用可能ノードリストの先頭のノード
int found;  // データの探索accessで記憶している内点が見つかればtrueとなる
int data_input(void){
    int i,j,n,q;
    printf("線分数nを入力してください\n");
    scanf("%d", &n);
    printf("n=%d 本の各線分の四つの非負整数値を入力してください\n", n);
    printf("四つの数値のうちで最初の数値が0のとき垂直，1のとき水平と判断\n");
    for (i = 1; i <= n; i++) {
        scanf("%d%d%d%d",&hori[i],&xy_value[3*i-2],&xy_value[3*i-1],&xy_value[3*i]);
    }
    return n;
}
int access(int data){// dataは水辺線分jの端点のy座標を記憶している3*jあるいは
// 垂直線分jの下端のy座標を記憶している3*j-1
// dataを記憶している内点，すなわちkey[v]==dataとなる内点v，を返す
// xy_value[data]==xy_value[key[v]]となる内点vが存在しないときには
// dataを記憶すべき外点の親を返す
// dataを記憶しているノードvが内点のときのみfoundはtrueとなり，
// key[v]==dataとなる内点vが存在しないときにはfoundはfalseとなる
// xy_value[data]==xy_value[key[v]]となる内点vが存在しても
// key[v]==dataとなる内点vが存在しなければfoundはfalseとなる
// key[v]==dataとなるのは外点vでのみのときにはfoundはfalseとなる
    int pred;
    int succ,prev;
    int v,d;
    found=false;  // dataを記憶している内点が見つかったときにtureとする
    pred=0;           // 以下で定めるノードvの親が存在するときにはpredはvの親
```

11.4 水平線分・垂直線分の交差線分対列挙のプログラム例

```
v=0;            // 重要
if (rchild[0] != 0) {// rchild[0] は根であり，二色木は空でない
   v=rchild[0];   // 最初 v を根とする
   // 以下内点 v!=0 は水平線分 j の端点の y 座標を記憶している 3*j
   key[0]=data; // 二色木の外点 0 に data を記憶し番兵として用いる
   // この番兵により次の while 文は必ず終了する
   while (xy\_value[data] != xy\_value[key[v]]){
   // xy_value[data] が xy_value[key[v]] と異なる限り以下を行う
      if (xy\_value[data] < xy\_value[key[v]]) {
      //xy_value[data] は左の子を根とする部分木に xy_value[key[v]] として存在
         pred=v; v=lchild[v];
      }
      else {// xy_value[data] > xy_value[key[v]] であるので
      //xy_value[data] は右の子を根とする部分木に xy_value[key[v]] として存在
         pred=v; v=rchild[v];
      }
   }
   // xy_value[data]==xy_value[key[v]] となった
   // なお v==0 のときには v は外点で番兵として発見されたことになる
   if (v != 0) {// v は 0 でないので外点ではない
      if (key[v]==data) found=true; // found はここではじめて true になる
      else {// key[v]!=data
         succ=next[v];
         while (xy_value[data]==xy_value[key[succ]] && data!=key[succ]) {
            succ=next[succ];
         }
         if (succ !=0 && data==key[succ]) {
            v=succ; found=true;
         }
         if (found==false) {
            prev=before[v];
            while (xy_value[data]==xy_value[key[prev]] && data!=key[prev]) {
               prev=before[prev];
            }
            if (prev !=0 && data==key[prev]){
               v=prev; found=true;
            }
         }
         if (found==false) {
            // どの内点 u でも key[u]!=data だが xy_value[data]==xy_value[key[v]]
            pred=v; // pred==v は内点
         }
      }
   }
   else {// v==0
      if (v!=0) printf("\n error key[%d]=%d data=%d\n",v,key[v]/3,data/3);
   }
}
else {//rchild[0]==0 であり二色木は空であるので何もしない
```

```
            // found は false のままである
      }
      if (found) {// v!=0 は data==key[v] を満たす内点
         if (data==key[v]) return(v);
         else {// これは起こらないはず
            printf("\n cannot return key[%d]=%d data=%d\n",v,key[v]/3,data/3);
            return v;
         }
      }
      else {// found==false で v==0 のときも v!=0 のときもある
         // if (v!=0)printf("\n false key[%d]=%d data=%d\n",v,key[v]/3,data/3);
         // pred!=0 のときは二色木は空ではない
         // xy_value[key[pred]]<xy_value[data] なら xy_value[key[pred]] は
         // 内点に記憶されている xy_value[data] より小さい最大データ
         // xy_value[key[pred]]>xy_value[data] なら xy_value[key[pred]] は
         // 内点に記憶されている xy_value[data] より大きい最小データ
         // pred==0 のときは二色木は空で rchild[0]==0
         return(pred);
      }
}
void report(int data1, int data2){
// data1 はある垂直線分 j の下端の y 座標を記憶している 3*j-1 で
// data2 はその垂直線分 j の上端の y 座標を記憶している 3*j
// 内点 v に記憶されている key[v] の y 座標 xy_value[key[v]] が区間
// [xy_value[data1],xy_value[data2]] に含まれる水平線分 key[v]/3 をすべて列挙する
      int v;
      printf("\n 垂直線分%d=((%d,%d),(%d,%d)) と交差する水平線分は\n",data2/3,
             xy_value[data2-2],xy_value[data2-1],xy_value[data2-2],xy_value[data2]);
      v=access(data1);
     while (v!=0 && xy_value[data1]==xy_value[key[v]]) v=before[v];
     // v==0 または v!=0 && xy_value[key[v]]<xy_value[data1]
     if (v==0 || v!=0 && xy_value[key[v]]<xy_value[data1]) v=next[v]; // 2016-09-21
     // v!=0 なら xy_value[key[v]] は xy_value[data1] 以上の最小データ
     while (v != 0 &&  xy_value[key[v]] <= xy_value[data2]) {
         printf("水平線分%d=((%d,%d),(%d,%d))\n",key[v]/3,
            xy_value[key[v]-2],xy_value[key[v]],xy_value[key[v]-1],xy_value[key[v]]);
         v=next[v];
      }
}
int get_node(void){// 新しいノード u を確保する
      int u;
      if (avail!=0) {// avail は再利用可能ノードのリストの先頭を指すので
         // 再利用可能ノードのリストは空でない
         u=avail; avail=next[avail]; next[u]=0;
      }
      else {// 再利用可能ノードのリストは空である
         maxnode=maxnode+1; u=maxnode;
      }
      return(u);
}
```

11.4 水平線分・垂直線分の交差線分対列挙のプログラム例   171

```
}
void free_node(int d){// 内点リストから内点 d を削除し再利用可能ノードリストに追加
   int prev,succ;
   succ=next[d]; prev=before[d];
   if (succ!=0) before[succ]=prev;  // d は内点リストの最後のノードではなかった
   next[prev]=succ;  // 以下のいずれもこれで実行されている
// if (prev!=0) next[prev]=succ;   // d は内点リストの先頭のノードではなかった
// else {// prev==0 で d は内点リストの先頭のノードだった
//    next[0]=succ;   // succ を内点リストの先頭とする
// }
   next[d]=avail; avail=d;
}
void single_rotation(int w, int v){// v と w (v の親) に関する単回転
int c, x, temp;
   x=parent[w]; parent[w]=v; parent[v]=x; // w の元の親 x は更新後 v の親になる
   temp=color[w]; color[w]=color[v]; color[v]=temp; // v と w の色交換
   if (x == 0) {// 元の二色木で w が根であったときは v を根にする
      rchild[0]=v; // color[v]=black;
   }
   else {// x!=0 で元の二色木で w が根ではなかったとき
      if (w == lchild[x]) {// w が x の左の子のとき
         lchild[x]= v;
      }
      else {// w が x の右の子のとき
         rchild[x]= v;
      }
   }
   if (v == lchild[w]) {// v が w の左の子のとき
      c=rchild[v]; parent[c]=w;
      lchild[w]=c; rchild[v]=w;
   }
   else {// v が w の右の子のとき
      c=lchild[v]; parent[c]=w;
      rchild[w]=c; lchild[v]=w;
   }
}
void double_rotation(int w, int v){// v と w (v の親) に関する双回転
int u, x, b, c, temp;
   x=parent[w]; // x は w の親
   if (v == lchild[w]) {// v が w の左の子のとき
      u=rchild[v]; b=lchild[u]; c=rchild[u]; // u は v の右の子
      parent[b]=v; rchild[v]=b;
      parent[c]=w; lchild[w]=c;
      parent[w]=u; parent[v]=u; parent[u]=x;
      lchild[u]=v; rchild[u]=w;
   }
   else {// v が w の右の子のとき
      u=lchild[v]; b=rchild[u]; c=lchild[u]; // u は v の左の子
      parent[b]=v; lchild[v]=b;
```

```
        parent[c]=w; rchild[w]=c;
        parent[w]=u; parent[v]=u; parent[u]=x;
        rchild[u]=v; lchild[u]=w;
    }
    temp=color[w]; color[w]=color[v]; color[u]=temp; // 色の交換
    if (x == 0) {// 元の二色木で w が根であったときは新しい二色木の根を u とする
        rchild[0]=u; // color[u]=black;
    }
    else {// x!=0 で元の二色木で w が根でなかったとき
        if (w == lchild[x]) lchild[x]= u; // w が x の左の子であったとき
        else rchild[x]= u; // w が x の右の子であったとき
    }
}
void insert_rebalance(int v, int u){// u と v (u の親) がともに赤のとき
int w,d;
    w=parent[v]; // w を v の親とする
    if (v == lchild[w]) d=rchild[w]; else d=lchild[w]; // d は v の兄弟
    if (color[d] == red) {// d の色が赤のとき色交換をする
        color[d] = black; color[v] = black;
        if (parent[w]!=0) {// w は根でない
            u=w; color[u]=red; v=parent[u];
            if (color[v]==red) insert_rebalance(v,u);
        }
    }
    else {// (color[d]==black) d の色が黒のとき回転を行う (d が外点 0 でも問題ない)
        if ((u==lchild[v] && v==lchild[w]) || (u==rchild[v] && v==rchild[w]))
            // u が v の左の子で v が w の左の子または u が v の右の子で v が w の右の子のとき
            single_rotation(w,v); // 単回転
        else // そうでないときは双回転
            double_rotation(w,v);}
    }
}
void delete_rebalance(int d, int w){// d と w (d の親) に関する削除後の再平衡化
    int u,v,c;
    if (lchild[w]==d) {// d が w の左の子のとき
        v=rchild[w]; u=rchild[v]; c=lchild[v];
    }
    else {// d が w の右の子のとき
        v=lchild[w]; u=lchild[v]; c=rchild[v];
    }// v は d の兄弟で u と c は v の子
    if (color[v]==black) {// v の色が黒のとき
        if (color[u]==black) {// u の色も黒のとき
            if (color[c]==black) {// さらに c の色も黒のときは色交換を行う
                color[v]=red;
                if (color[w]==red) {// w の色が赤のときは黒に変えて終了する
                    color[w]=black; // return;
                }
                else {// w が色が黒のときは w が根でない限り d=w とおいて継続する
                    d=w; w=parent[w];
```

11.4 水平線分・垂直線分の交差線分対列挙のプログラム例

```
               if (w != 0) delete_rebalance(d,w); // 再平衡化を続ける
            }
         }
         else {// c の色が赤であるとき双回転して終了する
            double_rotation(w,v);
         }
      }
      else {// u の色が赤（v の色は黒）のとき
         single_rotation(w,v); // 単回転
         color[u]=black;
      }
   }
   else {// v の色が赤のとき
      single_rotation(w,v); // 単回転をする
      delete_rebalance(d,w);   // 次の再平衡化に移るがその次の再平衡化は起きない
   }
}
int insert(int data, int pred, int u){// pred が変化するので int に変えた
   // ノード u に data を記憶し，u を pred の子（内点）として登録する
   key[u]=data; lchild[u]=0; rchild[u]=0; // 新しいノード u をこのように設定する
   if (pred==0) {// 二色木は空であるので，内点 u のみからなる木を作る
      rchild[0]=u; parent[u]=0; // 二色木の根は u となる
      next[0]=u; next[u]=0; before[u]=0;
      // 二色木に記憶しているデータが昇順となる内点リストは u のみからなる
   }
   else {// 二色木は空でなく pred は内点，xy_value[data]<xy_value[key[pred]]
         // または xy_value[data]>xy_value[key[pred]]
         // または xy_value[data]==xy_value[key[pred]] 2016-09-18
      if (xy_value[data] == xy_value[key[pred]]) {//
         if (lchild[pred]==0) {// u を pred の左の子（内点）とする
            lchild[pred]=u; parent[u]=pred;
            before[u]=before[pred]; before[pred]=u;
            next[u]=pred; next[before[u]]=u;
         }
         else {// lchild[pred]!=0
            if (rchild[pred]==0) {// u を pred の右の子（内点）とする
               rchild[pred]=u; parent[u]=pred;
               next[u]=next[pred]; next[pred]=u;
               before[u]=pred; before[next[u]]=u;
               // 二色木に記憶しているデータが昇順となる内点リストに u を挿入する
            }
            else {//lchild[pred]!=0&&rchild[pred]!=0 pred は内点の子を 2 個もつ
               pred=lchild[pred]; // pred は内点
               while (rchild[pred]!=0) {
                  // 右の子が外点になるまで右の子へ降りることを繰り返す
                     pred=rchild[pred]; // pred を pred の右の子に更新する
               } // while 文が終了した時点で外点 rchild[pred] の親は pred
               rchild[pred]=u; parent[u]=pred;
               next[u]=next[pred]; next[pred]=u;
```

```
                    before[u]=pred; before[next[u]]=u;
                }
            }
        }
        else {// (xy_value[data] != xy_value[key[pred]])
        // xy_value[data]<xy_value[key[pred]] or xy_value[data]>xy_value[key[pred]]
            parent[u]=pred; // u の親は pred となる
            if (xy_value[data] < xy_value[key[pred]]) {// u を pred の左の子とする
                lchild[pred]=u;
                before[u]=before[pred]; before[pred]=u;
                next[u]=pred; next[before[u]]=u;
                // 二色木に記憶しているデータが昇順となる内点リストに u を挿入する
            }
            else {// xy_value[data] > xy_value[key[pred]] u を pred の右の子とする
                rchild[pred]=u;
                next[u]=next[pred]; next[pred]=u;
                before[u]=pred; before[next[u]]=u;
                // 二色木に記憶しているデータが昇順となる内点リストに u を挿入する
            }
        }
    }
    return pred;
}
int move_data(int v){
    // 内点 v が内点の子を 2 個もつとき，以下のようにして定まる v の子孫 d に
    // 記憶されているデータを内点 v へ移動する（v に記憶されているデータの削除）
    int d;
    d=v; // d を v と初期設定する
    if (lchild[d]!=0 && rchild[d]!=0){// d が内点の子を 2 個もつとき
        d=lchild[d]; // d の左の子を d と更新する
        while (rchild[d]!=0) {// 右の子が外点になるまで右の子へ降りることを繰り返す
            d=rchild[d]; // d を d の右の子に更新する
        } // while 文が終了した時点で d の親は存在し，さらに d の右の子は外点となる
        key[v]=key[d]; // ノード d に記憶されているデータを祖先のノード v へ移動する
        // これで内点 v に記憶されていた元のデータは消滅した
        // 内点 d に記憶されていた元のデータはそのまま存在
    }
    return(d);
}
void delete_node(int d){// 内点の子が高々 1 個の内点 d の削除
    // d に記憶されているデータも削除される
    int c,w;
    w=parent[d];
    // w!=0 ならば w は d の親であり，d は内点の子を高々 1 個しかもたない
    if (lchild[d]==0) c=rchild[d]; else c=lchild[d];
    // c と異なる d の子は外点である．c は内点のときもあるし外点のときもある
    if (w==0){// d が根のときには c を新しい根とする（d は削除された）
        rchild[0]=c;
    }
```

11.4 水平線分・垂直線分の交差線分対列挙のプログラム例   175

```
      else{ // d が根でなかったとき c を w の適切な子にする (これにより d は削除される)
         if (d==lchild[w]) { // d が w の左の子のとき c を w の左の子とする
            lchild[w]=c;
         }
         else { // d が w の右の子のとき c を w の右の子とする
            rchild[w]=c;
         }
      }
      color[c]=black;
      if (c != 0) { // c が内点のとき c の親を w とする
         parent[c]=w;
      }
      else { // c が外点のとき
         if (color[d] == black) { // d が黒で内点の子をもたないとき
            d=c; delete_rebalance(d,w); // 削除後の再平衡化
         }
      }
   }
}
void heapify(int i, int j) {
   int k;
   int temp;
   while (2*i <= j) {
      k=2*i;
      if (k+1 <= j && xy_value[heap[k+1]]>xy_value[heap[k]]) k= k+1;
      if (xy_value[heap[k]]>xy_value[heap[i]]) { // 親のほうが小さい
         temp=heap[i]; heap[i]=heap[k]; heap[k]=temp; // 交換
         i=k; // 下移動
      }
      else break;
   }
}
void heapsort(int n) {
   int k;
   int temp;
   for (k = n/2; k >= 1; k--) heapify(k,n);
   for (k = n; k >= 2; k--) {
      temp=heap[1];
      heap[1]= heap[k];
      heap[k]=temp;
      heapify(1,k-1);
   }
}
void main(void){
   int n,i,j,k,h,m;
   int u,v,w,c,d;
   avail=0; maxnode=0;
   rchild[0]=0; // rchild[0] は二色木の根で, rchild[0]==0 は二色木が空である
   color[0]=black; // color[0]==black は外点の色が黒であることを表現している
   next[0]=0; before[0]=0;  // next と before で両方向リストを表現
```

```
// next[0] はリストの先頭のノード，before[0] はリストの末尾のノード
n=data_input();
data_output(n,hori,xy_value);
m=0;
for (i = 1; i <= n; i++) {
   if (hori[i]==1) {
      m++; heap[m]=3*i-2; m++; heap[m]=3*i-1;
   }
   else {// hori[i]==0
      m++; heap[m]=3*i-2;
   }
}
heapsort(m);
sorted_data_output(m,heap,hori,xy_value);
for (j= 1;j<= m; j++){
   i=(heap[j]+2)/3;
   v=access(3*i);
   if (hori[i]==1) {// i は水平線分
      if (found == false) {// 3*i を記憶している内点はなかったので挿入
      // 水平線分 i の y 座標に対応するインデックスの 3*i を二色木に挿入
         u=get_node(); // 新しいノード u の確保
         v=insert(3*i,v,u); // u に 3*i を記憶し，u を v の子として登録する
         // 2016-09-18
         if (v==0) color[u]=black; // 二色木は根 u のみからなるので u を黒に
         else {// 元の二色木は空でなかった
            color[u]=red; // u を赤にする
            if (color[v]==red) insert_rebalance(v,u); // 挿入後の再平衡化
         }
         printf("\ninsert(%d)",i);
      }
      else {// (found == true) 3*i を記憶している内点が v
      // 水平線分 i の y 座標に対応するインデックスの 3*i を二色木から削除
         d=move_data(v); // 内点 d に記憶されているデータを内点 v へ移動する
         free_node(d); // 内点 d を解放し再利用可能ノードのリストに追加する
         // printf("\n"); printf("delete(%d)",i);
         printf("\ndelete(%d)",i);
         // printf("\n");
         delete_node(d); // 内点の子が高々 1 個の内点 d の削除
      }
   }
   else {// hori[i]==0 で i は垂直線分
      report(3*i-1,3*i);
   }
}
```

なお，上記のプログラムを正しく走らせるためには、出力用の以下のライブラリプログラム（ファイル名 horivertintoutput.h）を読み込むことが必要である．

11.4 水平線分・垂直線分の交差線分対列挙のプログラム例   177

```c
// 水平線分・垂直線分の交差線分対列挙の出力ライブラリプログラム horivertintoutput.h
void data_output(int n, int *hori, int *xy_value){
   int i,j,q;
   printf("入力データは以下のとおりです");
   printf("\n   ");
   q=(n-1)/10;
   if (q>0) {
      for (j = 0; j <= q-1; j++) {
         printf("\ni       ");
         for (i = 10*j+1; i <= 10*j+10; i++) printf("%5d", i);
         printf("\nhori[i] ");
         for (i = 10*j+1; i <= 10*j+10; i++) printf("%5d", hori[i]);
         printf("\nx[3*i-2]");
         for (i = 10*j+1; i <= 10*j+10; i++) printf("%5d", xy_value[3*i-2]);
         printf("\nx[3*i-1]");
         for (i = 10*j+1; i <= 10*j+10; i++) printf("%5d", xy_value[3*i-1]);
         printf("\nx[3*i]  ");
         for (i = 10*j+1; i <= 10*j+10; i++) printf("%5d", xy_value[3*i]);
         printf("\n");
      }
   }
   printf("\ni       ");
   for (i = 10*q+1; i <= n; i++) printf("%5d", i);
   printf("\nhori[i] ");
   for (i = 10*q+1; i <= n; i++) printf("%5d", hori[i]);
   printf("\nx[3*i-2]");
   for (i = 10*q+1; i <= n; i++) printf("%5d", xy_value[3*i-2]);
   printf("\nx[3*i-1]");
   for (i = 10*q+1; i <= n; i++) printf("%5d", xy_value[3*i-1]);
   printf("\nx[3*i]  ");
   for (i = 10*q+1; i <= n; i++) printf("%5d", xy_value[3*i]);
   printf("\n");
}
void sorted_data_output(int n, int *heap, int *hori, int *xy_value){
   int i,j,k,q;   printf("\nx 座標値によるソーティング後のデータ");
   printf("\n   ");
   q=(n-1)/10;
   if (q>0) {
      for (j = 0; j <= q-1; j++) {
         printf("\n k   ");
         for (k = 10*j+1; k <= 10*j+10; k++) printf("%6d", k);
         printf("\n seg ");
         for (k = 10*j+1; k <= 10*j+10; k++) printf("%6d", (heap[k]+2)/3);
         printf("\n hori");
         for (k = 10*j+1; k <= 10*j+10; k++) printf("%6d", hori[(heap[k]+2)/3]);
         printf("\n heap");
         for (k = 10*j+1; k <= 10*j+10; k++) printf("%6d", heap[k]);
         printf("\n x   ");
         for (k = 10*j+1; k <= 10*j+10; k++) printf("%6d", xy_value[heap[k]]);
```

```
            printf("\n y   ");
            for (k = 10*j+1; k <= 10*j+10; k++)
                printf("%6d", xy_value[((heap[k]+2)/3)*3]);
            printf("\n");
        }
    }
    printf("\n k   ");
    for (k = 10*q+1; k <= n; k++) printf("%6d", k);
    printf("\n seg ");
    for (k = 10*q+1; k <= n; k++) printf("%6d", (heap[k]+2)/3);
    printf("\n hori");
    for (k = 10*q+1; k <= n; k++) printf("%6d", hori[(heap[k]+2)/3]);
    printf("\n heap");
    for (k = 10*q+1; k <= n; k++) printf("%6d", heap[k]);
    printf("\n x   ");
    for (k = 10*q+1; k <= n; k++) printf("%6d", xy_value[heap[k]]);
    printf("\n y   ");
    for (k = 10*q+1; k <= n; k++) printf("%6d", xy_value[((heap[k]+2)/3)*3]);
    printf("\n");
}
```

以下に上記のプログラムの実行例を与える．

```
8
    1    1    9    8
    1    2    8    2
    0    3    1    9
    1    4   10    4
    1    5   13    6
    1    6   12   10
    0    7    3   11
    0   11    5    7
```

上記のデータは，正確な座標は異なるが，図 11.2 の 8 個の線分の（相対的な位置）情報である．最初の数字が 0 のときは垂直線分であり，2 番目の数字が両端点の x 座標，3 番目の数字と 4 番目の数字は，下の端点と上の端点の y 座標である．一方，最初の数字が 1 のときは水平線分であり，2 番目と 3 番目の数字が左の端点と右の端点の x 座標，4 番目の数字が両端点の y 座標である．以下は，上記のプログラムに上記の 8 個の線分のデータを入力として与えたときの実行例である．

```
線分数 n を入力してください
n=8 本の各線分の四つの非負整数値を入力してください
四つの数値のうちで最初の数値が 0 のとき垂直，1 のとき水平と判断
入力データは以下のとおりです
```

11.4 水平線分・垂直線分の交差線分対列挙のプログラム例

```
i            1    2    3    4    5    6    7    8
hori[i]      1    1    0    1    1    1    0    0
x[3*i-2]     1    2    3    4    5    6    7   11
x[3*i-1]     9    8    1   10   13   12    3    5
x[3*i]       8    2    9    4    6   10   11    7
```

x座標値によるソーティング後のデータ

```
k            1    2    3    4    5    6    7    8    9   10
seg          1    2    3    4    5    6    7    2    1    4
hori         1    1    0    1    1    1    0    1    1    1
heap         1    4    7   10   13   16   19    5    2   11
x            1    2    3    4    5    6    7    8    9   10
y            8    2    9    4    6   10   11    2    8    4

k           11   12   13
seg          8    6    5
hori         0    1    1
heap        22   17   14
x           11   12   13
y            7   10    6
```

```
insert(1)
insert(2)
垂直線分 3=((3,1),(3,9)) と交差する水平線分は
水平線分 2=((2,2),(8,2))
水平線分 1=((1,8),(9,8))

insert(4)
insert(5)
insert(6)
垂直線分 7=((7,3),(7,11)) と交差する水平線分は
水平線分 4=((4,4),(10,4))
水平線分 5=((5,6),(13,6))
水平線分 1=((1,8),(9,8))
水平線分 6=((6,10),(12,10))

delete(2)
delete(1)
delete(4)
垂直線分 8=((11,5),(11,7)) と交差する水平線分は
水平線分 5=((5,6),(13,6))

delete(6)
delete(5)
```

11.5 演習問題

11.1 点数 n を読み込んで，平面上に n 本の水平線分・垂直線分をランダムに発生し，それらの情報を配列に格納するするプログラムを作成せよ．具体的には，線分の端点の (x,y) は $0 \leq x \leq 799, 0 \leq y \leq 799$ の整数座標であるとし，j 番目の線分が水平線分ならば hori[j]=1，垂直線分ならば hori[j]=0 として記憶する配列 hori を用意し，さらに，j が水平線分ならば xy_value[3*j-2] に左端点の x 座標，xy_value[3*j-1] に右端点の x 座標，xy_value[3*j] に両端点の y 座標を記憶し，さらに，j が垂直線分ならば xy_value[3*j-2] に両端点の x 座標，xy_value[3*j-1] に下端点の y 座標，xy_value[3*j] に上端点の y 座標を記憶するようにすること．

11.2 前問でランダムに発生させた n 本の水平・垂直線分の集合に対して，11.4 節の水平線分・垂直線分の交差線分対列挙のプログラムを実行して正しく交差線分対が列挙されることを確認せよ．

11.3 前問の C 言語のプログラムに変更を加えて，水平線分・垂直線分の交差線分対列挙のアニメーションプログラムを Java 言語で作成して実行せよ（平面走査と各垂直線分に対して交差する水平線分が列挙される様子が確認できるようにすること）．

第12章　データ構造の応用3：最小全点木

本章の目標は，集合ユニオン・ファインド森の応用として，最小全点木問題に対するアルゴリズムを理解することである．

12.1　最小全点木を求める Kruskal のアルゴリズム

連結な無向グラフ G の各辺 $e \in E(G)$ に重み $w(e) > 0$ が付随するネットワーク $N = (G; w)$ において，すべての点を連結にする部分グラフのうちで，重み最小のもの（すべての点を含む木になるので**全点木** (spanning tree) あるいは**全域木**，**全張木**と呼ばれる）を求める問題，すなわち，最小重みの全点木（以下，簡単化して，**最小全点木** (minimum spanning tree) と呼ぶことにする）を求める問題が，最小全点木問題である（図 12.1）．なお，部分グラフ T の重み $w(T)$ は，T に含まれる辺の重みの和として定義される．最小全点木問題は，ネットワーク理論における有名な古典的問題の一つである．辺の重みは非負にまで容易に一般化できる．

連結な無向グラフ G のすべての点を含む部分グラフ（**全点部分グラフ** (spanning subgraph) と呼ばれる）T' が閉路をもたないとすると**全点森** (spanning forest)（すべての点を含むいくつかの木の集合）になるが，T' を含むような G の全点木 T が存在する．すなわち，$E(T') \subseteq E(T)$ かつ $V(T) = V(G)$ となる木 T が G に存在する．また，T' が k 本の辺からなる G の閉路を含まないグラフで重み最小のものならば，T' に辺を付加しても閉路を含まないような辺のうちで最小重みの辺 e を付け加えて得られる $T'' = T' \cup \{e\}$ ($E(T'') = E(T') \cup \{e\}$) は，$k+1$ 本の辺からなり，かつ閉路を含まないもので重みが最小であることも言える．したがって，連結な無向グラフ G の各辺 $e \in E(G)$ に重み $w(e) \geq 0$ が付随するネットワーク $N = (G; w)$ の最小全点木 T は次のようにして求めることができる．

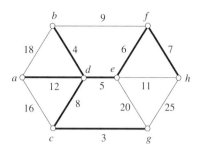

図 12.1 ネットワーク $N = (G; w)$ の最小全点木 T（太線）とその重み $w(T) = 45$

最小全点木を求める Kruskal のアルゴリズム

1. $E(G) = \{e_1, e_2, \ldots, e_m\}$ を $w(e_1) \leq w(e_2) \leq \cdots \leq w(e_m)$ と重みの小さい順に並べる．$T = \emptyset$ とおく（最終的に得られる T は最小全点木の辺集合を表す）．
2. $i = 1$ から 1 ずつ増やして m になるまで以下の (a) を繰り返す．
   (a) $T \cup \{e_i\}$ が閉路を含まなければ，$T = T \cup \{e_i\}$ と更新する．

これは J. B. Kruskal により提案されたもので，2.（ステップ 2）がグリーディ法（貪欲法）に基づいていると言える．図 12.1 のネットワーク $N = (G; w)$ に対して，Kruskal のアルゴリズムで最小全点木が得られる様子を図 12.2 に示している．

2.(a) で得られる T が k 本の辺を含むとき，T は k 本の辺からなる G の閉路を含まない部分グラフのうちで重みが最小のものになっていることが示せるので，最終的に得られる全点木 T は $n-1$ 本 ($n = |V(G)|$) の辺からなる G の閉路を含まない部分グラフのうちで重みが最小のものになる．証明は演習問題とする．

Kruskal のアルゴリズムは 1.（ステップ 1）でソーティングを用いているので $\Theta(m \log m)$ の計算時間を必要とする．2.（ステップ 2）では，各 e_i に対して，$T \cup \{e_i\}$ が閉路を含むかどうかを判定しなければならないが，$|T \cup \{e_i\}| \leq n$ であるので $O(n)$ 時間でできる．したがって，全体でも $O(mn)$ 時間でできる．

さらに 9.3 節の集合ユニオン・ファインド森を用いて，T の各連結成分を部分集合とする集合族を根付き木で表現すると，各辺 $e_i = (u_i, v_i)$ の両端点で find の操作を行い，$\text{find}(u_i) = \text{find}(v_i)$ のときには $T \cup \{e_i\}$ が閉路を含むので何

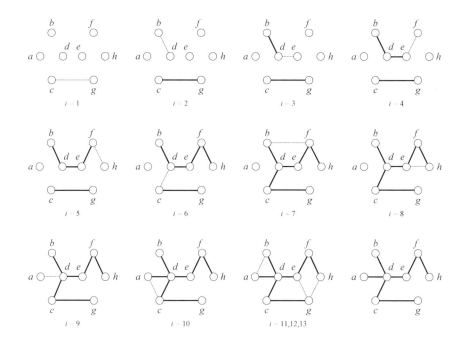

図 **12.2** Kruskal のアルゴリズムで最小全点木を求める様子

もせず，$r(u_i) = \text{find}(u_i) \neq \text{find}(v_i) = r(v_i)$ のときには閉路を含まないので union$(r(u_i), r(v_i))$（すなわち，$T = T \cup \{e_i\}$）と更新する（図 12.3）．すると，2.（ステップ 2）は，$2m$ 回の find 操作と $n-1$ 回の union 操作で実行できるので，定理 9.3 より，$O(m \log n)$ 時間で実行できる．したがって，全体の計算時間は 1.（ステップ 1）で支配される．$m = O(n^2)$ であるので $m \log m = O(m \log n)$ であり，Kruskal のアルゴリズムの計算時間は $O(m \log n)$ である．辺の重みがソート済みのときには，定理 9.4 より，計算時間は $O(m\alpha(m,n))$ となる．

12.2 Kruskal のアルゴリズムのプログラム例

以下の Kruskal のアルゴリズムのプログラムは，(main の関数を除いて) 6 個の関数 `network_input()`（ネットワークデータを入力し出力する関数），`find(i)`（i を含む部分集合を返す関数），`set_union(i,j)`（集合 i と集合 j の和集合を返

(a) 最初の状態   (b) $i=1$ 終了後の状態   (c) $i=2$ 終了後の状態

(d) $i=3$ 終了後の状態   (e) $i=4$ 終了後の状態

(f) $i=5$ 終了後の状態   (g) $i=8$ 終了後の状態   (h) $i=9$ 終了後の状態

図 12.3 集合ユニオン・ファインド森を用いて図 12.1 のネットワークの最小全点木を求める様子

す関数), `heapsort()` (ヒープソートする関数), `heapify(p,q)` (ヒープを構成する関数), `minimum_spanning_tree_output()` (得られた最小全点木を出力する関数) からなる.

```
// Kruskal の最小全点木を求めるプログラム
#include <stdio.h>
#define vmaxsize        1000
#define emaxsize        3000
#define e2maxsize       6000
#define unvisited       -1
#define true            1
#define false           0
int head[e2maxsize+1];
int weight[emaxsize+1];
int order[emaxsize+1];
int tree[vmaxsize+1];
int size[vmaxsize+1], parent[vmaxsize+1];
int m, n, start;
void network_input(void){// ネットワークデータを入力し出力する関数
```

```
    int e;
    printf("グラフの点数nと辺数mを入力してください．\n");
    scanf("%d %d", &n, &m);
    printf("m本の各辺の両端点および重みを入力してください．\n");
    for (e = 1; e <= m; e++) {
        scanf("%d %d %d", &head[2*e-1], &head[2*e], &weight[e]);
    }
    printf("\n 入力データ\n");
    for (e = 1; e <= m; e++) {
        printf("辺%2d は (%d,%d) で重みは%2d です \n",
                    e,head[2*e-1],head[2*e],weight[e]);
    }
}
int find(int i) { // i を含む部分集合を返す数
    int j;
    j=i;
    while (parent[j] != j) j=parent[j];
    while (i != j) { parent[i]=j; i=parent[i]; }
    return j;
}
void set_union(int i, int j) { // i を含む集合と j を含む集合の和集合をとる関数
    if (size[i]>=size[j]) { parent[j]=i; size[i]=size[i]+size[j]; }
    else { parent[i]=j; size[j]=size[i]+size[j]; }
}
void heapify(int p, int q) { // ヒープを構成する関数
    int r,s;
    while (2*p <= q) {
        r=2*p;
        if (r+1 <= q && weight[order[r+1]] > weight[order[r]]) r=r+1;
        if (weight[order[p]] < weight[order[r]]) {
                s=order[p]; order[p]=order[r]; order[r]=s; p=r;
        }
        else p=q;
    }
}
void heapsort(void) { // ヒープソートする関数
    int e, temp,a;
    for (e = 1; e <= m; e++) order[e]=e;
    for (e = m/2; e >= 1; e--) heapify(e,m);
    for (e = m; e >= 2; e--) {
        temp=order[1]; order[1]= order[e]; order[e]=temp;
        heapify(1,e-1);
    }
}
void minimum_spanning_tree_output(void){ // 得られた最小全点木を出力する関数
    int e,k;
    int total_weight=0;
    printf("\n 最小全点木を構成する辺\n");
    for (k = 1; k <= n-1; k++)
```

```
            e=tree[k];
            total_weight=total_weight+weight[e];
            printf("辺%2d=(%d,%d)   重み%2d\n",
                    e, head[2*e-1], head[2*e], weight[e]);
        }
        printf("最小全点木の重みは%d です\n", total_weight);
}
void main(void){
    int e,v,v1,v2;
    int i, d, tree_size; // tree_size は T に含まれる辺の本数を表す
    network_input(); // 辺数 m, 点数 n, 各辺の両端点と重みが決定される
    heapsort();
    for (v = 1; v <= n; v++) {// 集合ユニオン・ファインド森を初期化
        parent[v]=v; size[v]=1;
    }
    tree_size=0;
    i=0;
    while (tree_size < n-1 && i<= m) {
        i++;
        e=order[i];
        v1=find(head[2*e-1]);
        v2=find(head[2*e]);
        if (v1 != v2) {
            tree_size++;
            tree[tree_size]=e;
            set_union(v1,v2);
        }
    }
    minimum_spanning_tree_output();
}
```

図 12.4 は，左の箱の図 12.1 のネットワークのデータを上記のプログラムに入力として与えたときの実行結果（出力）を右の箱に示したものである．正しい最小全点木が得られていることを確認してほしい．

12.3 演習問題

12.1 12.1 節の Kruskal のアルゴリズムで正しい最小全点木が得られることを示せ．

12.2 図 12.5 のネットワークで Kruskal のアルゴリズムの動作と対応する集合ユニオン・ファインド森の更新される様子を図示せよ．

12.3 12.2 節の Kruskal のアルゴリズムのプログラムに対して，様々なネットワークを入力として与えて，得られた結果の正しいことを確かめよ．

```
8 13
1 2 18
1 3 16
1 4 12
2 6 9
2 4 4
3 4 8
3 7 3
4 5 5
6 8 7
6 5 6
5 8 11
5 7 20
7 8 25
```

```
グラフの点数 n と辺数 m を入力してください.
m 本の各辺の両端点および重みを入力してください.

入力データ
辺 1 は (1,2) で重みは 18 です
辺 2 は (1,3) で重みは 16 です
辺 3 は (1,4) で重みは 12 です
辺 4 は (2,6) で重みは  9 です
辺 5 は (2,4) で重みは  4 です
辺 6 は (3,4) で重みは  8 です
辺 7 は (3,7) で重みは  3 です
辺 8 は (4,5) で重みは  5 です
辺 9 は (6,8) で重みは  7 です
辺 10 は (6,5) で重みは  6 です
辺 11 は (5,8) で重みは 11 です
辺 12 は (5,7) で重みは 20 です
辺 13 は (7,8) で重みは 25 です

最小全点木を構成する辺
辺 7=(3,7)    重み  3
辺 5=(2,4)    重み  4
辺 8=(4,5)    重み  5
辺 10=(6,5)   重み  6
辺 9=(6,8)    重み  7
辺 6=(3,4)    重み  8
辺 3=(1,4)    重み 12
最小全点木の重みは 45 です
```

図 12.4　Kruskal の最小全点木を求めるプログラムの実行例

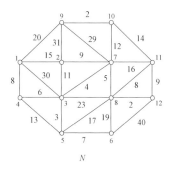

図 12.5　演習問題 12.2 のネットワーク

演習問題解答

第 1 章

1.1 `// 二つの多項式 a(x),b(x) の積 c(x) の計算プログラム`
```
#include <stdio.h>
#define dmax        20    // 多項式 c(x) の次数 n+m の上限
void print_polynomial(int n, int *p){// 次数 n の多項式 p(x) を出力する
int i;
    printf("%3dx^^%d ",p[n],n);
    for (i=n-1; i>=2; i--) {
        if (p[i] > 0) printf("+%3dx^^%d ", p[i],i);
        else if (p[i] < 0) printf("-%3dx^^%d ", -p[i],i);
    }
    if (p[1] > 0) printf("+%3dx ", p[1]);
    else if (p[1] < 0) printf("-%3dx ", -p[1]);
    if (p[0] > 0) printf("+%3d\n", p[0]);
    else if (p[0] < 0) printf("-%3d\n", -p[0]);
}
void main(void){
    int a[dmax+1], b[dmax+1], c[dmax+1];
    int i,k,m,n;
    printf("a(x) の次数 n と n+1 個の係数を次数の高いほうから入力してください\n");
    printf("入力したデータは");
    scanf("%d", &n); printf("%3d", n);
    for (i=n; i>=0; i--) {scanf("%d", &a[i]); printf("%3d", a[i]);}
    printf("です\n");
    printf("入力の多項式 a(x)= ");
    print_polynomial(n, a);
    printf("b(x) の次数 m と m+1 個の係数を次数の高いほうから入力してください\n");
    printf("入力したデータは");
    scanf("%d", &m); printf("%3d", m);
    for (i=m; i>=0; i--) {scanf("%d", &b[i]); printf("%3d", b[i]);}
    printf("です\n");
    printf("入力の多項式 b(x)= ");
    print_polynomial(m, b);
    for (k=n+m; k>=0; k--) {
        c[k]=0;
        for (i=k; i>=0; i--) {
            if (i<=n && i>=k-m) c[k]=c[k]+a[i]*b[k-i];
        }
    }
```

```
    printf("a(x) と b(x) の積 c(x)=a(x)b(x) は\n");
    print_polynomial(n+m, c);
}
```

以下は，上記のプログラムの実行例である．

```
a(x) の次数 n と n+1 個の係数を次数の高いほうから入力してください
入力したデータは   3   2   5   6   4 です
入力の多項式 a(x)=    2x^^3 +   5x^^2 +   6x +   4
b(x) の次数 m と m+1 個の係数を次数の高いほうから入力してください
入力したデータは   4   3   5   1   2   7 です
入力の多項式 b(x)=    3x^^4 +   5x^^3 +   1x^^2 +   2x +   7
a(x) と b(x) の積 c(x)=a(x)b(x) は
  6x^^7 + 25x^^6 + 45x^^5 + 51x^^4 + 50x^^3 + 51x^^2 + 50x + 28
```

1.2
```
// 二つの行列 a,b の積 c=ab の計算プログラム
#include <stdio.h>
#define dmax            20   // nxn 行列の n の上限
void input_output_matrix(int n, int p[][dmax+1]){
// nxn 行列 p にデータを読み込み出力する
    int i,j;
    for (i=1; i<=n; i++){
        for (j=1; j<=n; j++){
            scanf("%d", &p[i][j]); printf("%4d", p[i][j]);
        }
        printf("\n");
    }
}
void main(void){
    int a[dmax+1][dmax+1], b[dmax+1][dmax+1], c[dmax+1][dmax+1];
    int i,j,k,n;
    printf("行列 a と b の行数 n を入力してください\n");
    printf("行列 a と b の n^^2 個の要素をそれぞれ入力してください\n");
    printf("入力したデータは");
    scanf("%d", &n); printf("n=%3d であり\n", n);
    printf("行列 a は\n");
    input_output_matrix(n,a);
    printf("行列 b は\n");
    input_output_matrix(n,b);
    printf("です\n");
    for (i=1; i<=n; i++){
        for (j=1; j<=n; j++) {
            c[i][j]=0;
            for (k=1; k<=n; k++) c[i][j]=c[i][j]+a[i][k]*b[k][j];
        }
    }
    printf("行列 c=ab は\n");
    input_output_matrix(n,c);
```

```
        printf("です\n");
}
```

以下は，上記のプログラムの実行例である．

```
行列 a と b の行数 n を入力してください
行列 a と b の n^^2 個の要素をそれぞれ入力してください
入力したデータは n=   4 であり
行列 a は
   1   2   3   4
   5   6   7   8
   9   1   2   3
   4   5   6   7
行列 b は
   1   2   3   4
   5   6   7   8
   2   3   4   5
   6   7   8   9
です
行列 c=ab は
  41  51  61  71
  97 123 149 175
  36  51  66  81
  83 105 127 149
です
```

1.3 $f(n) = o(g(n))$ であることと $\lim_{n\to\infty} \dfrac{f(n)}{g(n)} = 0$ とは等価であり，$f(n) = \omega(g(n))$ であることと $\lim_{n\to\infty} \dfrac{f(n)}{g(n)} = \infty$ とは等価であることが言える．これを用いると以下が成立することから得られる．

(a) $\lim_{n\to\infty} \dfrac{2^n}{3^n} = 0$. (したがって，$2^n = o(3^n)$.)

(b) $\lim_{n\to\infty} \dfrac{\log_2 n}{n^\varepsilon} = \lim_{n\to\infty} \dfrac{\log_2 e}{\varepsilon n n^{\varepsilon-1}} = \lim_{n\to\infty} \dfrac{\log_2 e}{\varepsilon n^\varepsilon} = 0$.
(したがって，任意の正数 ε に対して，$\log_2 n = o(n^\varepsilon)$.)

(c) $3^{\log_2 n} = n^{\log_2 3}$ を用いると
$\dfrac{3^{\log_2 n}}{n^2} = n^{\log_2 3 - 2} = n^{-0.415}$ であるので，$\lim_{n\to\infty} \dfrac{3^{\log_2 n}}{n^2} = 0$.
(したがって，$3^{\log_2 n} = o(n^2)$.)

(d) $5^{\frac{1}{2}\log_2 n} = n^{\frac{1}{2}\log_2 5}$ を用いると

$$\lim_{n\to\infty} \frac{5^{\frac{1}{2}\log_2 n}}{n(\log n)^2} = \lim_{n\to\infty} \frac{n^{\frac{1}{2}\log_2 5}}{n(\log n)^2} = \lim_{n\to\infty} \frac{n^{\frac{1}{2}\log_2 \frac{5}{4}}}{(\log n)^2} = \infty.$$

(したがって，$5^{\frac{1}{2}\log_2 n} = \omega(n(\log n)^2)$.)

第 2 章

2.1 以下のように，4514 と 1517 の最大公約数 $\mathrm{GCD}(4514, 1517) = 37$ は $37 = 4514 \times (-1) + 1517 \times 3$ と書ける．以下は，2.4.1 項の拡張ユークリッド互除法のプログラムの実行結果である．

```
二つの非負整数 a,b を入力してください
入力したデータは    a=4514   b=1517    です

k 回目の呼び出しにおける a[k],b[k],q[k],r[k],x[k],y[k],d[k] の値
          a       b     q=a/b  r=a%b    x    y    d=GCD(a,b)=ax+by
k= 1    4514    1517      2    1480    -1    3    37= 4514*( -1)+ 1517*(  3)
k= 2    1517    1480      1      37     1   -1    37= 1517*(  1)+ 1480*( -1)
k= 3    1480      37     40       0     0    1    37= 1480*(  0)+   37*(  1)
k= 4      37       0      0       0     1    0    37=   37*(  1)+    0*(  0)
```

2.2 先行順，後行順，幅優先順のラベル付けは以下のようになる．

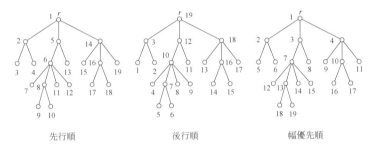

先行順　　　　　　　後行順　　　　　　　幅優先順

2.3 $R(a,b)$ を関数 $\mathrm{GCD}(a,b)$ の（自分自身を含めない）再帰呼び出しの回数とする．$b = 0$ ならば $R(a,b) = 0$ となり任意の $n \geq 0$ に対して $R(a,b) = 0 \leq n$ が成立する．また $a = b > 0$ ならば $R(a,b) = 1$ となるが，仮定の $F_n \geq a > 0$ より $n \geq 1$ であるのでこのときも $R(a,b) = 1 \leq n$ が成立する．以下ではそれ以外のケースを考え，

$$F_n \geq a > b > 0 \text{ ならば } R(a,b) \leq n - 2 \tag{1}$$

を n についての帰納法で示す．なお $F_n \geq a > b > 0$ のときは $n \geq 3$ であることに注意しよう．$n = 3$ ならば，$F_3 = 2$ より $a = 2, b = 1$ となり，$\mathrm{GCD}(a,b) = \mathrm{GCD}(2,1) = \mathrm{GCD}(1,0)$ から $R(a,b) = 1$ となり (1) が成立する．

以下，$n \, (\geq 4)$ 未満で (1) が成立すると仮定して，n でも成立することを示す．$a \leq F_{n-1}$ ならば帰納法の仮定より $R(a,b) \leq n-3$ となり (1) が成立するので，$F_{n-1} < a \leq F_n$ と仮定できる．ここで，$b \leq F_{n-1}$ ならば，$c = a \bmod b < b \leq F_{n-1}$ となり，$\mathrm{GCD}(b,c)$ に対して $R(b,c) \leq n-3$ が（$c > 0$ ならば帰納法の仮定から，$c = 0$ ならば $R(b,c) = 0 \leq n-3$ から）得られ，$R(a,b) = R(b,c) + 1 \leq n-2$ となり，(1) が得られる．そこで以下では $F_{n-1} < b < a \leq F_n$ とする．すると $c = a \bmod b = a - b > 0$，すなわち，$a = b + c$ となる．明らかに，$c < F_{n-2}$ である（$c \geq F_{n-2}$ と仮定すると，$a = b + c > F_{n-1} + F_{n-2} = F_n$ となり矛盾する）．$d = b \bmod c$ とおけば $d < c < F_{n-2}$ となり，$\mathrm{GCD}(c,d)$ の再帰呼び出しの回数 $R(c,d)$ は $n-4$ 以下となる（$d > 0$ ならば帰納法の仮定より $R(c,d) \leq n-4$ であり，$d = 0$ ならば $R(c,d) = 0 \leq n-4$ である）．$\mathrm{GCD}(a,b)$ は $\mathrm{GCD}(b,c), \mathrm{GCD}(c,d)$ を再帰呼び出しするので $R(a,b) = R(c,d) + 2 \leq n-2$ となり，(1) が得られる．

なお，$n \geq 3$ のとき $R(F_n, F_{n-1}) = n - 2$ となることにも注意されたい．

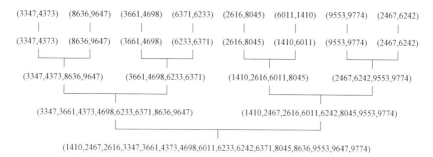

図 1 マージソートの併合の様子

2.4 F_n を再帰呼び出しをして計算すると，式 (2.1) で与えたように再帰呼び出し回数は n の指数時間となるので，答えが返されるまでかなりの時間待たされる．実際，再帰呼び出し回数はほぼ，$n = 10$ で $(1.6)^{10} \simeq 110$, $n = 20$ で $(1.6)^{20} \simeq 12000$, $n = 30$ で $(1.6)^{30} \simeq 130$ 万，$n = 40$ で $(1.6)^{40} \simeq 1$ 億 4 千万である．一方，二つの非負整数の最大公約数を求めるプログラムでは答えは瞬時に返される．

第 3 章

3.1 マージソートでは，分割の部分を省略するが，図 1 のように併合が行われる．

クイックソートでは配列 y の内容および分割は図 2 のように行われる．なお，図では矢印で指している二つの要素が交換されることを示している．

ラディックスソートでは最初 1 の位に注目し，1410, 3661, 6371, 6011, 6242, 4373, 6233, 9553, 9774, 8045, 8636, 2616, 3347, 9647, 2467, 4698 となる．次に 10 の位に注目し，1410, 6011, 2616, 6233, 8636, 6242, 8045, 3347, 9647, 9553, 3661, 2467, 6371, 4373, 9774, 4698 となる．さらに 100 の位に注目し，6011, 8045, 6233, 6242, 3347, 6371, 4373, 1410, 2467, 9553, 2616, 8636, 9647, 3661, 4698 9774 となる．最後に 1000 の位に注目し，1410, 2467, 2616, 3347, 3661, 4373, 4698, 6011, 6233, 6242, 6371, 8045, 8636, 9553, 9647, 9774 となり，ソートが終了する．図 3 は基数ソートの動作の様子を示している．

3.2 $c \geq 1$ を仮定して $n \geq 1$ ならば $T(n) \leq 2cn\log n$ となることを n に関する帰納法で示す．$n = 3$ までは明らかに成立することが確認できる．$n \ (\geq 4)$ 未満で成立すると仮定して n のときを考える．$T(n) \leq cn + \frac{1}{n}\sum_{i=1}^{n}(T(i-1) + T(n-i))$ より，$T(n) \leq cn + \frac{2}{n}\sum_{i=1}^{n}T(i-1) = cn + \frac{2}{n}\sum_{i=1}^{n-1}T(i)$ が得られる（$T(0) = 0$ に注意しよう）．帰納法の仮定より $1 \leq i \leq n-1$ において $T(i) \leq 2ci\log i \leq \int_{i}^{i+1}2cx\log x dx$ であるので，$T(n) \leq cn + \frac{2}{n}\int_{1}^{n}2cx\log x dx$ が得られる．また，$\int_{1}^{n}cx\log x dx = \frac{c}{\ln 2}\int_{1}^{n}x\ln x dx = \frac{c}{\ln 2}\left[\frac{1}{2}x^2\ln x\right]_{1}^{n} - \frac{c}{\ln 2}\int_{1}^{n}\frac{1}{2}x dx = \frac{c}{2}n^2\log n - \frac{c}{4\ln 2}\left[x^2\right]_{1}^{n} = \frac{c}{2}n^2\log n - \frac{c}{4\ln 2}(n^2-1)$ より，$T(n) \leq cn + \frac{2}{n}\left(cn^2\log n - \frac{c}{2\ln 2}n^2 + \frac{c}{2\ln 2}\right) = cn + 2cn\log n - \frac{c}{\ln 2}n + \frac{c}{n\ln 2} \leq 2cn\log n$ である（$n \geq 4$ かつ $\frac{c}{\ln 2} - c - \frac{c}{4\ln 2} = \frac{(3-4\ln 2)c}{4\ln 2} \simeq \frac{0.227}{2.77}c > 0$ に注意しよう）．なお，$\log_e x$ を $\ln x$ と略記した．

3.3 省略（本文に書いてあるようにして帰納法で証明できる）．

3.4 d に関する帰納法で証明できる．$d = 0$ のときは根は葉になるので明らかに成立する．$d > 0$ 未満で成立すると仮定し d のときを考える．このとき根は葉ではないので左の子 v および右の子 w をもつ．v を根とする部分木の深さ $d - 1$ までの葉が元々の二分木の深さ d までの葉になる

演習問題解答   193

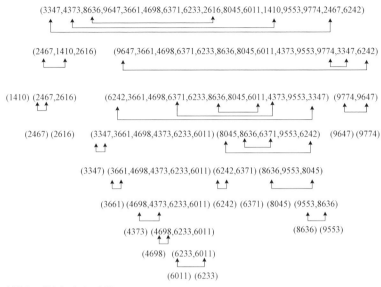

連結して得られるソート列

(1410,2467,2616,3347,3661,4373,4698,6011,6233,6242,6371,8045,8636,9553,9647,9774)

図 2 クイックソートでの分割の様子.

がそのような葉の総数は帰納法の仮定より，2^{d-1} 以下である．同様に w を根とする部分木の深さ $d-1$ までの葉の総数も 2^{d-1} 以下であり，したがって，元々の二分木の深さ d までの葉の総数は 2^d 以下であることが言えた．

3.5 1.5 節の解答付き演習問題（問 1.2）で取り上げたソートのライブラリプログラム sortlibrary.h を利用すると，本章のマージソート，クイックソート，基数ソートのプログラムは以下のように書ける（実行例は省略）．

```
// マージソートのプログラム（ライブラリ利用版）
#include <stdio.h>
#include "sortlibrary.h"  //ソートの入出力ライブラリプログラムの読み込み
#define nmax       1000   // データ数 n の上限
void merge(int left, int right, int middle, int *y, int *z) {
   int k1,k2,k3;
   k1= left; k2= middle+1; k3= left;
   while ((k1 <= middle) && (k2 <= right)) {
      if (z[k1] <= z[k2]) { y[k3]= z[k1]; k3= k3+1; k1=k1+1;}
      else { y[k3]= z[k2]; k3= k3+1; k2=k2+1;}
   }
   if (k1 == middle+1) {
      while  (k2<=right) { y[k3]= z[k2]; k3= k3+1; k2= k2+1;}
```

(3347,4373,8636,9647,3661,4698,6371,6233,2616,8045,6011,1410,9553,9774,2467,6242)

[0]	[1]	[2]	[3]	[4]	[5]	[6]	[7]	[8]	[9]
1410	3661	6242	4373	9774	8045	8636	3347	4698	
	6371		6233			2616	9647		
	6011		9553				2467		

(1410,3661,6371,6011,6242,4373,6233,9553,9774,8045,8636,2616,3347,9647,2467,4698)

[0]	[1]	[2]	[3]	[4]	[5]	[6]	[7]	[8]	[9]
	1410		6233	6242	9553	3661	6371		4698
	6011		8636	8045		2467	4373		
	2616			3347			9774		
				9647					

(1410,6011,2616,6233,8636,6242,8045,3347,9647,9553,3661,2467,6371,4373,9774,4698)

[0]	[1]	[2]	[3]	[4]	[5]	[6]	[7]	[8]	[9]
6011		6233	3347	1410	9553	2616	9774		
8045		6242	6371	2467		8636			
			4373			9647			
						3661			
						4698			

(6011,8045,6233,6242,3347,6371,4373,1410,2467,9553,2616,8636,9647,3661,4698,9774)

[0]	[1]	[2]	[3]	[4]	[5]	[6]	[7]	[8]	[9]
	1410	2467	3347	4373		6011		8045	9553
		2616	3661	4698		6233		8636	9647
						6242			9774
						6371			

(1410,2467,2616,3347,3661,4373,4698,6011,6233,6242,6371,8045,8636,9553,9647,9774)

図 3　基数ソートのソーティングの様子.

```
    }
    if (k2 == right+1) {
        while (k1<=middle) { y[k3]= z[k1]; k3= k3+1; k1= k1+1;}
    }
    for (k3=left; k3 <= right; k3++) z[k3]=y[k3];
}
void m_sort(int left, int right, int *y, int *z){
    int middle;
    if (right == left) y[left]=z[left];
    else { // right > left
        middle= (left+right)/2;
```

```
        m_sort(left,middle,y,z);
        m_sort(middle+1,right,y,z);
        merge(left,right,middle,y,z);
    }
}
void main(void){
    int x[nmax+1], y[nmax+1];
    int z[nmax+1];    // z と x は同一化できる
    int i,n;
    n=data_input(x);
    for (i = 1; i <= n; i++) z[i]=x[i];
    m_sort(1,n,y,z);
    sorted_data_output(n,y);
}

// クイックソートのプログラム（ライブラリ利用版）
#include <stdio.h>
#include "sortlibrary.h" //ソートの入出力ライブラリプログラムの読み込み
#define nmax          1000    // データ数の上限
int q_partition(int left, int right, int pindex, int *y){
    // left<=pindex<=right かつ left<right が成立するものとする
    // pivot=y[pindex] として配列 y の番地 left から right までの要素を
    // pivot 以下の要素を前にその後に pivot 以上の要素に並べ替える
    int i,j;
    int pivot,temp;
    pivot=y[pindex];
    i=left; j=right;
    while (i<j) {
        while (y[i]<pivot) i++;
        while (y[j]>pivot) j--;
        if (i<j) {
            temp=y[i]; y[i]=y[j]; y[j]=temp;
            i=i++; j=j--;
            if (i==j && y[j]>pivot) j=j-1;
        }
    }
    return j;
}
void q_sort(int left, int right, int *y){
    // 配列 y の番地 left から right までのデータを小さい順に並べてそこに格納
    int j;
    j=q_partition(left,right,left,y);
    if (left < j) q_sort(left,j,y);
    if (j+1< right) q_sort(j+1,right,y);
}
void main(void){
    int x[nmax+1], y[nmax+1];
    int i,n;
    n=data_input(x);
```

```
    for (i = 1; i <= n; i++) y[i]=x[i];
    q_sort(1,n,y);
    sorted_data_output(n,y);
}

//基数ソートのプログラム（ライブラリ利用版）
#include <stdio.h>
#include "sortlibrary.h"   //ソートの入出力ライブラリプログラムの読み込み
#define nmax          1000      // データ数の上限
#define kdigits       4         // 最大桁数
void r_sort(int n, int *y, int *order){
    int bucket[10];  //0 から 9 までのバケット
    int before[nmax+1]; // bucket と before でキュー 0～9 を実現
    int i,ibefore;
    int j;
    int k;
    for (k = 1; k <= kdigits; k++) {
        // 下位 k 桁の数字としてみたときのソーティング
        for (j = 0; j <= 9; j++) bucket[j]=0;
        // bucket[j] はバケット j に記憶されるデータを
        // キュー j で管理するためのキュー j の末尾を指すポインター
        // bucket[j]==0 はキュー j が空であることを意味する
        // ibefore は各キューにおける現在のノードが前のノードを指すポインター
        for (i = 1; i <= n; i++) {
            //下位 k-1 桁の数字としてみたときの i 番目に小さい要素を
            j=y[order[i]]%10;        // 10 で割ったときの余り（第 k 桁目の値）
            y[order[i]]=y[order[i]]/10;  // 10 で割った商（下位 k-1 桁の無視）
            ibefore=bucket[j];       // キュー j の末尾にこの要素を挿入する効果
            before[order[i]]=ibefore;
            bucket[j]=order[i];
        }
        i=n;  //これがないと i==n+1 である
        for (j = 9; j >= 0; j--) {// 下位 k 桁の数字としてみて
            // 大きい順に取り出し小さいものが前に来るように並べる
            ibefore=bucket[j];
            while (ibefore != 0) {
                order[i]=ibefore;
                i--;
                ibefore=before[ibefore];
            }
        }
    }
}
void main(void){
    int x[nmax+1], y[nmax+1];
    int order[nmax+1];
    int i,j,n;
    n=data_input(x);
    for (i = 1; i <= n; i++) y[i]=x[i];
```

```
      for (i = 1; i <= n; i++) order[i]=i;
      r_sort(n,y,order);
      for (i = 1; i <= n; i++) y[i]=x[order[i]];
      sorted_data_output(n,y);
   }
```

3.6
```
   // ソートデータ生成プログラム
   #include <stdio.h>
   #include <stdlib.h>
   #define nmax       5000   // データ数の上限
   int random_integer(int n) {// 0 から n の一様ランダムな整数を返す
      return (int)(rand()*n/RAND_MAX);
   }
   void main(void){
      int i,n;
      int data,maxint;
      printf("データ数 n を入力してください\n");
      scanf("%d", &n);
      printf("扱う正整数データの最大値 maxint を入力してください\n");
      scanf("%d", &maxint);
      printf("0 から%d までのデータを%d 個ランダムに発生します\n", maxint,n);
      printf("%d\n",n);
      for (i = 1; i <= n; i++) {
         data=random_integer(maxint);
         printf("%d\n",data);
      }
   }
```

以下は，上記のソートデータ生成プログラムに左の箱に書いてあるデータを入力として与えたときの実行例（出力）を右の箱に示したものである．

10 100000	データ数 n を入力してください 扱う正整数データの最大値 maxint を入力してください 0 から 100000 までのデータを 10 個ランダムに発生します 10 396 33515 3326 35572 21720 53697 19577 70033 94991 27478

このプログラムで発生したデータに対するマージソート，クィックソート，基数ソートのプログラムの実行は省略する．

第 4 章

4.1 図 4（途中経過の図は省略）．

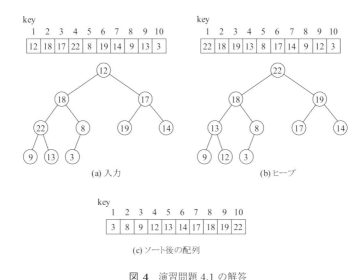

図 4　演習問題 4.1 の解答

4.2 n 個の要素からなる d ヒープの深さを c とおくと，
$$d^{c-1} < \frac{d^c - 1}{d - 1} = d^0 + d^1 + \cdots + d^{c-1} < n \leq d^0 + d^1 + \cdots + d^c = \frac{d^{c+1} - 1}{d - 1} < d^{c+1}$$
より，$c - 1 \leq \lfloor \log_d n \rfloor \leq c$ であり，$c = \mathrm{O}(\log_d n)$ である．ヒープの定義から，根の値が必ず X の要素の最小値である．したがって，findmin は $\mathrm{O}(1)$ 時間で実行できる．insert, decreasekey は上移動の操作でできるので深さ $\mathrm{O}(\log_d n)$ の計算時間で実行でき，deletemin は下移動の操作で実行できるが，各反復で子どものうちの一番小さい要素を $d - 1$ 回の比較を用いて求めてから下移動する要素と比較するため，$\mathrm{O}(d \log_d n)$ 時間がかかる．

4.3 省略．Java 言語で作成したアニメーションプログラムの実行ファイルを近代科学社のサイトに置く予定．

第 5 章

5.1 略解：空のリストから始めて，

insert(c), insert(o), insert(m), insert(p), insert(u), insert(t), insert(a),
delete(t), insert(i), delete(o), insert(n), delete(a), delete(n), insert(d),
insert(a), insert(l), insert(g), insert(o), insert(r), delete(i) insert(t),
insert(h), delete(m) insert(s)

を行う．computation の部分までは本文で示したとおりであるので，それ以降の部分を与える．

すなわち，
insert(c), insert(o), insert(m), insert(p), insert(u), insert(t), insert(a),
delete(t), insert(i), delete(o), insert(n),
に対しては，最終的に以下のようになっている．

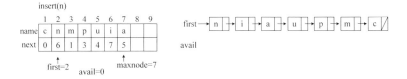

したがって，このリストに対して，
delete(a), delete(n), insert(d),
insert(a), insert(l), insert(g), insert(o), insert(r), delete(i) insert(t),
insert(h), delete(m) insert(s)
を行うことになり，更新の様子は以下のように書ける．

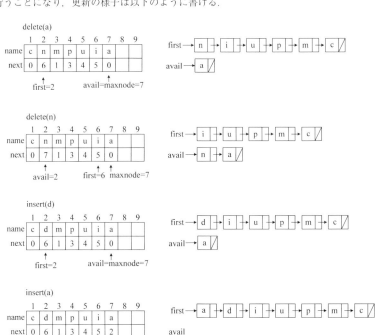

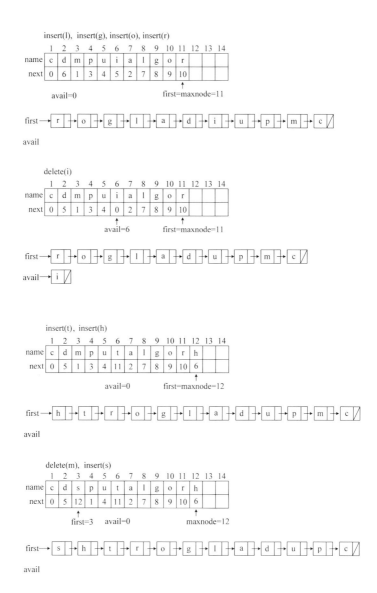

5.2 以下は，5.7 節のリストのプログラムに，
`computationandalgorithms0`
を入力として与えたときのプログラムの出力である．

空のリストから始めます
アルファベットを入力してください
終了するときは数字の 0 を入力してください
各アルファベットが奇数回目の出現のときはリストの先頭へ挿入
各アルファベットが偶数回目の出現のときはリストから削除

computation の部分までは本文で示したとおりであるので，それ以降の部分を与える．

```
delete(a)
first=2, avail=7, maxnode=7
配列 番地  0 1 2 3 4 5 6 7
配列 name    a c n m p u i a
配列 next  2 0 6 1 3 4 5 0
リスト (n i u p m c)
再利用可能ノードリスト (a)

delete(n)
first=6, avail=2, maxnode=7
配列 番地  0 1 2 3 4 5 6 7
配列 name    n c n m p u i a
配列 next  6 0 7 1 3 4 5 0
リスト (i u p m c)
再利用可能ノードリスト (n  a)

insert(d)
first=2, avail=7, maxnode=7
配列 番地  0 1 2 3 4 5 6 7
配列 name    d c d m p u i a
配列 next  2 0 6 1 3 4 5 0
リスト (d i u p m c)
再利用可能ノードリスト (a)

insert(a)
first=7, avail=0, maxnode=7
配列 番地  0 1 2 3 4 5 6 7
配列 name    a c d m p u i a
配列 next  7 0 6 1 3 4 5 2
リスト (a d i u p m c)
再利用可能ノードリスト ()

insert(l)
first=8, avail=0, maxnode=8
配列 番地  0 1 2 3 4 5 6 7 8
配列 name    l c d m p u i a l
配列 next  8 0 6 1 3 4 5 2 7
リスト (l a d i u p m c)
再利用可能ノードリスト ()

insert(g)
first=9, avail=0, maxnode=9
配列 番地  0 1 2 3 4 5 6 7 8 9
配列 name    g c d m p u i a l g
配列 next  9 0 6 1 3 4 5 2 7 8
リスト (g l a d i u p m c)
再利用可能ノードリスト ()

insert(o)
first=10, avail=0, maxnode=10
配列 番地  0 1 2 3 4 5 6 7 8 9 10
配列 name    o c d m p u i a l g o
配列 next  10 0 6 1 3 4 5 2 7 8 9
リスト (o g l a d i u p m c)
再利用可能ノードリスト ()

insert(r)
first=11, avail=0, maxnode=11
配列 番地  0 1 2 3 4 5 6 7 8 9 10 11
配列 name    r c d m p u i a l g o r
配列 next  11 0 6 1 3 4 5 2 7 8 9 10
リスト (r o g l a d i u p m c)
再利用可能ノードリスト ()

delete(i)
first=11, avail=6, maxnode=11
配列 番地  0 1 2 3 4 5 6 7 8 9 10 11
配列 name    i c d m p u i a l g o r
配列 next  11 0 5 1 3 4 0 2 7 8 9 10
リスト (r o g l a d u p m c)
再利用可能ノードリスト (i)

insert(t)
first=6, avail=0, maxnode=11
配列 番地  0 1 2 3 4 5 6 7 8 9 10 11
配列 name    t c d m p u t a l g o r
配列 next  6 0 5 1 3 4 11 2 7 8 9 10
リスト (t r o g l a d u p m c)
再利用可能ノードリスト ()

insert(h)
first=12, avail=0, maxnode=12
配列 番地  0 1 2 3 4 5 6 7 8 9 10 11 12
配列 name    h c d m p u t a l g o r h
配列 next  12 0 5 1 3 4 11 2 7 8 9 10 6
リスト (h t r o g l a d u p m c)
再利用可能ノードリスト ()

delete(m)
first=12, avail=3, maxnode=12
配列 番地  0 1 2 3 4 5 6 7 8 9 10 11 12
配列 name    m c d m p u t a l g o r h
配列 next  12 0 5 0 1 4 11 2 7 8 9 10 6
リスト (h t r o g l a d u p c)
再利用可能ノードリスト (m)
```

なお，最後の insert(s) については紙面の都合で省略した．

202　演習問題解答

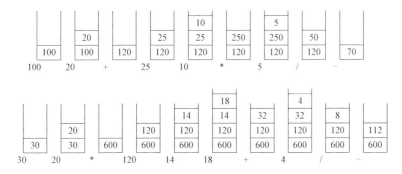

図 5　逆ポーランド記法で記された算術式かどうかの判定

5.3 (a) の答えは図 5 の上の図のようになるので (a) の式は正しい逆ポーランド記法である．(b) の答えは図 5 の下の図のようになるので (b) の式は正しい逆ポーランド記法ではない．(c) の答えは省略するが (c) の式は正しい逆ポーランド記法であり，計算結果は 344 である．

5.4 省略．Java 言語で作成したアニメーションプログラムの実行ファイルを近代科学社のサイトに置く予定．

第 6 章

6.1 n 個の内点をもつ二分探索木は $n+1$ 個の外点をもつことを n についての数学的帰納法で示す．$n=0$ のときには外点 1 個からなる空の二分探索木であるので成立する．また，$n=1$ のときは 1 個の内点は根となり，それは 2 個の外点をもつので成立する．そこで，$n \geq 2$ 未満で成立すると仮定して，内点が n 個の二分探索木 T について議論する．T の根（内点）r の 2 個の子を v_1 と v_2 とする．$v_i\ (i=1,2)$ を根とする T の部分木を T_i とし，T_i の内点の個数を n_i とする．すると，$n = n_1 + n_2 + 1$ であり，$n_1, n_2 < n$ であるので，帰納法の仮定から，T_i の外点の個数は $n_i + 1$ である．また，T の外点は T_1 あるいは T_2 の外点であり，逆も成立するので，T の外点の個数は $n_1 + 1 + n_2 + 1 = n + 1$ が得られる．したがって，n 個の内点をもつ二分探索木は $n+1$ 個の外点をもつことが証明できた．

　　$P'_n = P_n + 2n$ が成立することも n についての帰納法で示す．$n=0$ のときは，総内点パス長 $P_0 = 0$，総外点パス長 $P'_0 = 0$ であり，$n=1$ のときは，総内点パス長 $P_1 = 0$，総外点パス長 $P'_1 = 2$ であるので，$P'_n = P_n + 2n$ は明らかに成立する．$n(\geq 2)$ 未満で成立したとして n のときを考える．内点が n 個の二分探索木 T について議論する．T の根（内点）r の 2 個の子を v_1 と v_2 とする．$v_i\ (i=1,2)$ を根とする T の部分木を T_i とし，T_i の内点の個数を n_i とする．すると，$n = n_1 + n_2 + 1$ であり，$n_1, n_2 < n$ であるので，帰納法の仮定から，$P'_{n_i} = P_{n_i} + 2n_i$ である．また，v_i から T_i の内点（外点）v へのパスは，r から内点（外点）v への T のパスに対応し，長さは 1 だけ短い．したがって，$P_n = P_{n_1} + n_1 + P_{n_2} + n_2$ と $P'_n = P'_{n_1} + n_1 + 1 + P'_{n_2} + n_2 + 1$ となる．以上の議論より，$P'_n = P'_{n_1} + n_1 + 1 + P'_{n_2} + n_2 + 1 = P_{n_1} + 2n_1 + n_1 + 1 + P_{n_2} + 2n_2 + n_2 + 1 = P_n + 2(n_1 + n_2 + 1) = P_n + 2n$ が得られる．

　　最後に $C'_n = \frac{n}{n+1}(C_n + 1)$ を示す．定義より，$C_n = \frac{P_n}{n} + 1$，$C'_n = \frac{P'_n}{n+1}$ であるので，$P'_n = P_n + 2n$ を用いると，$C'_n(n+1) = P'_n = P_n + 2n = nC_n - n + 2n = n(C_n + 1)$ となり，$C'_n = \frac{n}{n+1}(C_n + 1)$ が成立する．

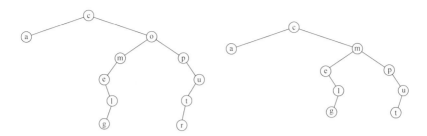

図 6 空の二分探索木 T に insert(c), insert(o), insert(m), insert(p), insert(u), insert(t), insert(e), insert(r), insert(a), insert(l), insert(g) まで行った後の二分探索木 T（左）とその後，delete(o), delete(r) を行った後の二分探索木 T（右）．

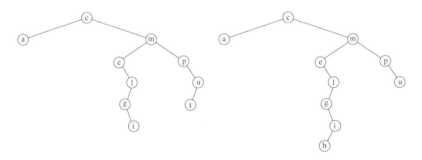

図 7 図 6 の右の根付き木に insert(i) を行った後の二分探索木 T（左）とその後 delete(t), insert(h) 行った後の二分探索木 T（右）．

6.2 図 6 の左の根付き木は空の二分探索木 T に insert(c), insert(o), insert(m), insert(p), insert(u), insert(t), insert(e), insert(r), insert(a), insert(l), insert(g) まで行った後の二分探索木 T であり，図 6 の右の根付き木は，その後 delete(o), delete(r) を行った後の二分探索木 T である．

さらに続けて，insert(i) を行った後の二分探索木 T が図 7 の左の根付き木であり，その後 delete(t), insert(h) を行った後の二分探索木 T が図 7 の右の根付き木である．

図 7 の右の根付き木に，さらに続けて，delete(m), insert(s) を行った後の二分探索木 T が図 8 の根付き木である．

6.3 6.3 節の二分探索木のプログラムを，入力として正整数ではなくアルファベットとするように置き換えて，

```
c o m p u t e r a l g o r i t h m s 0
```

を入力として与えたときのプログラムの出力の一部を以下に与える．結果が前問の二分探索木の更新例と同じであることを確認してほしい．

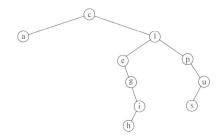

図 8　図 7 の右の根付き木に delete(m), insert(s) を行った後の二分探索木 T

正整数を入力してください．
各数字が奇数回目の出現のときは二分探索木への insert を行います．
偶数回目の出現のときは二分探索木からの delete を行います．
終了するときは数字の 0 を入力してください．

insert(c), insert(o), insert(m), insert(p), insert(u), insert(t),
insert(e), insert(r), insert(a), insert(l) の部分を省略

insert(g)
根= 1, avail= 0, maxnode=11
配列番地   0   1   2   3   4   5   6   7   8   9   10 11
データ   g   c   o   m   p   u   t   e   r   a   l   g
親   0   0   1   2   2   4   5   3   6   1   7   10
左子   0   9   3   7   0   6   8   0   0   0   11 0
右子   1   2   4   0   5   0   0   10 0   0   0   0
next   0   0   0   0   0   0   0   0   0   0   0   0
点 1 が根であり，データは   c   左子は 9   右子は 2   親は 0
点 9 はデータ   a で点 1 の左子   左子は 0   右子は 0   親は 1
点 2 はデータ   o で点 1 の右子   左子は 3   右子は 4   親は 1
点 3 はデータ   m で点 2 の左子   左子は 7   右子は 0   親は 2
点 4 はデータ   p で点 2 の右子   左子は 0   右子は 5   親は 2
点 7 はデータ   e で点 3 の左子   左子は 0   右子は 10   親は 3
点 5 はデータ   u で点 4 の右子   左子は 6   右子は 0   親は 4
点 10 はデータ l で点 7 の右子   左子は 11   右子は 0   親は 7
点 6 はデータ   t で点 5 の左子   左子は 8   右子は 0   親は 5
点 11 はデータ g で点 10 の左子 左子は 0   右子は 0   親は 10
点 8 はデータ   r で点 6 の左子   左子は 0   右子は 0   親は 6
avail: ()

delete(o) の部分を省略

delete(r)
根= 1, avail= 8, maxnode=11
配列番地   0   1   2   3   4   5   6   7   8   9   10 11
データ   r   c   m   m   p   u   t   e   r   a   l   g
親   0   0   1   2   2   4   5   2   6   1   7   10
左子   0   9   7   7   0   6   8   0   0   0   11 0
右子   1   2   4   0   5   0   0   10 0   0   0   0
next   0   0   0   0   0   0   0   3   0   0   0   0
点 1 が根であり，データは   c   左子は 9   右子は 2   親は 0
点 9 はデータ   a で点 1 の左子   左子は 0   右子は 0   親は 1
点 2 はデータ   m で点 1 の右子   左子は 7   右子は 4   親は 1

演習問題解答　　205

```
点 7 はデータ　 e で点 2 の左子　 左子は 0   右子は 10  親は 2
点 4 はデータ　 p で点 2 の右子　 左子は 0   右子は 5   親は 2
点 10 はデータ  l で点 7 の右子　 左子は 11  右子は 0   親は 7
点 5 はデータ　 u で点 4 の右子　 左子は 6   右子は 0   親は 4
点 11 はデータ  g で点 10 の左子　左子は 0   右子は 0   親は 10
点 6 はデータ　 t で点 5 の左子　 左子は 0   右子は 0   親は 5
avail: (8 3)

insert(i)
根= 1,   avail= 3,   maxnode=11
配列番地      0    1    2    3    4    5    6    7    8    9   10   11
データ        i    c    m    m    p    u    t    e    i    a    l    g
親            0    0    1    2    2    4    5    2   11    1    7   10
左子          0    9    7    7    0    6    0    0    0    0   11    0
右子          1    2    4    0    5    0    0   10    0    0    0    8
next          0    0    0    0    0    0    0    0    0    0    0    0
点 1 が根であり，データは　c　左子は 9   右子は 2   親は 0
点 9 はデータ　 a で点 1 の左子　 左子は 0   右子は 0   親は 1
点 2 はデータ　 m で点 1 の右子　 左子は 7   右子は 4   親は 1
点 7 はデータ　 e で点 2 の左子　 左子は 0   右子は 10  親は 2
点 4 はデータ　 p で点 2 の右子　 左子は 0   右子は 5   親は 2
点 10 はデータ  l で点 7 の右子　 左子は 11  右子は 0   親は 7
点 5 はデータ　 u で点 4 の右子　 左子は 6   右子は 0   親は 4
点 11 はデータ  g で点 10 の左子　左子は 0   右子は 8   親は 10
点 6 はデータ　 t で点 5 の左子　 左子は 0   右子は 0   親は 5
点 8 はデータ　 i で点 11 の右子　左子は 0   右子は 0   親は 11
avail: (3)

delete(t)
根= 1,   avail= 6,   maxnode=11
配列番地      0    1    2    3    4    5    6    7    8    9   10   11
データ        t    c    m    m    p    u    t    e    i    a    l    g
親            0    0    1    2    2    4    5    2   11    1    7   10
左子          0    9    7    7    0    0    0    0    0    0   11    0
右子          1    2    4    0    5    0   10    0    0    0    0    8
next          0    0    0    0    0    0    3    0    0    0    0    0
点 1 が根であり，データは　c　左子は 9   右子は 2   親は 0
点 9 はデータ　 a で点 1 の左子　 左子は 0   右子は 0   親は 1
点 2 はデータ　 m で点 1 の右子　 左子は 7   右子は 4   親は 1
点 7 はデータ　 e で点 2 の左子　 左子は 0   右子は 10  親は 2
点 4 はデータ　 p で点 2 の右子　 左子は 0   右子は 5   親は 2
点 10 はデータ  l で点 7 の右子　 左子は 11  右子は 0   親は 7
点 5 はデータ　 u で点 4 の右子　 左子は 6   右子は 0   親は 4
点 11 はデータ  g で点 10 の左子　左子は 0   右子は 8   親は 10
点 8 はデータ　 i で点 11 の右子　左子は 0   右子は 0   親は 11
avail: (6 3)
```

その後 insert(h), delete(m), insert(s) が行われたときの出力．

```
insert(s)
根= 1,   avail= 3,   maxnode=11
配列番地      0    1    2    3    4    5    6    7    8    9   10   11
データ        s    c    l    m    p    u    h    e    i    a    s    g
親            0    0    1    2    2    4    8    2   11    1    5    7
左子          0    9    7    7   10    0    0    6    0    0    0    0
右子          1    2    4    0    5    0   11    0    0    0    0    8
next          0    0    0    0    0    0    0    0    0    0    0    0
点 1 が根であり，データは　c　左子は 9   右子は 2   親は 0
点 9 はデータ　 a で点 1 の左子　 左子は 0   右子は 0   親は 1
点 2 はデータ　 l で点 1 の右子　 左子は 7   右子は 4   親は 1
```

206　演習問題解答

```
点 7  はデータ    e で点 2  の左子    左子は 0     右子は 11    親は 2
点 4  はデータ    p で点 2  の右子    左子は 0     右子は 5     親は 2
点 11 はデータ    g で点 7  の右子    左子は 0     右子は 8     親は 7
点 5  はデータ    u で点 4  の右子    左子は 10    右子は 0     親は 4
点 8  はデータ    i で点 11 の右子    左子は 6     右子は 0     親は 11
点 10 はデータ    s で点 5  の左子    左子は 0     右子は 0     親は 5
点 6  はデータ    h で点 8  の左子    左子は 0     右子は 0     親は 8
avail: (3)
```

第 7 章

7.1 以下の図のように，二色木が更新される．

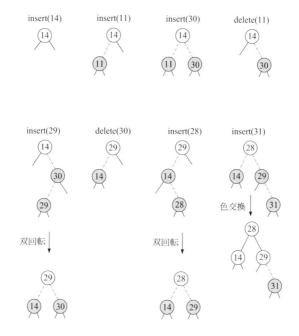

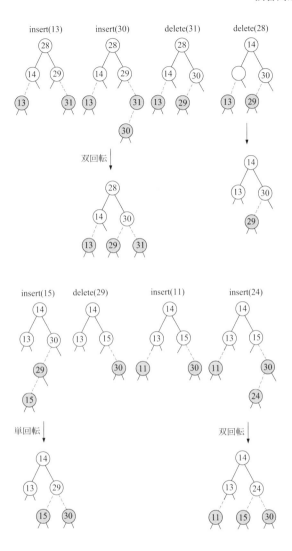

7.2 以下は，7.3 節の二色木のプログラムに前問のデータを入力として与えたときの出力である．すなわち，

```
14 11 30 11 29 30 28 31 13 30 31 28 15 29 11 24 14 11 22
17 25 28 19 30 18 23 29 0
```

を入力として与えたときのプログラムの出力である．なお，紙面の都合で途中をかなり省略している．結果が前問の二色木の更新例と同じであることを確認してほしい．

208   演習問題解答

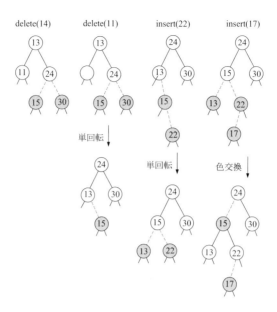

正整数を入力してください．
各数字が奇数回目の出現のときは二色木への insert を行います．
偶数回目の出現のときは二色木からの delete を行います．
終了するときは数字の 0 を入力してください．

```
insert(14)
根= 1,  avail= 0,  maxnode= 1
配列の番地   0    1
データ       0    14
色           黒   黒
親           0    0
左子         0    0
右子         1    0
next         0    0
点 1 が根であり，データは 14   色は黒  左子は 0  右子は 0  親は 0
avail: ()

insert(11)
根= 1,  avail= 0,  maxnode= 2
配列の番地   0    1    2
データ       11   14   11
色           黒   黒   赤
親           0    0    1
左子         0    2    0
右子         1    0    0
next         0    0    0
点 1 が根であり，データは 14   色は黒  左子は 2  右子は 0  親は 0
点 2 はデータ 11 で点 1 の左子   色は赤  左子は 0  右子は 0  親は 1
avail: ()
```

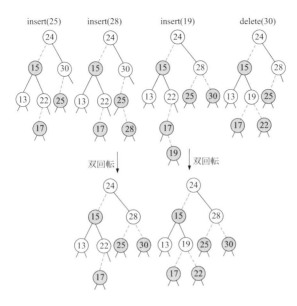

```
insert(30), delete(11), insert(29), delete(30), insert(28), insert(31),
insert(13), insert(30), delete(31), delete(28), insert(15), delete(29),
insert(11), insert(24), delete(14), delete(11), insert(22), insert(17),
insert(25), insert(28), insert(25), insert(28), insert(19), delete(30)
の部分を省略


insert(18)
根= 9,    avail= 0,   maxnode= 9
配列の番地   0    1    2    3    4    5    6    7    8    9
データ      18   22   15   13   24   17   18   25   28   19
色          黒   黒   赤   黒   赤   黒   赤   赤   黒   黒
親          1    4    9    2    9    2    5    8    4    0
左子        0    0    3    0    1    0    0    0    7    2
右子        9    0    5    0    8    6    0    0    0    4
next        0    0    0    0    0    0    0    0    0
点 9 が根であり，データは 19   色は黒   左子は 2   右子は 4   親は 0
点 2 はデータ 15 で点 9 の左子   色は赤   左子は 3   右子は 5   親は 9
点 4 はデータ 24 で点 9 の右子   色は赤   左子は 1   右子は 8   親は 9
点 3 はデータ 13 で点 2 の左子   色は黒   左子は 0   右子は 0   親は 2
点 5 はデータ 17 で点 2 の右子   色は黒   左子は 0   右子は 6   親は 2
点 1 はデータ 22 で点 4 の左子   色は赤   左子は 0   右子は 0   親は 4
点 8 はデータ 28 で点 4 の右子   色は黒   左子は 7   右子は 0   親は 4
点 6 はデータ 18 で点 5 の右子   色は赤   左子は 0   右子は 0   親は 5
点 7 はデータ 25 で点 8 の左子   色は赤   左子は 0   右子は 0   親は 8
avail: ()


insert(23)
根= 9,    avail= 0,   maxnode=10
配列の番地   0    1    2    3    4    5    6    7    8    9    10
データ      23   22   15   13   24   17   18   25   28   19   23
```

210　演習問題解答

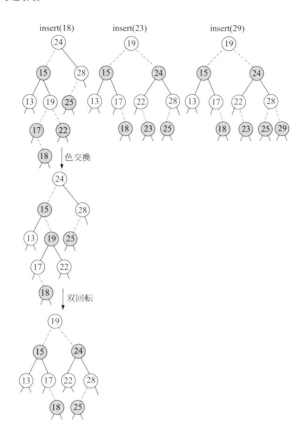

```
色      黒  黒  赤  黒  赤  黒  赤  赤  黒  黒  赤
親      1   4   9   2   9   2   5   8   4   0   1
左子    0   0   3   0   1   0   0   0   7   2   0
右子    9   10  5   0   8   6   0   0   4   0
next    0   0   0   0   0   0   0   0   0   0
点 9 が根であり，データは 19    色は黒   左子は 2   右子は 4    親は 0
点 2 はデータ 15 で点 9 の左子   色は赤   左子は 3   右子は 5    親は 9
点 4 はデータ 24 で点 9 の右子   色は赤   左子は 1   右子は 8    親は 9
点 3 はデータ 13 で点 2 の左子   色は黒   左子は 0   右子は 0    親は 2
点 5 はデータ 17 で点 2 の右子   色は黒   左子は 0   右子は 6    親は 2
点 1 はデータ 22 で点 4 の左子   色は黒   左子は 0   右子は 10   親は 4
点 8 はデータ 28 で点 4 の右子   色は黒   左子は 7   右子は 0    親は 4
点 6 はデータ 18 で点 5 の右子   色は赤   左子は 0   右子は 0    親は 5
点 10 はデータ 23 で点 1 の右子  色は赤   左子は 0   右子は 0    親は 1
点 7 はデータ 25 で点 8 の左子   色は赤   左子は 0   右子は 0    親は 8
avail: ()

insert(29)
根= 9,  avail= 0,  maxnode=11
```

演習問題解答   *211*

```
配列の番地+   0    1    2    3    4    5    6    7    8    9   10   11
データ+      29   22   15   13   24   17   18   25   28   19   23   29
色+          黒   黒   赤   黒   赤   黒   赤   黒   黒   赤   赤   赤
親+           1    4    9    2    9    2    5    8    4    0    1    8
左子+         0    0    3    0    1    0    0    7    2    0    0    0
右子+         9   10    5    0    8    6    0    0   11    0    0    0
next+         0    0    0    0    0    0    0    0    0    0    0    0
点 9 が根であり，データは 19     色は黒   左子は 2   右子は 4    親は 0
点 2 はデータ 15 で点 9 の左子    色は赤   左子は 3   右子は 5    親は 9
点 4 はデータ 24 で点 9 の右子    色は赤   左子は 1   右子は 8    親は 9
点 3 はデータ 13 で点 2 の左子    色は黒   左子は 0   右子は 0    親は 2
点 5 はデータ 17 で点 2 の右子    色は黒   左子は 0   右子は 6    親は 2
点 1 はデータ 22 で点 4 の左子    色は黒   左子は 0   右子は 10   親は 4
点 8 はデータ 28 で点 4 の右子    色は黒   左子は 7   右子は 11   親は 4
点 6 はデータ 18 で点 5 の右子    色は赤   左子は 0   右子は 0    親は 5
点 10 はデータ 23 で点 1 の右子   色は赤   左子は 0   右子は 0    親は 1
点 7 はデータ 25 で点 8 の左子    色は赤   左子は 0   右子は 0    親は 8
点 11 はデータ 29 で点 8 の右子   色は赤   左子は 0   右子は 0    親は 8
avail: ()
```

7.3 省略．Java 言語で作成したアニメーションプログラムの実行ファイルを近代科学社のサイトに置く予定．

第 8 章

8.1 紙面の都合で途中を一部省略している．

```
空のハッシュリストから始めます
正整数を入力してください
終了するときは数字の 0 を入力してください
各正整数が奇数回目の出現のときはハッシュリストの先頭へ挿入
各正整数が偶数回目の出現のときはハッシュリストから削除

insert(5,data=100)
            0    1    2    3    4    5    6    7    8    9   10   11   12   13   14   15   16
hfirst      0    0    0    0    0    1    0    0    0    0    0    0    0    0    0    0    0
avail=  0,  maxnode=  1
            0    1
name      100  100
next        0    0
hfirst[0]: ()
hfirst[1]: ()
hfirst[2]: ()
hfirst[3]: ()
hfirst[4]: ()
hfirst[5]: (1 (100))
hfirst[6]: ()
hfirst[7]: ()
hfirst[8]: ()
hfirst[9]: ()
hfirst[10]: ()
hfirst[11]: ()
hfirst[12]: ()
hfirst[13]: ()
hfirst[14]: ()
hfirst[15]: ()
hfirst[16]: ()
avail: ()
```

212 演習問題解答

```
insert(10,data=200)
           0    1    2    3    4    5    6    7    8    9   10   11   12   13   14   15   16
hfirst     0    0    0    0    0    1    0    0    0    0    2    0    0    0    0    0    0
avail= 0, maxnode=  2
           0    1    2
name     200  100  200
next       0    0    0
hfirst[0]: ()
hfirst[1]: ()
hfirst[2]: ()
hfirst[3]: ()
hfirst[4]: ()
hfirst[5]: (1 (100))
hfirst[6]: ()
hfirst[7]: ()
hfirst[8]: ()
hfirst[9]: ()
hfirst[10]: (2 (200))
hfirst[11]: ()
hfirst[12]: ()
hfirst[13]: ()
hfirst[14]: ()
hfirst[15]: ()
hfirst[16]: ()
avail: ()

insert(6,data=300), insert(4,data=400), insert(9,data=500), insert(5,data=600),
insert(10,data=700) の部分を省略

delete(6,data=300)
           0    1    2    3    4    5    6    7    8    9   10   11   12   13   14   15   16
hfirst     0    0    0    0    4    6    0    0    0    5    7    0    0    0    0    0    0
avail= 3, maxnode=  7
           0    1    2    3    4    5    6    7
name     300  100  200  300  400  500  600  700
next       3    0    0    0    0    0    1    2
hfirst[0]: ()
hfirst[1]: ()
hfirst[2]: ()
hfirst[3]: ()
hfirst[4]: (4 (400))
hfirst[5]: (6 (600))  1 (100))
hfirst[6]: ()
hfirst[7]: ()
hfirst[8]: ()
hfirst[9]: (5 (500))
hfirst[10]: (7 (700)  2 (200))
hfirst[11]: ()
hfirst[12]: ()
hfirst[13]: ()
hfirst[14]: ()
hfirst[15]: ()
hfirst[16]: ()
avail: (3 (300))

delete(9,data=500)
           0    1    2    3    4    5    6    7    8    9   10   11   12   13   14   15   16
hfirst     0    0    0    0    4    6    0    0    0    0    7    0    0    0    0    0    0
avail= 5, maxnode=  7
           0    1    2    3    4    5    6    7
name     500  100  200  300  400  500  600  700
```

```
next       5    0    0    0    0    3    1    2
hfirst[0]: ()
hfirst[1]: ()
hfirst[2]: ()
hfirst[3]: ()
hfirst[4]: (4 (400))
hfirst[5]: (6 (600)  1 (100))
hfirst[6]: ()
hfirst[7]: ()
hfirst[8]: ()
hfirst[9]: ()
hfirst[10]: (7 (700)  2 (200))
hfirst[11]: ()
hfirst[12]: ()
hfirst[13]: ()
hfirst[14]: ()
hfirst[15]: ()
hfirst[16]: ()
avail: (5 (500)  3 (300))

delete(5,data=100)
           0    1    2    3    4    5    6    7    8    9   10   11   12   13   14   15   16
hfirst     0    0    0    0    4    6    0    0    0    0    7    0    0    0    0    0    0
avail=  1, maxnode=  7
           0    1    2    3    4    5    6    7
name     100  100  200  300  400  500  600  700
next       6    5    0    0    0    3    0    2
hfirst[0]: ()
hfirst[1]: ()
hfirst[2]: ()
hfirst[3]: ()
hfirst[4]: (4 (400))
hfirst[5]: (6 (600))
hfirst[6]: ()
hfirst[7]: ()
hfirst[8]: ()
hfirst[9]: ()
hfirst[10]: (7 (700)  2 (200))
hfirst[11]: ()
hfirst[12]: ()
hfirst[13]: ()
hfirst[14]: ()
hfirst[15]: ()
hfirst[16]: ()
avail: (1 (100)  5 (500)  3 (300))

insert(6,data=300)
           0    1    2    3    4    5    6    7    8    9   10   11   12   13   14   15   16
hfirst     0    0    0    0    4    6    1    0    0    0    7    0    0    0    0    0    0
avail=  5, maxnode=  7
           0    1    2    3    4    5    6    7
name     300  300  200  300  400  500  600  700
next       0    0    0    0    0    3    0    2
hfirst[0]: ()
hfirst[1]: ()
hfirst[2]: ()
hfirst[3]: ()
hfirst[4]: (4 (400))
hfirst[5]: (6 (600))
hfirst[6]: (1 (300))
hfirst[7]: ()
```

```
hfirst[8]:  ()
hfirst[9]:  ()
hfirst[10]: (7 (700)  2 (200))
hfirst[11]: ()
hfirst[12]: ()
hfirst[13]: ()
hfirst[14]: ()
hfirst[15]: ()
hfirst[16]: ()
avail: (5 (500)  3 (300))
```

8.2 省略.

第 9 章

9.1 $k = \mathtt{size}[x]$ についての帰納法で示す．ノード数 1 の木では深さが 0 であるので自明に成立する．$k = \mathtt{size}[x] (\geq 2)$ 未満では命題が成立していたと仮定する．$\mathrm{union}(y, z)$ においてサイズ $k = \mathtt{size}[x]$ の木が得られたとする．対称性から，$\mathtt{size}[y] = i \leq \mathtt{size}[z] = j < k = i+j$ $(2i \leq k)$（したがって，$x = z$）と仮定できる．帰納法の仮定より，根 y, z の木の深さはそれぞれ，高々 $\lfloor \log i \rfloor, \lfloor \log j \rfloor$ となる．サイズによる吸収合併から新たに得られる木の深さは高々 $\max\{\lfloor \log i \rfloor + 1, \lfloor \log j \rfloor\}$ となるが，

$$\lfloor \log k \rfloor \geq \lfloor \log 2i \rfloor = 1 + \lfloor \log i \rfloor,$$
$$\lfloor \log k \rfloor \geq \lfloor \log j \rfloor$$

であるので，木の深さ $\leq \lfloor \log k \rfloor$ となり，k でも命題が成立する．

9.2 省略.

第 10 章

10.1 Graham 走査で行われる内角の 180 度未満かどうかの判定回数が全体でも高々 $2n$ 回であることを示すために，内角が 180 度未満かどうかの 1 回の判定に石を 1 個用いると考える．したがって，用いた石の総数が Graham 走査全体での内角が 180 度未満かどうかの判定の回数になる．

そこで，n 個の各点 p に対して，2 個石を割り当てておく．そして，各点 p に対して Graham 走査で初めて内角が 180 度未満かどうかの判定を行う際に 1 個石を用いる．すると，初めて内角が 180 度未満と判定された点は 1 個石を用いて，スタックに積まれるので，その点が使用できる石は 1 個残る．したがって，スタック上にある各点は今後使用できる石を 1 個持っていると見なせる．一方，初めて内角が 180 度以上と判定された点 p も 1 個石を用いるが，アルゴリズムでその点 p が凸包の頂点にならないとわかり除去されるので，その点 p に対する Graham 走査で行われる内角の 180 度未満かどうかの判定回数は 1 回でもう 1 個の石は残る．そして，後退走査が行われるが，後退走査で除去される各点での内角が 180 度以上の判定でその点に残っている 1 個の石を用いることができる．さらに，その後退走査の最後に内角が 180 度未満となった点 q でも判定に 1 個の石を用いるが，それは p に残っている 1 個の石でまかなうことができる．すなわち，スタック上に残る q には今後使用できる石が 1 個残り続ける．最後にスタック上に残る各点は 1 個石を持ち，用意した $2n$ 個の石で Graham 走査全体での内角が 180 度未満かどうかの判定が可能であることが言えた．したがって，Graham 走査で行われる内角の 180 度未満かどうかの判定回数は全体でも高々 $2n$ であることが言えた．

10.2 // 凸包の入力データ生成プログラム
```
    #include <stdio.h>
    #include <stdlib.h>
    #define nmax        5000    // 点数の上限
    #define xymax       800     // 点の x 座標と y 座標の上限
    int random_integer(int n) {// 0 から n の一様ランダムな整数を返す
       return (int)(rand()*n/RAND_MAX);
    }
    void main(void){
       int i,j,n;
       int x,y;
       printf("点数 n を入力してください\n");
       scanf("%d", &n);
       printf("n=%d 個の点の x 座標と y 座標をランダムに発生します\n", n);
       printf("%d\n",n);
       for (i = 1; i <= n; i++) {
          x=random_integer(xymax);
          y=random_integer(xymax);
          printf("%5d%5d\n",x,y);
       }
    }
```

以下は，上記の凸包の入力データ生成プログラムに左の箱に書いてあるデータを入力として与えたときの実行例（出力）を右の箱に示したものである．

| 10 |

```
点数 n を入力してください
n=10 個の点の x 座標と y 座標をランダムに発生します
10
    3  268
   26  284
  173  429
  156  560
  759  219
  355   87
  558  451
   33  132
  652  548
  611  662
```

10.3 省略．

10.4 省略．Java 言語で作成したアニメーションプログラムの実行プログラムを近代科学社のサイトに置く予定．

第 11 章

11.1 // 水平垂直線分の交差線分対列挙入力データ生成プログラム
```
    #include <stdio.h>
    #include <stdlib.h>
    #define maxsegment    1000    // 水平線分・垂直線分の本数の上限
```

```c
//   #define max2segment    2000  // 水平線分・垂直線分の端点数の上限
     #define max3segment    3000  // 水平線分・垂直線分の端点の異なる座標値数の上限
     #define xymax           800  // 点の x 座標と y 座標の上限
     int hori[maxsegment+1];    // 線分 i が水平（垂直）線分なら hori[i]==1 (hori[i]==0)
     int xy_value[max3segment+1];
     // 水平線分 i のときは xy_value[3*i-2] は左端点の x 座標
     // xy_value[3*i-1] は右端点の x 座標，xy_value[3*i] は端点の y 座標
     // 垂直線分 i のときは xy_value[3*i-2] は端点の x 座標
     // xy_value[3*i-1] は下端点の y 座標，xy_value[3*i] は上端点の y 座標
     int random_integer(int n) {// 0 から n の一様ランダムな整数を返す
        return (int)(rand()*n/RAND_MAX);
     }
     void main(void){
        int i,j,n,q,temp;
        printf("線分数 n を入力してください\n");
        scanf("%d", &n);
        printf("n=%d 本の線分の四つの数値を乱数で発生します\n", n);
        printf("四つの数値の最初の数値が 0 のとき垂直，1 のとき水平\n");
        for (i = 1; i <= n; i++) {
//          hori[i]=random_integer(1)%2;
//          hori[i]=random_integer(2)%2;
           hori[i]=random_integer(xymax)%2;
           xy_value[3*i-2]=random_integer(xymax);
           xy_value[3*i-1]=random_integer(xymax);
           if (hori[i]==1) {
              while (xy_value[3*i-1]==xy_value[3*i-2])
                 xy_value[3*i-1]=random_integer(xymax);
                 // xy_value[3*i-1]!=xy_value[3*i-2]
              if (xy_value[3*i-2]>xy_value[3*i-1]) {//
                 temp=xy_value[3*i-2];
                 xy_value[3*i-2]=xy_value[3*i-1];
                 xy_value[3*i-1]=temp;
              }
           }// 水平線分 i (hori[i]==1) では xy_value[3*i-2] < xy_value[3*i-1]
           xy_value[3*i]=random_integer(xymax);
           if (hori[i]==0) {
              while (xy_value[3*i]==xy_value[3*i-1])
                 xy_value[3*i]=random_integer(xymax);
                 // xy_value[3*i]!=xy_value[3*i-1]
              if (xy_value[3*i-1]>xy_value[3*i]) {//
                 temp=xy_value[3*i-1];
                 xy_value[3*i-1]=xy_value[3*i];
                 xy_value[3*i]=temp;
              }
           }// 垂直線分 i (hori[i]==0) では xy_value[3*i-1] < xy_value[3*i]
        }
        printf("%d\n", n);
        for (i = 1; i <= n; i++) {
```

```
        printf("%5d %5d %5d %5d\n",
            hori[i],xy_value[3*i-2],xy_value[3*i-1],xy_value[3*i]);
    }
}
```

以下は，上記の水平垂直線分データ生成プログラムに左の箱に書いてあるデータを入力として与えたときの実行例（出力）を右の箱に示したものである．

```
線分数 n を入力してください
n=10 本の線分の四つの数値を乱数で発生します
四つの数値の最初の数値が 0 のとき垂直，1 のとき水平
10
        1    26   268   284
        1   156   429   560
        1   219   355    87
        0   451    33   132
        0   548   611   662
        1   175   341   762
        1   648   738   360
        1   479   529   439
        0    91    97   324
        1   379   392   451
```

```
10
```

11.2 省略．

11.3 省略．Java 言語で作成したアニメーションプログラムの実行プログラムを近代科学社のサイトに置く予定．

第 12 章

12.1 基礎的なグラフ理論に基づく Kruskal のアルゴリズムの正当性の証明を与える．

自己ループのない連結グラフ G の辺 $e = (u, v)$ を縮約して得られるグラフを G/e と表記する（すなわち，両端点 u, v を同一視してさらに e を除去して得られるグラフが G/e である）．すると，G の全点木 T と G の任意の辺 e に対して，$e \in T$ ならば $T - \{e\}$ は G/e の全点木 T であり，$e \notin T$ ならば T は G/e の閉路を含む．逆に，G/e の全点木 T' に対して，$T' \cup \{e\}$ は G の全点木であることが言える．これらはグラフ理論の基礎的な事実である．

最小全点木を求めるとき，入力のネットワークには自己ループや並列辺はないものと仮定できる．必要ならば，並列辺は 1 本の重みの最小の辺で代表できるからである．

12.1 節の Kruskal のアルゴリズムにおいて，$G_1 \equiv G/e_1$ の最小全点木を T_1 とする．すると，$T \equiv T_1 \cup \{e_1\}$ は G の最小全点木となることが以下のようにして言える．いま，T^* を G の最小全点木とおく．$e_1 \in T^*$ ならば，$T^* - \{e_1\}$ は G/e_1 の全点木であり，その重み $w(T^* - \{e_1\})$ は T_1 の重み $w(T_1)$ 以上であるので，$w(T^*) \geq w(T)$ となり，T も G の最小全点木となる．一方，$e_1 \notin T^*$ ならば，$T^* \cup \{e_1\}$ は G の閉路 $C(e_1, T^*)$ を含みその閉路は辺 e_1 を含む（このような閉路 $C(e_1, T^*)$ は全点木 T^* に関する辺 e_1 の基本閉路と呼ばれる）．$C(e_1, T^*)$ に含まれる e_1 以外の任意の辺を e とおけば，$T^* - \{e\} \cup \{e_1\}$ は G の全点木であり，さらに $w(e_1) \leq w(e)$ であるので，$T^* - \{e\} \cup \{e_1\}$ の重み $w(T^* - \{e\} \cup \{e_1\})$ が $w(T^*)$ 以下である．すなわち，$T^* - \{e\} \cup \{e_1\}$ も G の最小全点木となる．したがって，G の最小全点木 T^* は $e_1 \in T^*$ であると仮定できる．以上より，$T \equiv T_1 \cup \{e_1\}$ は G の最小全点木であることが示せた．

218 演習問題解答

したがって，Kruskal のアルゴリズムが正しく最小全点木を求めることは帰納法で示せる．すなわち，アルゴリズムで $G_1 \equiv G/e_1$ の最小全点木が得られると仮定する．すると，最初 e_1 を最小全点木の辺として確定して，さらに帰納法の仮定から，アルゴリズムは $G_1 \equiv G/e_1$ の最小全点木 T_1 を求め，$T \equiv T_1 \cup \{e_1\}$ を返すからである．

12.2 Kruskal のアルゴリズムの途中の更新と得られる最小全点木を以下に示している（対応する集合ユニオン・ファインド森の更新の様子は省略）．

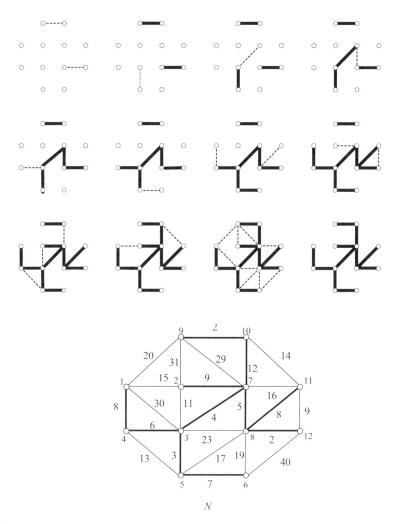

12.3 省略．

参考文献

[1] 浅野 孝夫：『情報の構造（データ構造とグラフアルゴリズム（上），ネットワークアルゴリズムとデータ構造（下）』，日本評論社，1994.

[2] 浅野 孝夫，今井 浩：『計算とアルゴリズム』，オーム社，2000.

[3] 浅野 哲夫：『アルゴリズムサイエンス：入口からの超入門』，共立出版，2006.

[4] 疋田 輝雄：『Cで書くアルゴリズム』，サイエンス社，1995.

[5] 平田 富夫：『アルゴリズムとデータ構造（第3版）』，森北出版，2016.

[6] 杉原 厚吉：『データ構造とアルゴリズム』，共立出版，2001.

[7] 渡部 有隆：『プログラミングコンテスト攻略のためのアルゴリズムとデータ構造』，マイナビ，2015.

[8] A.V. Aho, J.E. Hopcroft and J.D. Ullman: *The Design and Analysis of Computer Algorithms*, Addison-Wesley, 1974 （日本語訳：野崎 昭弘，野下 浩平，他：『アルゴリズムの設計と解析 I, II』，サイエンス社，1977）.

[9] J. Kleinberg and E. Tardos: *Algorithm Design*, Addison-Wesley, 2005 （日本語訳：浅野 孝夫，浅野 泰仁，小野 孝夫，平田 富夫：『アルゴリズムデザイン』，共立出版，2008）.

　本書を執筆する際に全面的に参考にした代表的な文献は上記の9件である．とくに，本書は，[1]と[2]からアルゴリズムの基礎とデータ構造の章を選んで，基礎となっている数理とC言語によるプログラムをよりわかりやすく解説したものであり，その意味では，[1]と[2]の一部の章の改訂版とも言える．

　アルゴリズムとデータ構造についての書籍は膨大であり，参考文献として全部を列挙することはできないので，代表的なものだけを以下に挙げておく．

[10] A. Binstock and J. Rex: *Practical Algorithms for Programmers*, Addison-Welsley, 1995 （日本語訳：岩谷 宏：『C言語で書くアルゴリズム』，ソフトバンク，1996）.

[11] T.H. Cormen, C.E. Leiserson, R.L. Rivest, and C. Stein: *Introduction to Algorithms*, MIT Press, 2009 （日本語訳：浅野 哲夫，岩野 和生，梅尾 博司，山下 雅史，和田 幸一：『アルゴリズムイントロダクション 第3版 総合版』，近代科学社，2013）.

[12] D.C. Kozen: *The Design and Analysis of Algorithms*, Springer-Verlag, 1992.

[13] R. Sedgewick: *Algorithms in C (Third Edition)*, Addison-Wesley, 1998 （日本語訳：野下 浩平，星 守，佐藤 創，田口 東：『アルゴリズム C・新版―基礎・データ構

造・整列・探索』, 近代科学社, 2004).

[14] S.S. Skiena: *The Algorithm Design Manual*, Springer-Verlag, 2008 (日本語訳:平田 富夫:『アルゴリズム設計マニュアル (上, 下)』, 丸善出版, 2012).

[15] R.E. Tarjan: *Data Structures and Network Algorithms*, SIAM, 1983 (日本語訳:岩野 和生:『新訳 データ構造とネットワークアルゴリズム』, 毎日コミュニケーションズ, 2008).

[16] C.J. VanWyk: *Data Structures and C Programs*, Bell Telephone Laboratories, 1988 (日本語訳:玉井 浩:『データ構造と C プログラム』, アジソン・ウェスレイ・パブリッシャーズ・ジャパン, 1998).

[17] 五十嵐 善英, 西谷 泰昭:『アルゴリズムの基礎』, コロナ社, 1997.

[18] 茨木 俊秀:『アルゴリズムとデータ構造』, 昭晃堂, 1989.

[19] 茨木 俊秀:『C によるアルゴリズムとデータ構造』, 昭晃堂, 1999.

[20] 岩野 和生:『アルゴリズムの基礎』, 朝倉書店, 2010.

[21] 上原 隆平:『はじめてのアルゴリズム』, 近代科学社, 2013.

[22] 築山 修治:『アルゴリズムとデータ構造の設計法』, コロナ社, 2003.

[23] 平田 富夫: 『C によるアルゴリズムとデータ構造』, 科学技術出版, 2002.

[24] 星 守:『データ構造』, 昭晃堂, 2001.

[25] 渡邉 敏正:『データ構造と基本アルゴリズム』, 共立出版, 2000.

索　引

英字

Graham 走査 (Graham scan), 155

Kruskal のアルゴリズム (Kruskal algorithm), 182

あ行

アッカーマン関数 (Ackermann function), 146
アッカーマン逆関数 (inverse Ackermann function), 145
アルゴリズム (algorithm), 1
アルゴリズムアニメーション (algorithm annimation), 62
アルゴリズムの計算量 (time complexity of an algorithm), 5

色交換 (color flip), 109

上移動 (sift up), 52

オープンアドレス法 (open addressing), 128
親 (parent), 18

か行

外点 (external node), 93
下界 (lower bound), 6
拡張ユークリッド互除法 (Extended Euclidean algorithm), 26
環状リスト (circular list), 68
完全二分木 (complete binary tree), 18

木 (tree), 17
基数ソート (radix sort), 41

逆ポーランド記法 (reverse polish notation), 72
キュー (queue), 43, 70

クイックソート (quick sort), 35
グラフ (graph), 16

計算量 (time complexity), 1
決定木モデル (decision tree), 46

子 (child), 18
後行順 (postorder), 23
後置記法 (postfix notation), 72

さ行

最悪計算量 (worst-case time complexity), 5
再帰アルゴリズム (recursive algorithm), 21
再帰呼び出し (recursive call), 19
最小全点木 (minimum spanning tree), 181
再平衡化 (rebalancing), 108

辞書 (dictionary), 50, 63
子孫 (descendant), 18
下移動 (sift down), 53
始点 (tail), 16
集合ユニオン・ファインドデータ構造 (union-find data structure), 139
集合ユニオン・ファインド森 (union find trees), 141
終点 (head), 16
巡回セールスマン問題 (traveling salesman problem), 10

順序木 (ordered tree), 18
上界 (upper bound), 7
衝突 (collision), 128
真部分グラフ (proper subgraph), 17

スタック (stack), 70

正則な二分木 (full binary tree), 93
接続 (incident), 16
漸近計算量 (asymptotic time complexity), 6
線形リスト (linearly-linked list), 68
先行順 (preorder), 23
全点木 (spanning tree), 181
全点部分グラフ (spanning subgraph), 181
全点森 (spanning forest), 181
先頭 (front), 66

双回転 (double rotation), 110
挿入ソート (insertion sort), 4
ソーティング (sorting), 3, 29
祖先 (ancestor), 18

た行

対称順 (symmetric order), 94
互いに素 (relatively prime), 19
単回転 (single rotation), 110

チェーン法 (chaining), 128
調和数 (harmonic number), 99

点 (vertex), 16

凸 (convex), 149
凸包 (convex hull), 149

な行

内点 (internal node), 93
長さ (length), 17
ナップサック問題 (knapsack problem), 10
ならし計算量 (amortized time complexity), 140

二色木 (red-black tree), 108
二分木 (binary tree), 18
二分決定木 (binary decision tree), 46
二分探索 (binary search), 64
二分探索木 (binary search tree), 94
入力サイズ (input size), 1

根 (root), 17
根付き木 (rooted tree), 17

ノード (node), 17, 66

は行

葉 (leaf), 18, 93
配列 (array), 139
パス (path), 17
パス圧縮 (path compression), 144
ハッシュ関数 (hash function), 127
ハッシュ表 (hash table), 127
ハッシング (hashing), 127
幅優先順 (breadth-first order), 23

ヒープ (heap), 51
ヒープソート (heapsort), 56
左の子 (left child), 93
ピボット要素 (pivot), 35

深さ (depth), 18
部分木 (subtree), 23
部分グラフ (subgraph), 17
部分集合和問題 (subset sum problem), 9
普遍ハッシング (universal hashing), 130
ふるい上げ (sift up), 52
ふるい下げ (sift down), 53
分割統治法 (divide and conquer), 30

平均計算量 (average-case time complexity), 35
平衡探索木 (balanced search tree), 108
平面走査法 (plane sweep method), 162
閉路 (circuit), 17
辺 (edge), 16

ま行

マージソート (merge sort), 30
末尾 (rear), 66

右の子 (right child), 93

無向グラフ (undirected graph), 16

や行

ユークリッド互除法 (Euclidean algorithm), 20
有向グラフ (directed graph), 16

優先度付きキュー (priority queue), 50

ら行

乱択アルゴリズム (randomized algorithm), 130

リスト (list), 66
両方向リスト (doubly-linked list), 69
隣接 (adjacent), 16

連結 (connected), 17
連結成分 (connected component), 17

著者紹介

浅野 孝夫 (あさの たかお)

1977 年	東北大学大学院工学研究科 電気及通信工学専攻 修了 (工学博士)
1977 年	東北大学工学部 通信工学科 助手
1980 年	東京大学工学部 計数工学科 講師
1985 年	上智大学理工学部 機械工学科 助教授
1992 年	中央大学理工学部 情報工学科 教授
	現在に至る

主要著書

『情報の構造 (上・下)』(日本評論社, 1994 年)
『計算とアルゴリズム』(共著, オーム社, 2000 年)
『情報数学』(コロナ社, 2009 年)
『離散数学』(サイエンス社, 2010 年)

主要訳書

『アルゴリズムデザイン』(共訳, 共立出版, 2008 年)
『組合せ最適化』(共訳, 丸善出版, 2012 年)
『ネットワーク・大衆・マーケット』(共訳, 共立出版, 2013 年)
『近似アルゴリズムデザイン』(共立出版, 2015 年)

アルゴリズムの基礎とデータ構造
数理と C プログラム

© 2017 Takao Asano   Printed in Japan

2017 年 3 月 31 日   初版第 1 刷発行

著 者	浅 野 孝 夫
発行者	小 山 透
発行所	株式会社 近代科学社

〒 162-0843 東京都新宿区市谷田町 2-7-15
電 話 03-3260-6161   振 替 00160-5-7625
http://www.kindaikagaku.co.jp

藤原印刷   ISBN978-4-7649-0535-1
定価はカバーに表示してあります.

世界標準MIT教科書
アルゴリズムイントロダクション 第3版 総合版

■著者
T.コルメン, C.ライザーソン, R.リベスト,
C.シュタイン

■訳者
浅野 哲夫, 岩野 和生, 梅尾 博司,
山下 雅史, 和田 幸一

■B5判・上製・1120頁

■定価(14,000円＋税)

　原著は,計算機科学の基礎分野で世界的に著名な4人の専門家がMITでの教育用に著した計算機アルゴリズム論の包括的テキストであり,本書は,その第3版の完訳総合版である.

　単にアルゴリズムをわかりやすく解説するだけでなく,最終的なアルゴリズム設計に至るまでに,どのような概念が必要で,それがどのように解析に裏打ちされているのかを科学的に詳述している.

　さらに各節末には練習問題(全957題)が,また章末にも多様なレベルの問題が多数配置されており(全158題),学部や大学院の講義用教科書として,また技術系専門家のハンドブックあるいはアルゴリズム大事典としても活用できる.

■主要目次
I 基礎 / II ソートと順序統計量 / III データ構造
IV 高度な設計と解析の手法 / V 高度なデータ構造 / VI グラフアルゴリズム
VII 精選トピックス / 付録 数学的基礎 / 索引(和(英) - 英(和))

コンピュータ工学への招待

■著者
柴山 潔

■B5判・274頁

■定価(本体2,700円＋税)

コンピュータ工学を学ぶ初学者に向けた入門書

　1章でコンピュータの歴史や社会との関わりを「工学」という視点から解き明かし,なぜ「コンピュータ」と「工学」を学ぶ必要があるのか理解できるようになっている。2章以降も,「工学者」としての視点に中心をおきながら,コンピュータを学ぶことができるよう工夫してある。

　より深い理解が必要と考えられる内容については,本文の流れを妨げないよう側注を活用し,章末には演習問題を配し,巻末には略解を記している。また,コンピュータネットワークに関しては,「コンピュータ」の視点から,4章と5章の中で述べている。コンピュータ工学をしっかり学ぼうと考える初学者には,最良の書籍である。

■主要目次
第1章 コンピュータと工学
第2章 コンピュータシステム
第3章 論理回路
第4章 コンピュータアーキテクチャ
第5章 オペレーティングシステム

高校-大学 数学公式集

大矢雅則・戸川美郎 [著]

第Ⅰ部
高校の数学
菊判・276頁・定価(本体2,800円＋税)

公式をキーとして、高校数学をわかりやすくまとめた一冊。受験・再学習に最適！

数学Ⅰ
数学A
数学Ⅱ
数学B
数学Ⅲ

第Ⅱ部
大学の数学
菊判・272頁・定価(本体2,800円＋税)

大学初学年次で学ぶ数学を、コンパクトかつバランスよく解説。

微分積分
ベクトル・行列・線形空間
論理・集合・写像
確率論
エントロピーと情報
統計学
代数系とその応用
符号と暗号
微分方程式と差分方程式
応用解析
確率過程
算法とコンピュータ
数値計算
著名な数学者たち